Division Porfirio Diaz *y del popular y progresista*
...iblica y Gobernador de este Estado respectivamente en el

The
Evolution of
the *Mexican*
Political System

GENERAL D. PORFIRIO DIAZ
Presidente Constitucional de la República Mexicana (1887)

President Porfirio Díaz

The
Evolution of
the Mexican
Political System

Edited by
Jaime E. Rodríguez O.

SR
BOOKS

A Scholarly Resources Inc. Imprint
Wilmington, Delaware

The paper used in this publication meets the minimum requirements of the American National Standard for permanence of paper for printed library materials, Z39.48, 1984.

Scholarly Resources Inc.
104 Greenhill Avenue
Wilmington, DE 19805-1897

Sources for Illustrations

Archivo General de la Nación, México; Museo Nacional de Historia, México; Jean Chappe D'Auteroche, *Voyage en Californie pour l'observation du passage de Vénus sur le disque du soleil, le 3 juin 1769* (Paris, 1772); Vicente Riva Palacio, ed., *México a través de los siglos*, 5 vols. (Mexico, 1884–1889); *La Orquesta; El Pueblo*

Front endsheet: Demonstration in favor of Porfirio Díaz and Francisco Cañedo for president and governor of the state of Sinaloa respectively, 1900
Back endsheet: Political demonstration in the Zócalo, Mexico City, 1930

Library of Congress Cataloging-in-Publication Data

The evolution of the Mexican political system / edited by Jaime E.
   Rodríguez O.
      p.   cm. — (Latin American silhouettes)
   Includes bibliographical references and index.
   ISBN 0-8420-2448-4 (alk. paper)
   1. Mexico—Politics and government—1810–   I. Rodríguez O.,
Jaime E., 1940–   . II. Series.
JL1211.E95   1993
972—dc20   92-29839
                                                                    CIP

To the scholars of the
Instituto de Investigaciones Históricas
Universidad Nacional Autónoma de México
and especially to the members of its
Seminario de Rebeliones y Revoluciones en México

Contents

I. The Nineteenth Century

II. The Twentieth Century

III. Comments

Preface

THIS VOLUME resulted from an invitation by María Teresa Franco and Virginia Guedea—then president and secretary of the Comité Mexicano de Ciencias Históricas, respectively—to prepare a paper on the First Republic for a symposium on Mexican historiography held in Oaxtepec, Morelos, in October 1988. In reviewing the literature on that era, I realized that, while much work has been conducted on economic and social history, we still lack a clear understanding of Mexico's political history.[1] Since various scholars are currently reexamining that country's political processes, I believed that we could benefit from discussing our work. Therefore, I organized a colloquium entitled "The Evolution of the Mexican Political System," held at the University of California, Irvine, on April 28–29, 1990.

A number of persons and institutions contributed to the success of the meeting and to the publication of this volume. I am grateful to my colleagues in the Mexico/Chicano Program of the School of Humanities, particularly María Herrera-Sobek and Alejandro Morales, for their support and encouragement. This book, and the colloquium from which it originated, have received the financial backing of the Mexico/Chicano Program, the School of Humanities, and the Office of Research and Graduate Studies at the University of California, Irvine, and from the University of California Institute on Mexico and the United States. I am grateful to Dean Terence Parsons, to Vice Chancellor Paul Sypherd, and to Institute Director Arturo Gómez Pompa for their continuing support. Christon I. Archer, Colin M. MacLachlan, and Paul J. Vanderwood provided advice and encouragement. Linda Alexander Rodríguez, William F. Sater, Virginia Guedea, and Kathryn L. Roberts read parts of the volume, providing valuable suggestions for its improvement. In addition, Dr. Guedea aided in coordinating the papers from Mexico. I am grateful to Yvonne Pacheco Tevis and Carmela Ferradans who helped in the final stages of manuscript

---

[1]Jaime E. Rodríguez O., "La historiografía de la Primera República," in *Memorias del Simposio de Historiografía Mexicanista* (Mexico: Comité Mexicano de Ciencias Históricas, 1990), 147–159.

preparation. As in the past, Karen Lowe proved invaluable in assisting with the symposium and in preparing the papers for publication.

Once again, I am most grateful to Leonor Ortiz Monasterio, director of the Archivo General de la Nación, who generously provided the majority of the illustrations that appear in this volume. I am also deeply indebted to Juan Manuel Herrera, director of publications, for investing considerable time in locating those materials. As always, working in that magnificent repository is a great joy. Portions of this book were prepared or revised at Villa Serbelloni, the Rockefeller Foundation's study and conference center in Bellagio, Italy.

This volume is dedicated to the scholars of the Instituto de Investigaciones Históricas at the Universidad Nacional Autónoma de México (UNAM) who kindly have received me and generously have provided me with an intellectual home in their country during the last decade-and-one-half. I am particularly grateful to the members of the Instituto's Seminario de Rebeliones y Revoluciones en México who for years have listened patiently to my ideas and offered incisive but supportive criticism. In addition, I have had the good fortune of benefiting from their ideas and their work.

Jaime E. Rodríguez O.

Los Angeles
March 10, 1992

Contributors

Christon I. Archer is professor of history at the University of Calgary. He has written extensively on the army of New Spain and on the insurgency. His works include *The Army in Bourbon Mexico* (Albuquerque, 1977), which won the Bolton Prize. He is currently working on the insurgency and counterinsurgency during the struggle for independence.

Elisabetta Bertola is a researcher in the Centro Interuniversitario di Storia dell'America Latina in Turin, Italy. She wrote a doctoral dissertation entitled "Classi dirigenti e progetto político nel Messico porfirista, 1876–1911" at the University of Turin (1986). She is currently working on the relations among government and federal and state institutions.

Roderic Ai Camp is professor of political science at Tulane University. He is the author of numerous books and articles on the Mexican political system. Among his works is *Entrepreneurs and Politics in Twentieth-Century Mexico* (New York, 1989). His current research in Mexico includes the Catholic Church, the military, and political generations.

Marcello Carmagnani is a professor at the Centro de Estudios Históricos of the Colegio de México. He is the author of numerous socioeconomic studies of Chile and Mexico. His works include *El regreso de los dioses: Oaxaca en el siglo XVII* (Mexico, 1989). He is currently examining the role of the Mexican state in national finances.

Romana Falcón is a professor at the Centro de Estudios Históricos of the Colegio de México. She has published widely on the Revolution. Her works include *Revolución y caciquismo: San Luis Potosí, 1910–1938* (Mexico, 1984). She is currently working on the relationship between national and local political structures in Porfirian Mexico.

Virginia Guedea is research professor at the Instituto de Investigaciones Históricas of the Universidad Nacional Autónoma de México. She has published numerous studies of insurrections, the military, secret societies, and the origins of national politics, particularly during the Independence period. Her works include *En busca de un gobierno alterno: Los Guadalupes de México* (Mexico, 1992). She is currently studying electoral processes during the Independence and early national periods.

Alicia Hernández Chávez is professor and director of the Centro de Estudios Históricos at the Colegio de México. She has published widely on the military in the late nineteenth century and on politics during the Cárdenas period. Her works include *La mecánica cardenista* (Mexico, 1979). She is currently working on the military in the late nineteenth century as well as on the Cárdenas era.

Alvaro Matute Aguirre is research professor at the Instituto de Investigaciones Históricas of the Universidad Nacional Autónoma de México. He has published widely on the early twentieth century in Mexico. His works include *La carrera del caudillo* (Mexico, 1980). He is currently working on the Calles period.

Paolo Riguzzi is a researcher at the Instituto de Investigaciones Dr. José María Luis Mora. He recently completed a doctoral dissertation entitled "Internessi nazionali e capitali stranieri nel Messico prerivoluzionario, 1884–1903: Crescita, rivalità conflitto" at the University of Turin (1990). He is currently researching the relationship between foreign interests and the political economy of the Porfirian regime.

Jaime E. Rodríguez O. is professor of history and director of the Mexico/Chicano Program of the School of Humanities at the University of California, Irvine. He has published widely on the early nineteenth century in Mexico. His works include *Patterns of Contention in Mexican History* (Wilmington, 1992). He is currently examining the emergence of the new Mexican nation.

Arturo Sánchez Gutiérrez is *director de investigación* at the Instituto Mexicano de Estudios Políticos. He has written on midtwentieth-century politics. He is currently working on the period of the 1950s.

Barbara A. Tenenbaum is editor in chief of the *Encyclopedia of Latin American History*. She has published widely on nineteenth-century Mexican finances. Her works include *The Politics of Penury: Debts and Taxes in Mexico, 1821–1856* (Albuquerque, 1986). She is currently working on the evolution of the Mexican state.

Steven C. Topik is associate professor of history at the University of California, Irvine. He has published extensively on the role of the state in economic development. His works include *The Political Economy of the Brazilian State, 1889–1930* (Austin, 1987). He is currently working on a comparative study of the role of the liberal state in Brazil and in Mexico.

Paul J. Vanderwood is professor of history at San Diego State University. He has published widely on the problems of law and order in nineteenth- and early twentieth-century Mexico. His works include *Disorder and Progress: Bandits, Police, and Mexican Development* (Lincoln, 1981; Wilmington, 1992), which won the Herring Prize. He is currently working on social and religious change in late nineteenth-century Chihuahua.

Introduction

Jaime E. Rodríguez O.

> Was it probable, was it possible, that . . . a free government
> . . . should be introduced and established among such a
> people, over that vast continent, or any part of it? It appeared
> to me . . . as absurd as . . . [it] would be to establish
> democracies among the birds, beasts, and fishes.
>
> John Adams[1]

> Does . . . [he] know that the despotism which the English
> exercised over their colonies and the slavery which those
> [lands] endured has never existed in the [Spanish] Americas?
>
> Servando Teresa de Mier[2]

WHILE MOST SCHOLARS TODAY would reject John Adams's blatant bigotry, it is not clear that they would deny his judgment about the ability of Mexicans to establish a democracy. In contrast to the congratulatory nature of most writing on the emergence of the United States, historians appear diffident, almost embarrassed, about the birth of Mexico. Although "a monarchical society [was transformed] into a democratic one," no Mexican Gordon Wood proclaims that it was "unlike any that had ever existed. . . . [Nor that] it was one of the greatest revolutions the world has

---

[1]John Adams, *The Works of John Adams*, 10 vols. (Boston: Little, Brown, and Company, 1850–1856), 10:145.

[2]Servando Teresa de Mier, "Memoria político-instructiva enviada desde Filadelfia en agosto de 1821 a los gefes independientes del Anáhuac, llamado por los españoles Nueva España," in *La formación de un republicano*, vol. 4 of *Obras Completas*, ed. Jaime E. Rodríguez O. (Mexico: Universidad Nacional Autónoma de México, 1988), 164.

known . . ., [or that it] was as radical and social as any revolution in history."[3] Mexican historians do not assume such a smug, triumphant tone in discussing their emancipation. On the contrary, most agree with the distinguished historian Luis Villoro who, following José María Luis Mora, refers to the Mexican Revolution of Independence as "la revolución desdichada," the unfortunate revolution.[4]

The term seemed apt inasmuch as the great insurgent leaders, Miguel Hidalgo and José María Morelos, were defeated and executed by the royalists. And, if we are to believe Villoro, the "people" lost faith in political options.[5] Independence finally came in 1821 when the royalist officer Agustín de Iturbide changed sides and convinced the royal army to support him. Again, as Villoro interprets the process, "the colonial oligarchy had managed to contain the revolution. . . . Once more, the *letrados* [lawyers] of the middle class took the initiative. But now the popular revolution had ended and the *letrados* had lost true contact with the people."[6] His conclusion is particularly significant; in referring to the founders of the First Federal Republic in 1824, he declares, "To establish the government . . ., they no longer relied on the people, but on their alliance with a fraction of the army. [That was] because true power remained in the hands of privileged groups: the Church and the army, above all. Many years of struggle would be necessary to transform the social reality upon which their privileges rested: unfortunate years, which would, ultimately, lead to the desired Reform."[7]

Villoro, like many historians of Mexico, characterizes the early republican years as a lost era, a period of economic decline, political chaos, and military catastrophe that only ended in the 1860s. Indeed, many have defined the transformations of the 1850s and 1860s, the Reform, and the struggle under the leadership of Benito Juárez—first against the conservatives, and later against the French and Maximilian—as the time

---

[3]For Gordon Wood's triumphant claims about the United States see his *The Radicalism of the American Revolution* (New York: Alfred A. Knopf, 1992), 5.

[4]Luis Villoro, *El proceso ideológico de la revolución de la independencia*, 2d ed. (Mexico: UNAM, 1977), 215 and passim. See also his account, "La revolución de independencia," in *Historia general de México*, 4 vols. (Mexico: El Colegio de México, 1976), 2:303–356. There are reasons for the difference in attitudes in the two North American nations; the United States rose to great power in the nineteenth century, while Mexico experienced economic decline, political chaos, and military defeat during that same period. I have discussed some of these questions in my earlier work. See my *Down from Colonialism: Mexico's Nineteenth-Century Crisis* (Los Angeles: Chicano Studies Research Center, 1983); and my "La paradoja de la independencia de México," *Secuencia: Revista de historia y ciencias sociales* 21 (September–December): 7–17.

[5]Villoro, "La revolución de independencia," 2: 346.

[6]Ibid., 2:346, 352.

[7]Ibid., 2:356.

when the nation was truly formed.[8] Thus, unlike the United States, the founding of Mexico often is not perceived as marking the beginning of national development. On the contrary, many assume that Mexico first had to overcome its "negative colonial heritage" in order to form a true "national" government.[9] Hence, most scholars consider Independence a step backward, an attempt to restore a colonial order which, presumably, the insurgents had sought to end.

The contrasting interpretations of the process of independence in the United States and in Mexico raise significant questions. While in Mexico the "oligarchy," lawyers, and other urban groups tend to be dismissed in favor of rural insurgents, in the United States great latifundistas and slave owners, lawyers, and merchants are often depicted as "radicals." Is it that historians are discussing two very different processes, or do the national prejudices of the two countries cause scholars to emphasize those aspects which their "patriotism" dictates? Why is it that in the United States it is acceptable to have founding fathers such as George Washington and Thomas Jefferson, who were "oligarchs," while in Mexico they must be "populist" leaders, like the *curas* Hidalgo and Morelos?

The answers are complex, but in the case of Mexico, which is the subject of this volume, the autonomists—the true founding fathers of the nation—chose to obfuscate their role in order to oppose Emperor Agustín I. It was they who, in 1821–1822, elevated the insurgents, and particularly Hidalgo and Morelos, to the pedestal of founding fathers.[10]

[8]See, for example, María de la Luz Parcero, "El liberalismo triunfante y el surgimiento de la historia nacional," in *Investigaciones contemporáneas sobre historia de México: Memorias de la Tercera Reunión de Historiadores Mexicanos y Norteamericanos* (Mexico and Austin: UNAM, El Colegio de México, and University of Texas, 1971), 443–457. More recently, Samuel I. del Villar argued passionately against Alan Riding's notion that Mexicans lacked the "morality" necessary for democracy. Villar asserts that "fortunately, Mexico has been a firmly established republic since 1864, and it also has . . . a constitution deeply rooted in its history which truly reflects the national morality and commands the way to democracy." That constitution, the charter of 1917, according to Villar is grounded upon the "constitutional order" established by the Constitution of 1857. Missing in his discussion is the Constitution of 1824, which founded the nation. See Samuel I. del Villar, "Morality and Democracy in Mexico: Some Personal Reflections," in *Sucesión presidencial: The 1988 Mexican Presidential Elections*, ed. Edgar W. Butler and Jorge A. Bustamante (Boulder: Westview Press, 1991), 143–147.

[9]See, for example, Romeo Flores Caballero, *La contrarrevolución en la independencia: Los españoles en la vida política, social y económica de México, 1804–1838* (Mexico: El Colegio de México, 1969).

[10]Jaime E. Rodríguez O., "From Royal Subject to Republican Citizen: The Role of the Autonomists in the Independence of Mexico," in idem, ed., *The Independence of Mexico and the Creation of the New Nation* (Los Angeles: UCLA Latin American Center, 1989), 19–43; idem, "El *Bosquejo ligerísimo de la*

The notion that the rural insurgents (who lost) were the true founders of the nation, while the autonomists—the urban elites—(who won) were not, has become an obstacle to understanding Mexico's past. Instead of interpreting the country's political history as a process of evolutionary change, as is the case in the United States, historians of Mexico often dismiss the nation's first political structures and institutions as irrelevant, while seeking "revolutionary" transformations that, presumably, advanced the country's political development. The nature of rural movements and the aspirations of country people have become the leitmotif of Mexican history. Historiographical debates often concentrate on the role of campesinos.[11] For example, the current disagreements between "revisionists" and "traditionalists" about the nature of the Mexican Revolution generally turn on the role of "popular" rural groups in that great upheaval.[12]

The emphasis placed by many historians on agrarian issues has obscured the nature of the political process. By focusing on rural conflict, they have overlooked the importance of the relationship between the city and

revolución de Mégico de Vicente Rocafuerte," Paper prepared for the Seminario de Historiografía de México, Instituto de Investigaciones Históricas, UNAM, March 1992.

[11]The historiography of rural movements is quite extensive; see, for example, Virginia Guedea, "Alzamientos y motines," in *Historia de México*, ed. Miguel León-Portilla (Mexico: Editorial Salvat, 1974), 5:35–50; Enrique Florescano, *Origen y desarrollo de los problemas agrarios en México, 1500–1821* (Mexico: Editorial Era, 1976); William B. Taylor, *Drinking, Homicide, and Rebellion in Colonial Mexican Villages* (Stanford: Stanford University Press, 1979); José Luis Mirafuentes, *Movimientos de resistencia y rebeliones indígenas en el norte de México* (Mexico: UNAM, 1989); Felipe Castro Gutiérrez, *Movimientos populares en Nueva España: Michoacán, 1766–1767* (Mexico: UNAM, 1990); Leticia Reina, *Las rebeliones campesinas en México, 1819–1906* (Mexico: Siglo XXI, 1980); Miguel Mejía Fernández, *Política agraria en México en el siglo XIX* (Mexico: Siglo XXI, 1979); John Tutino, *From Insurrection to Revolution in Mexico: Social Bases of Agrarian Violence, 1750–1940* (Princeton: Princeton University Press, 1986); Friedrich Katz, ed., *Riot, Rebellion, and Revolution: Rural Social Conflict in Mexico* (Princeton: Princeton University Press, 1988); and Jaime E. Rodríguez O., ed., *Patterns of Contention in Mexican History* (Wilmington: Scholarly Resources, 1992). The Mexican Revolution has been interpreted by some as a classic rural movement; see, for example, Frank Tannenbaum, *The Mexican Agrarian Revolution* (New York: Macmillan Company, 1929); and most recently, Alan Knight, *The Mexican Revolution*, 2 vols. (Cambridge: Cambridge University Press, 1988).

[12]Alan Knight has currently championed the "populist" cause. See, for example, the exchanges between Knight and his critics at the Simposio de Historiografía Mexicanista held at Oaxtepec, Morelos, in October 1988. Alan Knight, "Interpretaciones recientes de la Revolución Mexicana"; Alicia Hernández Chávez, "Comentario"; Gloria Villegas Moreno, "Comentario"; and Javier Garcíadiego Dantán, "Revisionistas al paredón," in *Memorias del Simposio de Historiografía Mexicanista* (Mexico: Comité Mexicano de Ciencias Históricas, 1990), 193–221.

the countryside in Mexico. Although a predominantly agrarian society, the nation was a land dominated by cities and towns. Landowners, large and small, lived in urban areas, not on their estates. Similarly, Indians congregated in corporate villages. Political power at all levels, therefore, resided in urban centers. While insurgents often dominated much of the countryside, they could not win their struggle without support from the cities.

The development of social history in recent decades has emphasized the role of "popular" groups, particularly country people. Students of popular movements, however, frequently disregard "the problem of the difference between the masses, rural or urban, and those who led them." Moreover, as Virginia Guedea notes, "the victors [of many rural upheavals] have been city people. . . . And that is because, after all, political power resides principally in the capital cities, both in the states and in the nation."[13]

Although politics and political institutions existed in the colonial period, modern national politics emerged in 1808.[14] The theories, processes, institutions, and practices that would determine Mexico's political history emerged during the Independence era. They evolved, as José Miranda and Nettie Lee Benson have observed, from Hispanic traditions.[15] The deliberative juntas of 1808 initiated the new political process in New Spain.[16] Subsequently, the Spanish imperial crisis provided the opportunity for much greater participation when the peninsular government of national defense, the Junta Suprema Central, convened a cortes that enacted the Constitution of 1812. That charter dramatically expanded the possibilities for political participation by establishing representative government at the imperial, provincial, and local levels. Elections to the cortes, the provincial deputations, and the constitutional ayuntamientos offered New Spaniards

[13]Virginia Guedea, "En torno a la Independencia y la Revolución," in *The Revolutionary Process in Mexico: Essays on Political and Social Change, 1880–1940*, ed. Jaime E. Rodríguez O. (Los Angeles: UCLA Latin American Center Publications, 1990), 273.

[14]I am grateful to Virginia Guedea for information on the difference between colonial politics and the modern politics that emerged during the Independence period. Personal communication, November 23, 1989.

[15]See, for example, José Miranda, *Las ideas y las instituciones políticas mexicanas*, 2d ed. (Mexico: UNAM, 1978); Nettie Lee Benson, *La Diputación Provincial y el federalismo mexicano* (Mexico: El Colegio de México, 1955); and her "Spain's Contribution to Federalism in Mexico," in *Essays in Mexican History*, ed. Thomas E. Cotner and Carlos Castañeda (Austin: Institute of Latin American Studies, 1958), 90–103.

[16]The principal work on the 1808 crisis is Virginia Guedea, "Criollos y peninsulares en 1808: Dos puntos de vista sobre lo español" (Licenciatura thesis, Universidad Iberoamericana, 1964), and idem, "El golpe de Estado de 1808," *Universidad de México: Revista de la Universidad Nacional Autónoma de México* 488 (September 1991): 21–24.

opportunities for self rule.[17] In ways we have yet to understand, political power was transferred from the center to the localities, as large numbers of people were incorporated into the political process. Because the constitution allowed cities and towns with a thousand or more citizens to form ayuntamientos and because it established neither property nor literacy qualifications for exercising political citizenship, the new charter introduced popular representative government. As a result, Mexico would experience mass politics from the outset.

After 1821 the newly independent Mexicans followed the precedents established by the Spanish constitutional system. The Mexican Constitution of 1824 not only was modeled on the Spanish charter but also repeated sections verbatim. Many state constitutions also followed the Spanish model. This was only natural, since many New Spaniards had served in the cortes and had participated in drafting the Spanish document.[18] Other processes and institutions, such as elections, the *jefes políticos*, the militia, and the courts, drew upon the precedents established by the Constitution of Cádiz.[19]

[17]On the new institutions and the new politics see Nettie Lee Benson, ed., *Mexico and the Spanish Cortes, 1810–1822* (Austin: University of Texas Press, 1966); Benson, *La Diputación Provincial*; and idem, "The Contested Mexican Election of 1812," *Hispanic American Historical Review* 26 (August 1946): 336–350; Virginia Guedea, "Las primeras elecciones populares en la ciudad de México, 1812–1813," *Mexican Studies/Estudios Mexicanos* 7, no. 1 (Winter 1991): 1–28; idem, *En busca de un gobierno alterno: Los Guadalupes de México* (Mexico: UNAM, 1992); and idem, "Los procesos electorales insurgentes," *Estudios de historia novohispana* 11 (1991): 201–249; and Rafael Alba, ed., *La Constitución de 1812 en la Nueva España*, 2 vols. (Mexico: Secretaría de Relaciones Exteriores, Imprenta Guerrero Hnos., 1912–1913).

[18]Jaime E. Rodríguez O., "Intellectuals and the Mexican Constitution of 1824," in *Los intelectuales y el poder en México*, ed. Roderic Ai Camp, Charles Hale, and Josefina Zoraida Vázquez (Mexico and Los Angeles: El Colegio de México and UCLA Latin American Center Publications, 1991), 63–74; and my essay "The Constitution of 1824 and the Formation of the Mexican State" in this volume.

[19]On elections consult Benson, "The Contested Mexican Election of 1812"; and idem, "Texas's Failure to Send a Deputy to the Spanish Cortes, 1810–1812," *Southwestern Historical Quarterly* 64 (July 1960): 1–22; Charles R. Berry, "The Election of Mexican Deputies to the Spanish Cortes, 1810–1822," in Benson, ed., *Mexico and the Spanish Cortes*, 10–42; Virginia Guedea, "The First Popular Elections in Mexico City, 1812–1813," in this volume; idem, "Procesos electorales insurgentes"; idem, "El pueblo de México y las elecciones de 1812," in *La ciudad de México en la primera mitad del siglo XIX*, ed. Regina Hernández Franyuti (Mexico: Instituto de Investigaciones Dr. José María Luis Mora, in press); Antonio Annino, "Practiche creole e liberalismo nella crisi dello spazio urbano coloniale: Il 29 de noviembre 1812 a Citta del Messico," *Quaderni Storici* (69) 23, no. 3 (December 1988): 727–763; Michael P. Costeloe, "Generals versus Politicians: Santa Anna and the 1842 Congressional Elections in

During the next century the political processes and institutions of Mexico continued to evolve as its citizens sought to adapt the political system to their changing needs. Because the country experienced economic depression, political instability, and military defeat in the nineteenth century, it has been easy to assume that "inherent flaws" in the earlier political structures had to be overcome in order to achieve "success." Thus, some scholars have viewed the Reform, the Porfiriato, the Revolution, the "revolutionary" regimes, and current reform movements as the solutions to the nation's "problems." In short, the tendency has been to interpret Mexican history as a series of breaks with the past.[20]

Yet, as I have argued elsewhere, "change is sequential and does not advance by leaps."[21] If we are to understand Mexico's political history, we need to study its "evolution," its "development," its "growth." The

---

Mexico," *Bulletin of Latin American Research* 8, no. 2 (1980): 257–274. On the *jefes políticos* see Romana Falcón, "Jefes políticos y rebeliones campesinas: Uso y abuso del poder en el Estado de México," in Rodríguez, *Patterns of Contention*, 243–273; and her essay "Poderes y razones de las jefaturas políticas: Coahuila en el primer siglo de vida independiente," in this volume. On the militia see Alicia Hernández Chávez, "La Guardia Nacional y movilización política de los pueblos," in Rodríguez, *Patterns of Contention*, 207–225; and Pedro Santoni, "A Fear of the People: The Civic Militia of Mexico in 1845," *Hispanic American Historical Review* 68, no. 2 (May 1988), 269–288.

[20]Here I do not mean to imply that scholars have not studied the nation's political processes. On the contrary, some distinguished works have been written; see, for example, Guedea, *En busca de un gobierno alterno*; Benson, *La Diputación Provincial*; Javier Ocampo, *Las ideas de un día: El pueblo mexicano ante la consumación de su Independencia* (Mexico: El Colegio de México, 1969); Andrés Lira, *Comunidades indígenas frente a la ciudad de México: Tenochtitlan y Tlatelolco, sus pueblos y barrios, 1812–1919* (Zamora: El Colegio de Michoacán, 1983); Charles Macune, *El Estado de México y la federación mexicana* (Mexico: Fondo de Cultura Económica, 1978); Michael P. Costeloe, *La Primera República Federal de México, 1824–1835* (Mexico: Fondo de Cultura Económica, 1975); Barbara A. Tenenbaum, *The Politics of Penury: Debts and Taxes in Mexico, 1821–1856* (Albuquerque: University of New Mexico Press, 1986); Cecilia Noriega Elío, *El Constituyente de 1842* (Mexico: UNAM, 1986); Daniel Cosío Villegas, *La Constitución de 1857 y sus críticos* (Mexico: SEP, 1973); Walter V. Scholes, *Mexican Politics during the Juárez Regime, 1855–1872* (Columbia: University of Missouri Press, 1957); Daniel Cosío Villegas, ed., *Historia moderna de México*, 10 vols. (Mexico: Editorial Hermes, 1955–1972); Laurens Ballard Perry, *Juárez and Díaz: Machine Politics in Mexico* (DeKalb: Northern Illinois University Press, 1978); Knight, *Mexican Revolution*; and François-Xavier Guerra, *Le Mexique: De l'Ancien Régime à la Révolution*, 2 vols. (Paris: L'Harmattan, 1985), to name only some that come to mind. Of course, there are many political studies of the Revolution and the later twentieth century.

[21]Jaime E. Rodríguez O., "La historiografía de la Primera República," in *Memorias del Simposio de Historiografía Mexicanista* (Mexico: Comité Mexicano de Ciencias Históricas, 1990), 147.

advantage of such an approach is that it allows scholars to understand "what ended, what began, and what continued," not only as a result of Independence but also throughout the nation's independent history.[22]

Although there is a vast narrative political literature, the paucity of studies of elections, national and regional political institutions, and political groups, for example, is so great that no sound explanation of nineteenth- and twentieth-century politics is currently possible. Political history is not in vogue, but the time has come, it seems to me, to examine fundamental questions about the nature and process of politics in Mexico.

I organized a symposium under the auspices of the Mexico/Chicano Program of the School of Humanities at the University of California, Irvine, entitled "The Evolution of the Mexican Political System," to address some of those issues. The title was chosen carefully. I selected the word "evolution" because I am convinced that "revolutions" have not determined the nature of Mexican politics. What I wished to emphasize was the natural growth of institutions and processes. Of course, there was the danger that evolution might be interpreted as a transformation from lower to higher forms of polity. But it seemed worth the risk since it is not clear to me what is "lower" and what is "higher" in these matters. Similarly, I chose the term "political system" to emphasize my intention to consider the nature of politics at many levels—national, state, and local—as well as to examine political processes, such as elections, and regional institutions, like the *jefe político*. Also, I avoided the word "state" because often it connotes the national government rather than the many entities and processes that make up the Mexican polity. The term political system seemed particularly appropriate because the founders of Mexico, the people who emancipated the nation in the early nineteenth century, referred to their creation as "nuestro sistema político."

A distinguished group of scholars met at Irvine in April 1990 to address these issues. Although, like past symposia, this one raised more questions than it answered, it nonetheless proved rewarding in opening new avenues of inquiry. The authors of the papers presented at the meeting have revised them for publication. The essays in this volume examine some of the politics, processes, and institutions of independent Mexico during the nineteenth and twentieth century.

The Nineteenth Century

Six essays analyze nineteenth-century politics. Christon I. Archer's "Politicization of the Army of New Spain during the War of Independence,

[22]Doris Ladd, *The Mexican Nobility at Independence, 1780–1826* (Austin: Institute of Latin American Studies, 1976), 170.

1810–1821," examines the process by which the army became a powerful force in independent Mexico. He argues that in order to overcome the insurgency, the royal army developed a counterinsurgency program that created a series of decentralized units. In the process, the officers introduced military rule in New Spain. Commanders governed their regions as they wished, often overruling civilian authorities and enriching themselves in the process. But with the restoration of the Spanish Constitution in 1820, "the military temporarily lost the dominance that for years permitted soldiers to control Mexican politics." Ultimately, the officers opted to support Iturbide's Plan de Iguala and Independence. As a result, they remained a pivotal factor in national politics.

In her essay "The First Popular Elections in Mexico City, 1812–1813," Virginia Guedea analyzes the significance of the new political processes introduced by the Constitution of 1812. She argues that "the elections . . . notably affected the process of emancipation because they offered New Spaniards seeking change an alternative to the armed insurrection." They provided the people of New Spain with the possibility of widespread political participation and representative government, an opportunity taken up by large sectors of the population, including the Indians and the *castas*. The elections also demonstrated the great desire which New Spaniards possessed for home rule. As a result, "the electoral model established by the Constitution of 1812 did not end with independence from Spain but continued during the early years of the new nation."

My essay, "The Constitution of 1824 and the Formation of the Mexican State," carries the examination of the new political system into the 1820s. It traces the amazing growth of political participation during those years and the emergence of a strong sense of nationality among the people of Mexico. The work highlights the continuities between the Spanish charter and the Mexican Constitution of 1824. "Events in Mexico," however, led to the framing of "a constitution to meet the unique circumstances of the nation. The principal innovations—republicanism, federalism, and a presidency—were adopted to address Mexico's new reality."

In "The Making of a Fait Accompli: Mexico and the Provincias Internas, 1776–1846," Barbara A. Tenenbaum argues that the North deliberately chose to remain a part of the new nation. She observes that the region developed its own economic, military, and political structure which, often, functioned independently of the center. As a result, the area could have separated from Mexico and become an independent country, as occurred in the viceroyalties of South America. She indicates that, contrary to generally accepted views, "the residents of the Provincias Internas demonstrated substantial loyalty to the nation during the period from 1776 to 1846. . . . Far from being a drain on the imperial or national coffers . . ., the *norteños* actually provided more succor [to the nation] than their counterparts in most other areas." And she concludes that "it is now time for a thorough examination of how such loyalty evolved."

Elisabetta Bertola, Marcello Carmagnani, and Paolo Riguzzi consider the transformation of Mexican liberalism in "Federación y estados: Espacios políticos y relaciones de poder en México (siglo XIX)." The authors argue that the liberalism of the second half of the nineteenth century evolved in two phases: the era of triumphant and the stage of inert liberalism. In the first phase, there was a dynamic equilibrium between the national government (the president and congress) and local interests (the elites—or notables, as they called themselves—and regional government). Both the notables and the national regime found it in their interest to slowly centralize power. Even under Porfirio Díaz, however, there was greater self-rule than generally believed. Only in the 1890s, during the second phase, when the Porfirian regime began to centralize power, did new groups find their access to office and privilege blocked. A "new sector of politically excluded groups," represented by university graduates, merchants, rich farmers, teachers, "social actors" whom the earlier liberal system had accommodated, found no course other than opposition. "Ultimately, they would join the antireelectionist ranks which, under the leadership of Francisco I. Madero, would prevent Porfirio Díaz from being reelected for the eighth time."

Romana Falcón examines the changing nature of the *jefes políticos*, or political chiefs, in the state of Coahuila during the nineteenth century in her essay "Poderes y razones de las jefaturas políticas: Coahuila en el primer siglo de vida independiente." As she demonstrates, these officials played a key role as mediators between the national and state government, on one hand, and local interests, on the other. Although at times they favored the localities, in general they appear to have served the ends of the chief executives. Over the century the office of *jefe político* was abolished and restored several times. The authorities relied on the chiefs because they considered them necessary agents in the process of centralization and modernization. Despite the many positive contributions of the jefes to the national government and to their areas, the political chiefs ultimately became an obstacle to progress. "In the end, it was their abuses which remained uppermost in people's minds, and which ultimately undermined the system," leading to the advent of the Revolution.

The Twentieth Century

The authors of the four essays on the twentieth century examine how and when the national government established control over the country after the Revolution. In "La encrucijada de 1929: Caudillismo versus institucionalización," Alvaro Matute Aguirre asserts that the year 1929 was pivotal in the process of forging a modern state. The Revolution dismantled the liberal state formed by Díaz, replacing it with a national caudillo and a plethora of regional caciques. While some small parties existed, they had little influence. When the charismatic leader Alvaro Obregón was reelected in 1928, it appeared that he might transcend the political restrictions of the age and emerge as a Díaz-like caudillo-president. Obregón's murder, however, ended such a possibility and prompted Plutarco Elías Calles, a president with limited charisma, to institutionalize the political process by forming the Partido Nacional Revolucionario (PNR) in 1929. But the process of institutionalization did not triumph completely; the caudillo was not totally eliminated from national politics. Opposition figures such as "Juan Andrew Almazán, Ezequiel Padilla, Miguel Henríquez Guzmán, and, recently, Cuauhtémoc Cárdenas Solórzano" have assumed the role of charismatic caudillos.

Alicia Hernández Chávez, in contrast, emphasizes the role of Lázaro Cárdenas in the process of modernizing and institutionalizing the political system. She argues in "El Estado nacionalista, su referente histórico" that Cárdenas (1934–1940) began his administration with a clear program of national development. Article 27 of the constitution was critical to the process. It became the basic legal instrument which Cárdenas used to implement his economic and political development plan. "The direct intervention of the state in . . . the economy was the underlying basis of the national plan." The new nationalist state, dominated by *presidencialismo*, undertook economic development, social reform, and the redistribution of wealth. But the new political model possessed authoritarian and conservative tendencies that became evident in 1957–1958, with the railroad workers' movement, and in 1968, with the student protests. As a result of these contradictions, "the nationalist state has lost its meaning and historical significance," requiring a "redefinition . . . of the Mexican political system."

Arturo Sánchez Gutiérrez notes in "La política en el México rural de los años cincuenta" that the government of Adolfo Ruiz Cortines (1952–1958) still had to struggle to consolidate political power "forty years after the Revolution." The decade of the 1950s "initiated a new stage in the political history of Mexico." A wide variety of political forces operated in the country. Revolutionary caudillos still governed some states; in others, local interests prevailed; and in some, officials of the Partido Revolucionario Institucional (PRI) were imposed from Mexico City. Despite the country's political heterogeneity, the party slowly consolidated its power in all regions of the republic. Economic development and the transition from a predominantly rural to an urban society contributed to political centralization. As the PRI established political hegemony over the country, it also had to address internal divisions as different wings of the party struggled for dominance.

In "Political Modernization in Mexico: Through a Looking Glass," Roderic Ai Camp attributes the decline of the PRI in the 1980s to the political crisis of 1968. He argues that "1968 is a critical year because the government-initiated massacre of students and bystanders in Tlatelolco Plaza was suggestive of a political system that had lost its ability to compromise, had misjudged the conditions leading to the use of force, had failed to use its skills to settle disputes nonviolently, and did not listen to sound advice from its intellectual community." The impact of 1968 was profound; it produced great disillusionment about the system among a generation of educated Mexicans. Despite the public's concern about the need for political modernization, the "fundamental question" among the dissenters, according to Camp, "has been economic policy. . . . Bluntly put, if Muñoz Ledo and Cárdenas's factions had won the 1988 PRI presidential nomination, it is doubtful if political modernization would have been at the forefront of their philosophy." Nonetheless, the 1988 elections had a profound impact on the political system. Even though the government places primary emphasis on economics, it also has been forced to undertake political modernization. Thus, Mexico has entered a new period of political development.

Comments

In "Studying Mexico's Political Process," Paul J. Vanderwood observes that "while we used to think that large segments of the population, especially those embedded in places like nineteenth-century rural Mexico, did not care very much about statecraft—and even if they did, they did not practice national politics in any obvious way—these essays remind us how much people in general really do *know* about politics and deeply care about them, even when it may seem to outsiders and later-day historians that they are not actively participating in them." He comments on the two essays on the Porfiriato: the one by Bertola, Carmagnani, and Riguzzi and the other by Falcón. While welcoming the "provocative hypothesis" of the essay on liberalism and the century-long analysis of the *jefaturas políticas* in Coahuila, he reminds us—as his own investigations have demonstrated— that Mexico was quite varied and that there is much archival research to be done before we can be confident about our generalizations.

In "Interesting Times Demand Interesting Answers," Steven C. Topik assesses the contributions of the essays. Like Vanderwood, he applauds their revisionary nature. He observes that "from them we can piece together a rather different picture of Mexico's 'evolution.' The nineteenth century appears much less grim and medieval while the twentieth century seems less triumphant and modern." But he also notes that the authors of these essays, "by and large, have extracted politics from its social context and treated it as fairly autonomous." He concludes by urging that political history integrate more fully the country's socioeconomic reality.

The essays in this book examine aspects of Mexico's political process during the nineteenth and twentieth centuries. All emphasize the internal and evolutionary nature of political change in Mexico. As a group, the authors of these essays are revisionists; that is, they challenge traditional interpretations of events and demonstrate the complexity of Mexico's political processes and institutions. While illuminating key aspects of the nation's political system, the essays also indicate how much there is still left to learn about the country's political history.

I
The Nineteenth Century

Politicization of the Army of New Spain during the War of Independence, 1810–1821

Christon I. Archer

> Ya no es posible Exmo. Señor sufrir más de esta vil canalla y
> solo un exemplarisimo terror ha de hacer entrarles en su deber.

Brigadier José de la Cruz[1]

AFTER ONLY TWO MONTHS of fighting the popular rebellion launched by Father Miguel Hidalgo, frontline army commanders such as Brigadier José de la Cruz demanded extreme solutions. Scattering insurgent forces, cursing the perversity of Mexican rebel priests, and ready to execute anyone caught with weapons in their hands, Cruz's royalist columns reoccupied towns and villages on the strategic route between Mexico City and Querétaro. Following a forced march, on November 21, 1810, they assaulted the rebel town of Huichapan. In the distance, 150 to 200 insurgent cavalry dispersed precipitously and could be seen in full flight heading for the mountains. Frightened by rumors that they would be treated to royalist vengeance of blood and fire, the Indian populace fled to the sanctuary of the parish church tower. The remainder of the community made an obsequious show of friendship and welcomed the troops with displays of fireworks and other acts to demonstrate their abject fealty.[2] Behind this facade of loyalty, Cruz liberated nine gachupín (European Spanish) merchants from Mexico City, Chihuahua, and Querétaro who had been confined under harsh conditions in

---

[1]José de la Cruz to Viceroy Francisco Xavier de Venegas, Huichapan, November 28, 1810, Archivo General de la Nación, Mexico, Ramo de Operaciones de Guerra (hereafter cited as AGN:OG), vol. 141.
[2]Cruz to Venegas, Huichapan, November 21, 1810, AGN:OG, vol. 141.

17

the town jail. Four of these men suffered grave injuries; they included Manuel Yzcoa, a retired militia captain and Mexico City merchant, who died of his wounds three days later.[3] Enraged by Cruz's reports of rebels who were said to have trussed up royalist soldiers and run them through with lances and also by news that two hundred loyalists had been executed in cold blood at the Guanajuato jail, Viceroy Francisco Xavier de Venegas informed Cruz that the authors of the insurrection should be put to death by being "fried in oil."[4]

As *comandante general* of the Army of the Right, Cruz moved quickly to establish the supremacy of the military over the civil administration. At Querétaro, Celaya, Valladolid, and finally at his command in Guadalajara for the duration of the war until 1821, Cruz exercised extremely broad powers and often challenged the wartime viceroys. Arriving in Mexico from Spain at the beginning of the Hidalgo Revolt, Cruz argued that the only way to stamp out rebellion was through the steady application of avenging force. At Querétaro in December 1810, Cruz dispensed arbitrary justice to 460 rebel prisoners in the city jails who were awaiting trials and sentences for crimes connected with rebellion.[5] Some had accepted military commissions from Hidalgo or served as sergeants, corporals, or soldiers in the insurgent forces. Cruz sentenced many of them to death and then ordered their bodies displayed as what he termed salutary reminders to the rest of the populace that rebellion did not pay.[6] At Acámbaro on Christmas Day 1810, he condemned sixteen rebel prisoners to be executed by firing squads and ordered their bloody remains to be hung up in fours at each of the principal entries to the town.[7]

Cruz's mistrust of the Mexican population and his willingness to implement draconian punishments to suppress future rebellion became even more extreme on December 29 when his army entered the city of Valladolid (Morelia). Although there was much pealing of church bells, cheering from fawning crowds, and a formal Te Deum celebrated at the city cathedral, Cruz

---

[3]Noticia de los Europeos que a mi llegada a este pueblo existían presos, José de la Cruz, November 24, 1810, AGN:OG, vol. 141.

[4]Venegas to Cruz, November 28, 1810, AGN:OG, vol. 141.

[5]Cruz to Venegas, Querétaro, December 19, 1810, AGN:OG, vol. 142.

[6]Cruz to Venegas, Querétaro, December 16, 1810, AGN, Sección de Historia, vol. 106. Cruz met at Querétaro with Auditor Matías de los Ríos, who agreed that shortcuts were necessary in normal peacetime legal procedures so that the accused rebels could be brought to justice. Cruz planned to deal with all cases against accused rebels within three or four days. He expressed annoyance that a number of the most prominent prisoners—even the corregidor, who was considered one of the major conspirators—had been released due to their high social class.

[7]Cruz to Calleja, Acámbaro, December 25, 1810, AGN:OG, vol. 140; Cruz to Venegas, December 25, 1810, AGN:OG, vol. 142.

was in no mood to believe the sincerity of "these perfidious inhabitants." He grumbled to Félix María Calleja, commander of the Army of the Center, that the celebration welcoming the royalist forces was not nearly as solemn as when the city received Father Hidalgo.[8] Aware that the royalists were about to enter the city, remaining cabildo members liberated 170 bedraggled European Spaniards who had been incarcerated under harsh conditions in city monasteries. Before entering the city, Cruz issued public orders to the commander of his vanguard that if the plebeians of Valladolid killed any more Europeans, he would put to the sword the whole population— exempting only women and children. As might be expected, the liberated gachupines embraced Cruz and his soldiers, shouting "¡Viva el Rey, vivan nuestros libertadores!"[9]

The chilling reports of survivors of massacres in cold blood of innocent fathers and husbands drained the royalist officers of any lingering humane sentiments. During the rebel occupation, small groups of gachupines had been removed from the prisons in irons and marched to secluded locations in the countryside where their throats were cut. Stripped of all assets, the survivors of these victims lived in poverty and had to beg in the streets. What was worse, the rebels refused to inform the families of executed Spaniards about their true fate. When rumors of the killings circulated, the rebels not only refused the families the right to grieve but also went so far as to threaten them with the death penalty if they complained or disapproved of the atrocities.[10]

Like many other army commanders, Cruz blamed the criollo clergy for legitimizing rebellion and for organizing the towns that joined Hidalgo. In his view, the curates and priests convinced the people that the rebel cause was just and even went so far as to use the confessional to spread "these detestable maxims." The renewed pretense of loyalty at Valladolid did not deceive Cruz for a moment. He estimated that a majority in the city continued secretly to support the rebels. Almost two thirds of the Valladolid population had fled to seek refuge from royalist vengeance, and much of the

[8]Cruz to Calleja, December 28, 1810, AGN:OG, vol. 143.

[9]Cruz to Venegas, December 29, 1810, AGN:OG, vol. 142; Cruz to Félix Calleja, Hacienda de Goleta, December 27, 1810, AGN:OG, vol. 140. At first, Cruz planned to enter Valladolid on December 28. Even as the royalist army approached, plebeian elements led by a Toluca blacksmith named Tomás (called El Anglo-Americano) formed a mob that killed three gachupines. See Cabildo of Valladolid to Cruz, December 26, 1810, AGN:OG, vol. 140; and Lucas Alamán, *Historia de México desde los primeros movimientos que prepararon su independencia en el año de 1808 hasta la época presente* (Mexico: Fondo de Cultura Económica, 1985), 2:73-74.

[10]Ibid. Also see Brian R. Hamnett, "Royalist Counterinsurgency and the Continuity of Rebellion: Guanajuato and Michoacán, 1813–1820," *Hispanic American Historical Review* 62, no. 1 (February 1982): 23.

urban leadership escaped to Guadalajara where they joined the insurgent command. The question for Cruz was how far to purge the city of its traditional ruling class. He considered banishing all of the four hundred regular and secular clergymen, transferring the untrustworthy militia units out of the province, and disbanding the city government.[11] The Michoacán militias stood out for their treachery and willingness to embrace the rebel cause. Even if the senior officers were not inherently disloyal, they had failed to resist the uprising or to provide examples for their troops. Major Manuel Gallegos of the Infantería Provincial de Valladolid spent the two months of rebel occupation hiding at the home of a loyal ecclesiastic. Colonel Francisco Menocal and Major Rafael Ortega[12] of the Dragones de Pátzcuaro simply disappeared quietly to their haciendas. When Cruz reoccupied Valladolid, they reappeared, claiming chronic illnesses and making a variety of other excuses. Menocal, a wealthy hacendado who owned estates and properties at Pátzcuaro and Zamora, was in his early sixties and might not have been robust enough to lead his troops into combat. More likely, however, as with many other militia officers and criollo leaders of Michoacán, where necessary he cooperated with the insurgents and where possible he distanced himself from the conflict.[13]

In his investigation of the military collapse at Valladolid, Viceroy Venegas could not explain the disastrous failure of a garrison of one thousand men commanded by trained officers and supported by four artillery pieces. If this force had stood its ground, Venegas believed that Hidalgo's poorly trained and ill-equipped rebels could not have occupied the city. While the viceroy had not heard about Colonel Menocal's alleged disabilities, he concluded that the defensive operations had not been conducted by decisive and honorable commanders. He dismissed Major Gallegos as an officer who lacked energy and military ardor. The inescapable conclusion was that the existing provincial militia units of Michoacán had not lived up to minimum expectations and would have to be thoroughly reformed.[14] Although royalist informers implicated members of the Valladolid cabildo and other administrators who had assisted the rebel occupation, Cruz knew that the repression and punishment of all guilty

[11]Cruz to Venegas, December 30, 1810, AGN:OG, vol. 142.

[12]By 1814, Ortega had recovered his reputation and was *teniente coronel graduado* and *sargento mayor* of the Regimiento de Dragones de Moncada. See Juan Ruíz de Apodaca to Pascual de Liñan, September 11, 1818, AGN:OG, vol. 485.

[13]Cruz to Venegas, Valladolid, December 29, 1810, AGN:OG, vol. 142. For information on the Michoacán militias see Christon I. Archer, *The Army in Bourbon Mexico, 1760–1810* (Albuquerque: University of New Mexico Press, 1977), 162–163 and 212. Although he was born in Cuba, Menocal identified himself with Mexican criollo interests.

[14]Venegas to Cruz, December 31, 1810, AGN:OG, vol. 142.

Mexicans was not a practicable option. It was one thing to lose confidence in the loyalty of Mexicans but quite another to find alternatives to govern the country. In many instances, Cruz and other royalist commanders could not find trustworthy persons to reconstitute the urban administrations, collect taxes, and staff the royalist regime. At Valladolid, Cruz lamented that the only men he trusted without reservation were those who had family connections in Mexico City or Spain. At the same time, the royalists discovered quickly that ongoing purges, trials, and executions prevented renewed production in industry, mining, agriculture, and commerce.[15]

Like Calleja and other royalist commanders, Cruz concluded that sanguinary repression was not the right answer to restoring peace. If cities and provinces were to be returned to productivity, former insurgents had to be amnestied as soon as possible after the royalists reasserted their control.[16] Moreover, military commanders could not assume all of the duties and responsibilities of the civilian regime. Working long hours and receiving a constant flood of petitions from the Valladolid public, Cruz discovered that civilian politics left him totally exhausted. As he informed Calleja, "This is a dog's life: they don't leave me for a moment and I am becoming more and more weary."[17] In his view the one way to destroy the germ of evil behind the rebellion was to assign small army units to scour all districts of the province and thereby regain the loyalty of the inhabitants.[18]

As military *comandante general* of Nueva Galicia and *presidente* of the Audiencia from 1811 to 1821, Cruz emerged as something of a prototype for the provincial caudillo. He pursued a multifaceted counterinsurgency war, mobilized the western provinces of New Spain, and controlled every aspect of society and the economy. His heavy-handed military administration overshadowed the civilian bureaucracy and governed royalist Jalisco for a decade of continuous conflict against guerrilla warfare. With the perimeters of his command and especially the south solidly in insurgent hands, Cruz conceived a strategy based upon mobile cavalry divisions that could reach out to combat a rebellion "that renews itself and grows like grass."[19] He criticized other royalist commanders and even his own subordinates such as Brigadier Torcuato Trujillo, who commanded Valladolid province, for their inflexibility and dependence upon static defenses. Rather than deploying mobile divisions to pursue guerrilla bands and to prevent the possible

[15]Cruz to Venegas, December 31, 1810, AGN:OG, vol. 142. Cruz asked the viceroy to send trustworthy persons who could help to reestablish the provincial government.

[16]Calleja to Cruz, Guanajuato, December 5, 1810, AGN:OG, vol. 140. Calleja expressed concern about the patriotic zeal of Cruz in punishing the population.

[17]Cruz to Calleja, December 28, 1810, AGN:OG, vol. 143.

[18]Cruz to Venegas, January 2, 1811, AGN:OG, vol. 146.

[19]Cruz to Calleja, September 2, 1811, AGN:OG, vol. 145.

coalescence of insurgent armies, Trujillo tied down his garrison in defense of the city of Valladolid. Cruz criticized this approach to insurgency and argued that the full pacification of Michoacán might require the deaths of twenty thousand to thirty thousand rebels. Providing an example of aggressive counterinsurgency, in 1811 between August 21 and September 2 Cruz's divisions in Nueva Galicia killed more than eight hundred rebels.[20]

While Trujillo was no different from Cruz in his goal to crush rebellion, he suffered a weakness that was common among European officers who served in Mexico. He favored his gachupín cronies and was distrustful of others around him who might have been his allies. On many occasions, Trujillo engaged in quarrels with his criollo officers and civilian administrators that almost erupted into brawls. In one incident, he sentenced the *administrador de tabaco* at Pátzcuaro to eight days' public confinement with his head and feet in the stocks. The intendant of Valladolid, Manuel Merino, conceded that while Trujillo might be a good soldier, he lacked entirely "the qualities of a prudent politician."[21] The officers, soldiers, ecclesiastics, and honorable residents of Valladolid suffered from Trujillo's public humiliations, insulting behavior, and accusations of disloyalty. (In the end these indiscriminate attacks would bring him down. In 1813, Bishop-elect Manuel Abad y Queipo and the religious and secular cabildos of Valladolid would convince Viceroy Calleja that Trujillo's tyrannical methods and corruption were more than sufficient grounds for his dismissal.[22])

[20]Ibid. For information on the controversial Torcuato Trujillo see Aláman, *Historia de México*, 2:78. Trujillo was later relieved of his command for "impetuous behavior." Calleja was said to have described him as "a madman with a sword." In part, Trujillo appears to have possessed the prejudices of European Spaniards against Mexican criollos. At his house and in public, he described royalist officers as "cowards" and "thieves." Even worse, Trujillo wrote letters condemning the military ability of his fellow commanders. He said that José de la Cruz, officers of Calleja's Army of the Center, and other senior commanders sacrificed their troops to protect their own personal ambitions. See for example Ramón Díaz de Ortega to Calleja, Guanajuato, August 14, 1811; Manuel Espinosa Tello to Calleja, Guanajuato, August 16, 1811; Miguel del Campo to Calleja, Guanajuato, October 10, 1811; and José María Echeagaray to Calleja, Acámbaro, December 2, 1811, AGN:OG, vol. 181.

[21]Juan Diez to Calleja, Acámbaro, December 5, 1811; Manuel Merino to Callejo, December 26, 1811; AGN:OG, vol. 181.

[22]Alamán, *Historia de México*, 3:380–381. Although Viceroy Calleja ordered Trujillo to remain in New Spain when his mentor Venegas returned to Europe, the charges were not fully investigated and he was able to go back to the continent. At Valladolid, Diego García Conde reversed Trujillo's approaches to defense. He organized mobile army divisions and recruited *compañías territoriales* under Calleja's counterinsurgency plan. See García Conde to Calleja, Valladolid, May 16, 1813, and Calleja to García Conde, June 12, 1813, AGN:OG, vol. 900.

Although Cruz was careful to maintain the confidence of his military commanders, civilian administrators, and royalist elements among the Guadalajara populace, he was heavy-handed and arbitrary in some of his policies. To identify civilian noncombatants, he ordered all urban and rural residents, no matter what their class, to wear a red badge or cockade on their hats to signify their support for the royalist cause. At the same time, he outlawed garments made from printed cotton that in the past had been called *cotón americano* and now *cotón insurgente* because it was worn by many of the rebel bands. He stressed that common cotton cloth used by the poor classes and workers as their normal dress was quite different than *cotón insurgente*, which stood out for its designs.[23] Moreover, the rough justice of Cruz's flying-column cavalry expeditions into rural districts of Nueva Galicia probably created new centers of rebellion rather than advanced pacification. By 1813, Indian rebels of the Lake Chapala region fortified the Isla de Mezcala and dominated districts surrounding the lake. In the first of many disastrous clashes at Chapala, Cruz lost one of his most active counterinsurgency commanders, Lieutenant Colonel Angel Linares, five officers, and twenty-three infantrymen. While the lieutenant colonel was conducting an unauthorized reconnaissance by boat of the Mezcala island fortifications, a rebel flotilla of seventy canoes surrounded and captured Linares and his men, who were executed at the village of Tizapán.[24]

Distraught by the loss of Linares, pressured by insurgent successes, and convinced that he could not manage war in an enormous region that included the provinces of Guanajuato and Valladolid, Cruz requested Viceroy Venegas to decentralize his command. In a personal note he criticized the viceroy for expecting a military miracle in Nueva Galicia without making available the proper assistance. Cruz complained: "Can I make the rocks give me muskets, pistols, swords, and powder?"[25] He proposed that Venegas should separate Guanajuato and Valladolid provinces from the Nueva Galicia command and reinforce them with troops and arms. Cruz argued that cavalry, the essential military arm to suppress insurgents who used guerrilla warfare, must be equipped with swords and pistols. Mexican troopers absolutely abhorred the lance, which in many units was their only weapon. Swords manufactured in Guadalajara cost too much and were absolutely useless—the blades were so brittle that they broke in the scabbard during ordinary movements of the horse and rider.[26] In his search for better weapons, Cruz dispatched an agent, Captain Manuel Peñuñuri, to Mexico City, but he was

---

[23]Bando de José de la Cruz, Guadalajara, July 25, 1811, AGN:OG, vol. 145.

[24]Cruz to Venegas, February 27, 1813, AGN:OG, vol. 149. See Antonio de Alba, *Chapala* (Guadalajara: Publicaciones del Banco Industrial de Jalisco, 1954), 90.

[25]Ibid. Cruz attached a personal note to the official dispatch.

[26]Cruz to Venegas, February 27, 1813, AGN:OG, vol. 149.

unable to obtain either arms or additional supplies of gunpowder for Nueva Galicia.[27]

After he became viceroy on March 4, 1813, Calleja reorganized the military command structure to address the different challenges to the royalist cause. While the army had not suffered major defeats, it was divided and subdivided into small divisions that garrisoned towns and districts throughout the country. Many units lacked adequate weapons, and some divisions were so deeply in debt that soldiers were paid months in arrears. As a result of these factors, high desertion levels affected almost all royalist units including the recently arrived Spanish expeditionary battalions. In the south, the insurgent leader José María Morelos recovered from the defeat at Cuautla Amilpas in May 1812, raised a new army of fourteen thousand to sixteen thousand men, and reequipped his forces with muskets and sixty artillery pieces.[28] By December the rebels occupied Oaxaca and extended their sway coast to coast across New Spain and southward to Guatemala. Insurgent forces threatened communications with Veracruz and raided the tobacco-producing districts of Córdoba and Orizaba. While the military situation to the north of the capital was somewhat less menacing, guerrilla forces continued to interdict commerce between the capital and the strategic distribution point of Querétaro. Calleja knew very well that without silver convoys from the northern mining districts, the regime would not be able to pay the royalist garrisons of Mexico City and the province of Puebla or meet the multitude of demands upon the wartime treasury.

Given this strategic situation, Calleja implemented a plan to create strong regional centers of royalist military power that would match the insurgents. Although historians often link Calleja's 1811 Reglamento Político Militar[29] with his 1813 decentralization plan, the new approach was both strategic and tactical in its orientation and goals. With the threat of Morelos from Oaxaca, the first task was to unite the different royalist

[27]Cruz to Venegas, March 4, 18, 1813, AGN:OG, vol. 149. Cruz asked for 1,500 muskets, 600 pairs of pistols, 1,500 swords, officers, and a European battalion.

[28]Calleja to Minister of War, March 15, 1813, Archivo General de las Indias, Sección de México, legajo 1322.

[29]Reglamento político militar que deberán observar bajo las penas que señala los pueblos, haciendas, y ranchos a quienes se comunique por las autoridades legítimas y respectivas . . . , Aguascalientes, June 8, 1811, AGN:OG, vol. 186. Also see Christon I. Archer, " 'La Causa Buena': The Counterinsurgency Army of New Spain and the Ten Years' War," in *The Independence of Mexico and the Creation of the New Nation*, ed. Jaime E. Rodríguez O. (Los Angeles: UCLA Latin American Center Publications, 1989), 96–97; Hugh M. Hamill, Jr., "Royalist Counterinsurgency in the Mexican War for Independence: The Lessons of 1811," *Hispanic American Historical Review* 53, no. 3 (August 1973): 478–480; and Hamnett, "Royalist Counterinsurgency, 1813–1820," 24–26.

divisions in the province of Puebla under one powerful military chief who was also the governor. The objective was to form an Army of the South that was strong enough to engage Morelos, protect the tobacco districts, and support the armed commercial convoys between Mexico City and Veracruz. Calleja appointed Field Marshal Conde de Castro Terreño[30] to command Puebla with Brigadier Juan José Olazabal[31] as his subordinate. Within the Puebla commandancy, each district was to raise *compañías territoriales* (local militias) and fortify its towns with trenches and blockhouses to forestall the incursions of lightly armed insurgents. Although Calleja proposed to form a similar regional command with headquarters at Guanajuato or Querétaro, this plan depended upon the successful organization of Puebla, which at the time was the most important zone of combat.[32] Indeed, Calleja transferred much of the Mexico City garrison to Puebla and depleted the few royalist units available to support the provinces of Valladolid, Guanajuato, and Nueva Galicia.

In his plans for the west and north, Calleja adopted Cruz's argument to Venegas that Nueva Galicia was too large for a single military jurisdiction. To govern Guanajuato, he considered Colonel Pedro Celestino Negrete,[33] one of Cruz's most effective division commanders on the Chapala front, but later changed his mind to assign Lieutenant Colonel Agustín de Iturbide[34] as *comandante general* of the Tropas del Bajío y Provincia de Guanajuato.[35] To replace the rancorous Trujillo at Valladolid, Calleja appointed Brigadier Diego García Conde,[36] an old veteran of the prewar army of New Spain, who in 1810 had been captured and imprisoned by the rebels on his way to

---

[30]Although he did not have a specific posting, Castro Terreño had come to Mexico in 1811 from Cádiz with the Regimiento de Infantería de América.

[31]Olazabal was *ayudante mayor* of the army of New Spain and a division commander in the Province of Puebla. He had come to Mexico in 1811 as commander of the first battalion of the Regimiento de Infantería de América.

[32]For a detailed study see Brian R. Hamnett, *Roots of Insurgency: Mexican Regions, 1750–1824* (Cambridge, England: Cambridge University Press, 1986), 150–177.

[33]Negrete was a former junior naval officer who emerged as a senior royalist commander of the army of New Spain and later joined Agustín de Iturbide.

[34]A criollo, Iturbide joined the Mexican provincial army in 1797 and served in the cantonments and encampments of the Valladolid and Tula units. Following the outbreak of the Hidalgo Revolt, he became known for his zeal and effectiveness in combat.

[35]Instrucción para la División de la Provincia de Guanajuato, April 27, 1813; Iturbide to Calleja, Irapuato, May 28, 1813, AGN:OG, vol. 426.

[36]An ambitious but not always successful officer, García Conde began his military career in the blockade of Gibraltar. By 1810 he had served thirty-eight years in the army, most of which were with the Dragones de México. He was quartermaster of the cantonments during pre-1810 invasion threats and was anxious to become the intendant of a Mexican province. García Conde's ambitions resulted in part from the fact that he had six children to support.

take up the post of *comandante de armas* at Valladolid. These regional
commanders were to work in concert with Cruz at Guadalajara and with the
comandantes de armas at Querétaro, San Luis Potosí, and Zacatecas. Perhaps
concerned by the potential dangers of concentrating so much military and
political power in the regions, Calleja stressed that the provincial intendants
(or corregidor in the case of Querétaro) and existing administrators of the
Hacienda Pública were to retain their offices under the direction of the
Gobierno Superior and Tribunales in Mexico City.[37] As might be expected,
however, the civil authorities lacked the power to defend their prerogatives
and their peacetime links with the central regime in the capital. Over time,
they failed to prevent the regional army commanders from decentralizing the
country into a series of semiautonomous and autonomous military satrapies.

From Guadalajara, Comandante General Cruz engaged in a spirited
power struggle with Viceroy Calleja. Although he had recommended
decentralization of his enormous command, he was shocked when Calleja
actually moved to detach the provinces of Valladolid and Guanajuato from
Nueva Galicia. In a self-deprecating letter written by his own hand, Cruz
complained that the diminution of his powers must mean that he had fallen
out of favor. Playing the consummate prima donna, he asked to be relieved
of his duties as soon as possible and transferred back to Spain.[38] Cruz vented
his frustrations about shortages of arms and fears that Morelos would sweep
up the Pacific coast, invade Nueva Galicia through Colima, and then repeat
the horror story that had led to the royalist loss of Oaxaca. Cruz reminded
Calleja that even in the darkest days of its own national crisis, Spain had
managed to dispatch army officers, weapons, and several thousand soldiers to
reinforce Mexico. He could not believe that the Crown intended this
assistance to be deployed only for the protection of the capital.[39]

Calleja sought to mollify Cruz and to let him know that the separation
of Guanajuato and Valladolid from the Nueva Galicia command was not in
any way meant as personal criticism. He reminded Cruz that the royalist
military situation was worse in other provinces than in Nueva Galicia and
suggested that exaggerated rumors should not be permitted to damage good
relations between senior commanders. Calleja pointed out that while the
main forces of Morelos were 250 leagues from Guadalajara, they threatened
Taxco only 25 leagues from the capital. As for the Spanish expeditionary
battalions, Calleja explained that they were garrisoned from Texas to the
frontier of Oaxaca. He expressed mild amusement at Cruz's belief that the
European forces had been deployed simply to protect the capital. Speaking
sarcastically, Calleja thought this might not be such a bad idea. He
explained to Cruz that "the capital is the place where one finds the enemy

---

[37]Calleja to his commanders, April 22, 1813, AGN:OG, vol. 149.
[38]Cruz to Calleja, May 12, 1813, AGN:OG, vol. 149.
[39]Cruz to Calleja, May 14, June 7, 1813, AGN:OG, vol. 149.

closest and with the only force capable of inspiring fears. Through its corruption and infinity of partisans within, it [Mexico City] offers a great field for their expectations and designs."[40] In conclusion, Calleja reminded Cruz that as viceroy he had to consider the military needs of all New Spain and not just of one region such as Nueva Galicia.

These were fine sentiments, but Cruz had his hands full with the insurgents of Mezcala and the littoral of Lake Chapala. For years they had embarrassed and baffled the better-armed royalists. Reconnaissance of the island fortifications by a newly constructed armed launch and five boats to prepare for a major assault scheduled for June 7, 1813, took place in a hail of musketry and cannon fire that killed three royalist soldiers and wounded twelve.[41] The amphibious assault led by Colonel Negrete was an even worse disaster. Negrete received wounds to his head and legs and contusions on his hand, and he lost the ends of two fingers. Six other officers suffered injuries and a naval pilot was killed by a musket shot. At least twenty soldiers died, forty were dealt life-threatening wounds, and another ninety received less severe injuries.[42] With his army deficient in experienced soldiers, Cruz had to contemplate the difficult mission of sealing off the shoreline of Lake Chapala and of constructing a massive floating artillery battery to besiege the Mezcala fortress. This latter project required twelve hundred heavy beams, cables, artillery, munitions, and other equipment from the San Blas naval base.[43] As if to underscore the marine side of the Chapala campaign, royalist sailors and oarsmen serving the fleet of boats blockading the rebel fortress contracted scurvy and suffered terribly from mange and other skin diseases.

Construction of the floating platform and of a fleet of assault boats delayed Cruz's plans to extinguish Mezcala and allowed many Indian guerrilla bands to operate in the rugged country south of Lake Chapala. By March 1814, however, Cruz visited the lakeside army encampment at Tlachichilco to inspect the troops that were to attack the island and to view the recently completed artillery platform. Much to his surprise, once the builders loaded the cannons, munitions, cables, and other equipment, there was space aboard for only about 100 soldiers. The original plans had called for a complement of 250 to 300 troops who would disembark to assault the rebel island. To make matters worse, during shakedown cruises the platform became unstable when fully loaded and was difficult to navigate. The eight boats designated to transport royalist soldiers had a limited maximum capacity of 134 men. This meant that the landing force could not total more

[40]Calleja to Cruz, July 6, 1813, AGN:OG, vol. 149.
[41]Cruz to Calleja, June 7, 1813, AGN:OG, vol. 149.
[42]Cruz to Calleja, June 8, 1813, AGN:OG, vol. 149.
[43]Cruz to Calleja, November 16, 1813, AGN:OG, vol. 149.

than 234 soldiers, including officers.[44] Against such well-constructed fortifications and rebel defenders "who are well known for their ferocity and barbarism," Cruz and Negrete believed that the Mezcala invasion force required at least 500 to 700 soldiers. Hastily convened meetings with naval officers examined the possibility of building additional rafts to convey 250 to 300 troops, but in the end the experts recommended the construction of a great barge at the naval yard in San Blas. This vessel would be built in frame and freighted overland to Lake Chapala where timber suitable for marine construction was not available.

In the meantime, Cruz's problems at Lake Chapala continued to absorb an inordinate amount of his time and resources. Although the army anchored the floating battery off Mezcala and commenced day-and-night bombardment of the rebel fortifications, there were no signs of an early surrender. Before long, wave action and strong winds on the lake opened the seams of the floating battery and caused it to take on water. To prevent the platform from sinking, it had to be withdrawn from the blockade and stripped of its artillery, munitions, and equipment. Cruz convened a new junta of naval and army officers to recommend solutions. The marine builder argued that the floating platform had been constructed for only one *golpe de mano* and it was not able to resist the continuous wind and wave action on Lake Chapala that he equated to ocean conditions. Because of the nature of construction, it was impossible either to pump out the bilge or to careen the hull. Moreover, the softwood timbers had deteriorated so badly that repairs were estimated to cost as much as replacing the platform. This left the royalists with only four boats to blockade Mezcala, which was resupplied daily by a flotilla of over 250 Indian canoes.[45] The costly siege continued until November 1816, when the royalists finally closed the land and naval blockades, thus starving the insurgent defenders into accepting a negotiated surrender.[46]

Cruz's Lake Chapala campaign illustrated the complexities of the war and the royalist need to mobilize the society and economy. Many royalist commanders held their posts for lengthy periods during which they developed business interests and engaged in corrupt practices that sapped or deflected their commitment to achieve victory. Throughout the war, livestock stolen by insurgents in Nueva Galicia appeared for sale in the markets of Zacatecas, Guanajuato, León, and other royalist cities. In 1816,

[44]Cruz to Calleja, March 23, 1814, AGN:OG, vol. 149.

[45]Cruz to Calleja, June 10, 1814, AGN:OG, vol. 150.

[46]Cruz to Viceroy Juan Ruíz de Apodaca, Isla Grande de Mezcala, November 25, 1816, AGN:OG, vol. 151. For a detailed discussion of the campaigns surrounding Mezcala see Enrique Cárdenas de la Peña, *Historia marítima de México: Guerra de independencia, 1810–1821* (Mexico: Ediciones Olimpia, 1973), 1:143–174.

Lieutenant Colonel Hermengildo Revuelta,[47] commander of Cruz's division at Lagos, reported that, in two years and four months at this post, he had not been asked once by stock raisers to provide military escorts for herds that crossed insurgent-held territory to provision the cities and towns of the Bajío provinces. Informants who had been with the guerrilla band of Padre Miguel Torres told Revuelta that the level of general trade in the region was not much different under wartime conditions than it had been prior to 1810. Shipments of salt, cotton, and leather goods such as saddles and shoes were dispatched to the *tierra caliente* in exchange for cascalote used in the tanning industry and partially refined sugar.

Witnesses reported widespread commerce in food products, clothing, pelts, muskets, pistols, and swords. Antonio and Marcos Gasca from Valenciana near Guanajuato shipped a chair gilded in silver worth 300 pesos to the rebel chief Pedro Moreno, and it was well known that the insurgents could order anything they wanted from Guanajuato merchants. Indeed, Moreno organized fiesta day markets at Santiago and Comanja and the rebel leader Rosales held trade fairs at Ibarra where his followers sold mezcal, cotton, salt, and other products to buyers who came from Guanajuato. According to one former rebel, Moreno levied a 15 percent sales tax on these transactions from which he earned 1,000 to 2,000 pesos monthly.[48] Padre Torres shipped flour to supply Guanajuato, and Moreno licensed the campesinos in the region close to León to plant grain under the condition that they pay a tax of 6 pesos per fanega harvested.[49]

Unable to match similar levels of productivity on the royalist side, Revuelta lamented the fact that lands surrounding his fortified garrison at Lagos lay fallow. Despite his efforts to convince the rancheros to cultivate the soil, he was unable to attract any permanent settlers. Given this general situation, he doubted whether the royalists ever could be successful in extirpating the guerrilla bands. Unlike many other district commanders who worked out lucrative arrangements to do business with the enemy, Revuelta was zealous in his campaigns to prevent trade. In 1818, during a predawn

---

[47]A captain in the Dragones Provinciales de Nueva Galicia, Revuelta was promoted in 1816 to lieutenant colonel and comandante of the Escuadron de Voluntarios Fieles de Nueva Galicia.

[48]Declaration of Eligio Sedilla, *capitán* and comandante of several companies of Moreno's band, Lagos, February 29, 1816, AGN:OG, vol. 151.

[49]Revuelta to Cruz, Lagos, August 6, 1816; and testimony of Manuel de Reyes, former sergeant in the company of Juan Serna under the command of Pedro Moreno, Lagos, March 21, 1816; and testimony of Casimiro Hernández, corporal in the company of Juan Serna, Lagos, March 25, 1816, AGN:OG, vol. 151. In their testimony, the former rebels mentioned the names of Guanajuato merchants such as Prudencio Nava, José María Alonso, and others who were known only by their first names. Many women and youths participated in the trade.

raid with four hundred cavalry at Tlachiquera in the region of San Juan de Llanos, Revuelta apprehended the insurgent leader Juan Serna, his artillery major Joaquín Estrada, and twelve others. When two of the prisoners confessed that they were merchants from nearby royalist towns, Revuelta executed them on the spot without even the benefit of summary trials.[50]

Of even greater strategic impact than the illegal commerce of the Bajío were the blockade by the Mexican insurgents of the major trade routes to Veracruz and the creation of their own system of licensing and taxing royalist trade.[51] Although powerful royalist columns could force their way through insurgent bands and overrun their fortifications, it was much cheaper for merchants, muleteers, and army commanders to deal with the existing situation. Counterinsurgency operations were expensive and produced only temporary results unless followed up by the establishment of permanent fortified garrisons. In February 1815, for example, Lieutenant Colonel Pedro Zaragoza led a force of the Regimiento Americano and the Dragones de Puebla from Jalapa to Veracruz to convoy a mail shipment. They tore down barriers of felled trees on the roads, filled trenches, destroyed insurgent fortifications at Plan del Río, surveyed recently constructed parapets and other military works at Puente del Rey, and arrived at Antigua to learn that a nearby guerrilla force of three hundred men had closed the road.[52] Zaragosa complained that pursuits of the enemy were made difficult by dense bush, obstacles, and booby traps. Abandoning their light field pieces at the royalist blockhouse, Zaragoza's force assaulted a network of entrenchments. Surprised, the insurgents fled leaving behind some provisions and other supplies. The commander at Antigua informed Zaragoza that no assistance had come from the garrison of Veracruz and that insurgent forces in the district operated without opposition. Continuing toward the coast, Zaragoza's troops exchanged musket fire with two hundred enemy horsemen at Vergara before the insurgents withdrew, leaving bloody trails indicating that some had been wounded. Exhausted by these exertions, the royalist column delivered the mail at Veracruz and departed immediately for Jalapa to encounter new ambushes, rebuilt fortifications, and gunfire from enemy skirmishers who killed several horses and wounded one soldier.[53]

Reviewing Zaragoza's campaign dispatches, Calleja expressed admiration for his operations and confidence that similar pressures elsewhere would diminish insurgent power. At the same time, recognizing that

[50]Revuelta to Cruz, Lagos, February 17, 1818, AGN:OG, vol. 153.

[51]Brigadier José Quevedo, interim governor of Veracruz, to Calleja, May 27, 1815, AGN:OG, vol. 699.

[52]Pedro Zaragoza to Colonel Luis de Aguila, Jalapa, February 14, 1815, AGN:OG, vol. 536.

[53] Ibid.

commerce attracted the Veracruz guerrilla bands, he concluded that all merchant traffic would have to be strictly controlled. Calleja ordered the military comandantes of Jalapa, Córdoba, and Orizaba to embargo all mule trains to and from Veracruz until such times that they could be convoyed by army escorts.[54] As might be expected, this draconian solution was not at all welcomed by the muleteers, traders, merchants, and others who made their livelihood from commerce. They criticized army commanders for exaggerating the *contribuciones* collected in rebel tariffs and doubted their personal motives for supporting the embargo upon unescorted trade between the interior and the coast. At Veracruz, the *consulado* complained that the closures of commerce during 1815 had created a state of "mortal paralysis" in the port city. Instead of following its orders to chase down the insurgents, the army now subjected legitimate commerce to "the empire of bayonets."[55] The Veracruz merchants declared that the army was incompetent in its feeble efforts to extirpate what were in fact small guerrilla bands that interdicted all of the major trade routes to the interior of New Spain.

Despite all efforts by the royalist army, flexible guerrilla tactics and knowledge of the terrain allowed the Veracruz insurgents to survive. In 1816 the royalists failed to sustain their effort to construct a fortified *camino militar* and to situate permanent blockhouses along the main route from the port to Jalapa. Disease, bad climate, desertion, and loss of morale destroyed army units assigned to these duties. Notwithstanding the strong opposition of merchants, Viceroy Juan Ruíz de Apodaca retained Calleja's regulation that mule trains conducting silver, official dispatches, and trade goods must await military convoys. By 1819, however, the Veracruz merchants were almost apoplectic in their insistence that the military end its restrictions and open commerce without escort forces. Noting that a recent counterinsurgency campaign had driven most guerrilla bands away from the major trade routes, they chafed under controls that accomplished little other than to enlist new supporters for Mexican independence. Towns such as Jalapa and Orizaba were cut off from food supplies, manufactures, textiles, and even table salt. Muleteers who conducted pack trains sometimes found that they had to wait for weeks and even months before army convoys escorted them to their destinations. Since many of the smaller operators could not afford to expend their resources during the delays, only the richest merchants and muleteers possessed enough capital to remain in business.[56]

---

[54]Calleja to Mariscal de Campo José Moreno y Daoiz, March 1, 1815, AGN:OG, vol. 536.

[55]Consulado of Veracruz to the Secretario de Estado y del Despacho Universal de Indias, June 23, 1815, AGN:OG, vol. 216.

[56]Consulado of Veracruz to Apodaca [Venadito], June 9, 1819, AGN:OG, vol. 217.

Although some district army commanders tolerated commerce with insurgents, became rich from contraband trading, and used their authority over convoys to extort fees and bribes,[57] Cruz proposed an aggressive system for Nueva Galicia that was designed to isolate insurgent territories. Beginning in 1813, he prohibited any form of trade with rebel-held regions and warned his commanders that muleteers might also be spies or revolutionary agents.[58] In 1814, Cruz renewed the total ban on commerce and established district patrols to intercept travelers and to verify that they carried valid travel documents. In addition, Cruz denied subjects from royalist zones the right of transit through rebel territory without official military escorts. This order was designed to eliminate contraband trade and also to prevent the insurgents from engaging in the lucrative business of selling travel permits.[59] Confronted with evidence that many merchants and muleteers from Guanajuato travelled the sierras to trade with the insurgents, Cruz criticized the comandante of Guanajuato, Colonel Antonio de Linares, for laxity. In response, Linares argued that while he fully agreed with Cruz's prohibition in principle, his priority was to obtain adequate provisions so that the mining industry could be restored to productivity.[60]

A student of guerrilla warfare and counterinsurgency, Cruz often criticized the approaches of Viceroys Calleja and Apodaca. He suffered no illusions about periodic changes in the tempo of guerrilla activities and held his own views about the real achievements of royalist pacification programs. In January 1815, for example, Cruz rejected Calleja's proclamation that rebel reunions had been reduced to "small gangs of bandits" and that existing royalist units would regain full control of the country. Criticizing the artificial optimism of Calleja's propaganda, Cruz pointed out that the insurrection raged unchecked along the frontiers of the provinces of Guanajuato, Valladolid, and Nueva Galicia where there were neither sufficient troops nor any fortified posts. Cruz informed Calleja, "The whole kingdom knows that large rebel gatherings are taking place and that some others while not so numerous are of equal consideration due to the harshness of the terrain where they shelter themselves and for the facility with which they coalesce when it is convenient."[61] Cruz insisted that while he did not mean to belittle the efforts of the viceroy with these hard facts, on a matter of such significance he wanted no one to be deceived. Later, Cruz was equally negative about Viceroy Apodaca's enthusiastic statements lauding the success of pacification and insurgent amnesty programs.

---

[57]Anastasio Zerecero, *Memorias para la historia de las revoluciones en México* (Mexico: Universidad Nacional Autónoma de México, 1976), 29.

[58]Order of Cruz, November 10, 1813, AGN:OG, vol. 155.

[59]Ibid.

[60]Cruz to Apodaca, December 26, 1815, AGN:OG, vol. 155.

[61]Cruz to Calleja, March 22, 1815, AGN:OG, vol. 161.

Unwavering in his demands for more arms and troops, Cruz's apocalyptic vision contradicted the view of the regime that victory was near. In 1818 when the governor of Zacatecas, Brigadier José de Gayangos, reported a decline in the number of royalist troops to garrison his province, Cruz reminded Apodaca of their conversations during his visit to Mexico City on the nature of the Mexican insurrection. He reiterated to the viceroy his view that existing guerrilla bands in the Guanajuato sierra increased proportionally as royalist units decreased. Without the continuing dedication of competent forces, it would be impossible ever to regain control over the mountainous zones. To achieve success, Cruz stated that royalist soldiers had to live in the mountains for lengthy periods under the same difficult conditions as the insurgents. He argued that it was ridiculous to dispatch royalist columns for fifteen- or twenty-day pursuit operations in the expectation that such efforts would actually produce results.[62]

By 1818, Cruz attributed the royalist failure to achieve total victory to Calleja's 1813 decentralization of military command to the regions, provinces, and districts. In his view, the creation of a network of fortified towns garrisoned by militia forces did not signify the full pacification of a region or province. In Nueva Galicia, Cruz continued to dispatch his mobile divisions against insurgent-dominated districts and to maintain sufficient ongoing military pressure to shift public opinion to the royalists. As a result, the guerrillas had been pressed far back into the mountainous zones along the margins of Guanajuato, Valladolid, and into the *tierra caliente*.[63] Apodaca commended Cruz's approaches but refused to accept the arguments that remaining guerrilla bands possessed the powers to coalesce larger forces. Using Zacatecas as an example, he pointed out that the province had been free of significant rebel incursions for two full years. The provincial garrison of 2,327 infantry and 3,248 cavalry, and the proximity of the strong divisions of Colonel Linares and Colonel Francisco de Orrantía, would continue to guarantee royalist domination.

In reality, both Linares and Orrantía would have been shocked by Apodaca's misplaced confidence. The principal weapons of the 364 troops of Orrantía's Cuerpo Provincial de Caballería de la Frontera de Nuevo Santander were lances and machetes. They had muskets captured from the insurgents in previous engagements, but most of these were worn out beyond repair—hardly suitable for chases and skirmishes against guerrilla forces. In April 1818, Orrantía petitioned for replacement carbines, pistols, sabers, and new equipment for his entire unit.[64] Hardly better off, Linares,

---

[62]Cruz to Apodaca, July 10, 1818, AGN:OG, vol. 154.

[63]Cruz to Apodaca, August 14, 1818, AGN:OG, vol. 154.

[64]Subinspector General Pascual de Liñán to Apodaca, April 25, 1818, AGN:OG, vol. 486. In May, Apodaca ordered some replacement weapons sent to Orrantía.

comandante general of the Province of Guanajuato, reported that there were insufficient swords to equip the three dragoon squadrons under his command. When the provincial treasury ran out of funds to pay these troops, some had bartered their swords for food and others deserted with their equipment and uniforms.[65] Apodaca was either poorly informed about the deteriorated state of his garrisons or he believed his own positive propaganda that the war was almost won.

As has been noted, wartime conditions forced army commanders to exercise precedence over the civil administration, and many officers simply usurped all powers within their jurisdictions. The district and regional commanders established *contribuciones militares* to support urban and rural militias, controlled agriculture and stock raising, and regulated communications and commerce through the convoy system. Army officers requisitioned horses for military use and often confiscated mules from civilian transport. Following the reoccupation of insurgent districts, army commanders controlled the distribution of rebel property, held livestock for possible return to legitimate owners, and organized auctions to dispose of unclaimed animals and merchandise.[66] These military administrators received blanket orders to reactivate commerce, restore mining, stimulate agriculture, and assist in special areas such as the shipment of pulque for public consumption in the markets of Mexico City. Army officers controlled police and investigative powers, applied fines and other penalties, and judged and sentenced rebel supporters. They could arrest, punish, and deport anyone and confiscate goods, lands, property, and houses.[67] Many of these powers conflicted with and displaced the jurisdiction of the provincial intendants, district subdelegates, and urban ayuntamientos. As the war progressed, senior officers such as Brigadier Ramón Díaz de Ortega, commander of the Ejército del Sur based at Puebla, favored the complete unification of military, political, and fiscal powers in the hands of the regional comandantes.[68] With the reoccupation of the city of Oaxaca on March 29, 1814, Díaz convinced Calleja to name Brigadier Melchor Alvarez as interim intendant as well as provincial military chief subject to the Puebla command.[69] Ultimately, this concentration of powers designed to end the war permitted army commanders such as Alvarez to acquire wealth and

---

[65] Apodaca to Linares, June 13, 1818, AGN:OG, vol. 486.

[66] See for example Calleja's Instrucción para el comandante general de Llanos de Apan, in Calleja to José Joaquín Marqúes y Donallo, June 18, 1814; and Ramón Gutiérrez del Mazo to Calleja, June 25, 1814, AGN:OG, vol. 530.

[67] Reglamento ó instrucción general para la observancia de los comandantes de partidas patrióticas que han de obrar en la circumferencia de sus respectivos lugares, November 1, 1814, AGN:OG, vol. 430.

[68] Ramón Díaz de Ortega to Calleja, Puebla, no. 666, May 12, 1814, AGN:OG, vol. 529.

[69] Calleja to Díaz de Ortega, May 22, 1814, AGN:OG, vol. 529.

power through fraud, misappropriation of resources, and other forms of corruption.

A European Spaniard, Alvarez had arrived in Mexico in 1813 in command of the expeditionary Batallón de la Infantería de Savoya.[70] Like many European officers, he was haughty, superior, and anticriollo in his attitudes toward Mexicans. In his first posting as *comandante militar* at Jalapa, Alvarez refused to acknowledge the difficulties for the municipal government that had to raise funds to support the urban garrison and also to subsidize the expenses of other military units that passed through the town. Frustrated by the resistance of the local elite, Alvarez requested Viceroy Calleja to appoint "un español verdadero" to head the ayuntamiento or, even better, to terminate debates definitively by subjecting the political sphere totally to the military command.[71]

Despite evident problems with nonmilitary matters and civilians in general, following the expulsion of Morelos, Alvarez became the provincial *comandante militar* and interim intendant of Oaxaca with full administrative, fiscal, and military powers. Given his previous record at Jalapa, it was not at all surprising that he encountered opposition or that he abused his office to make personal profits. Following the reoccupation of Oaxaca, the disposition of insurgent and unclaimed property was a particularly lucrative source of income. Although Alvarez claimed later in his own defense that he had a poor head for figures, it is clear from the documents that he and other officers knew exactly what they were doing. He was charged with misappropriation of funds and theft from the public treasury. Commanders of the army divisions assigned to Oaxaca districts collected and spent tithes, *alcabalas* (excise taxes), tobacco taxes, and even the funds of the Ramo de Bulas (the old crusade tax).[72] Captain José Antonio Requera, chief of the Sixth Division at Ometepec and Jamiltepec, confiscated raw cotton, distributed it to the women of fifteen villages under his control, and ordered them to produce mantas for his soldiers who were in desperate need of

---

[70]Hoja de Servicio de Melchor Alvarez, 1815, AGN:OG, vol. 258. Alvarez joined the Spanish army as a cadet in 1786 and achieved the rank of *coronel efectivo* en 1810. He arrived at Veracruz on April 15, 1813, and three days later was in combat at Medellín in command of forces from the Regimientos de Infantería de Savoya and Extremadura. He was related to Mariano de Alvarez, defender of Gerona.

[71]Alvarez to Calleja, Jalapa, July 13, 1813, AGN:OG, vol. 1. When Alvarez arrived at Jalapa, he had funds for only twelve to fifteen days for his expeditionary force. The ayuntamiento stated that in the three years since the war broke out, Jalapa had spent 200,000 pesos to pay its garrison and to subsidize units that passed through the jurisdiction. See Ayuntamiento of Jalapa to Calleja, April 27, 1813, AGN:OG, vol. 32.

[72]Alvarez to Calleja, December 7, 1814, AGN:OG, vol. 1.

clothing.[73] Although Calleja reprimanded Alvarez, the shortage of senior officers in New Spain prevented the viceroy from taking stronger steps.[74] Accustomed to wielding political power and benefiting directly from his offices, in 1821 Alvarez joined many other senior army commanders in support of Iturbide's Plan de Iguala.[75]

Some civilian administrators fought back against the encroachments of military power. The intendant of San Luis Potosí, Manuel de Acevedo, struggled for years to protect his office and the population from the jurisdiction of the commander of the Tenth Militia Brigade, Brigadier Manuel María de Torres Valdivia. The areas of conflict ranged from the abuse of recruitment procedures to numerous questions related to taxation and the funding of army units. Beginning in 1815, Acevedo charged that army recruiters seeking replacements in San Luis Potosí used press gangs, threats, and personal vengeance to round up essential workers. Recruits were held in jail until they were marched off in manacles to join army units as if they were delinquent criminals sentenced to the presidios. Acevedo argued that mistreated recruits often deserted and ended up as insurgents. Even worse, well-to-do families purchased freedom for their young men by bribing the recruiting agents. The intendant asked Viceroy Calleja to remove army officers from recruitment and to invoke the Real Ordenanza de Leva, which placed the corregidores and municipal authorities in charge of levies.[76] In another complaint, the ayuntamiento of San Luis Potosí informed Viceroy Apodaca that it and not the *comandante militar* possessed the legal obligation to propose officer candidates and to recruit soldiers for the Regimientos de Fieles, Dragones de San Luis, Dragones de San Carlos, and the Batallón Ligero de Infantería, which had been raised in the city and its jurisdiction. Torres not only rejected the customary privileges of the ayuntamiento, but he had proceeded to appoint and promote officers in his command. One of his choices, Ensign Joaquín Basave, a gambler by profession, was infamous for his scandalous life-style with a young woman called Joaquina.[77]

By 1817 the San Luis Potosí provincial dragoon regiments had been absent from their home province for seven years' wartime duty and in many respects they were difficult to distinguish from the regular line units of the royalist army. As might be expected, after so much time the relatives of

[73]José Antonio Requera to Alvarez, July 15, 1814; and Alvarez to Requera, August 21, 1814, AGN:OG, vol. 1.

[74]Alamán, *Historia de México*, 3:261–262.

[75]Ibid., 5:297.

[76]Manuel de Acevedo to Calleja, San Luis Potosí, August 6, 1815, AGN:OG, vol. 93. Calleja had received complaints from army units that many recruits from San Luis Potosí were incorrigible deserters, gamblers, vagabonds, and criminals. See Calleja to Manuel María de Torres, May 14, 1816, AGN:OG, vol. 93.

[77]Acevedo to Apodaca, April 24, 1817, AGN:OG, vol. 92.

serving militiamen demanded the return of their sons and husbands. Both the mining and agricultural industries, which were the largest employers in the province, resisted new levies to fill vacancies in the regiments, and there were general complaints about the financial burden charged against the treasury of San Luis Potosí.[78] In 1817 the provincial treasury contributed 71,811 pesos monthly to pay the local garrison and those units from the jurisdiction that served elsewhere in New Spain. Added to these expenditures were special costs in 1817 for the pursuit of Javier Mina's invasion force, payment of escorts for the herds of goats and sheep sent to Querétaro for the provisioning of Mexico City, and special expenditures to pay other army units that happened to pass through San Luis Potosí. Despite his best efforts, Intendant Acevedo found that he could not meet all military financial obligations.[79] By 1818 the salaries and allowances of some garrison troops were forty days in arrears and the San Luis Potosí units operating in Guanajuato had not been paid for eight months.[80] Concerned about violence if funds could not be raised to pay the soldiers, Acevedo expressed suspicions that Torres had encouraged his troops to threaten civilian administrators.[81] At San Luis Potosí and other cities of New Spain, eight years of warfare had exhausted available tax revenues. As funding for the war dried up, royalist army commanders had to contemplate other political and military solutions.

Although Acevedo was the chief treasury officer of San Luis Potosí, Brigadier Torres ran his own financial operations separate from the intendancy. Booty captured in combat against the rebels remained under Torres's personal control. In 1815, for example, operations against the insurgent Fernando Rosas resulted in the capture of forty horses, seven muskets, and other property. The intendant received secondhand information about the operation but was not given any detailed inventories. He did learn that two of the best mounts taken from the rebels ended up in Torres's possession.[82] Over the years the level of acrimony between these two officials poisoned relationships and created rival factions in the city. Knowing that Torres rejected any form of cooperation with the civil authorities, Acevedo asked Viceroy Apodaca to settle the matter by transferring one of them out of San Luis Potosí.

[78]Acevedo to Apodaca, May 4, 1817, AGN:OG, vol. 94.

[79]Presupuesto de las cantidades que se deben a las tropas que guarnecen esta capital y otras que operan fuera de ella por alcances del mes de julio, y buenas cuentas respectivas al corriente mes, September 17, 1817, AGN:OG, vol. 94. In 1817 and 1818 the herds of goats and sheep sometimes totalled ten thousand to fifty thousand animals.

[80]Apodaca to Acevedo, May 20, 1818, AGN:OG, vol. 94.

[81]Acevedo to Apodaca, January 7, 1817, AGN:OG. vol. 94.

[82]Acevedo to Calleja, September 6, 1815, AGN:OG, vol. 93.

As might be expected in a war that divided the population, civilians often experienced difficulties in defending themselves against the rapacity and vengeance of army officers. Given the level of polarization caused by the conflict, officers knowingly misconstrued the legitimate rights of individuals as the acts of persons of dubious loyalty or even worse treachery. The commanders of military convoys expropriated food and forage, damaged property, and seldom reimbursed hacendados and villagers. In 1813, for example, Pedro Otero complained that soldiers escorting a silver shipment from Guanajuato, commanded by Iturbide, vandalized his hacienda near Silao. Although Iturbide had orders to requisition hay and straw, his soldiers and muleteers ran amok, smashing Otero's house and the huts of his workers. They chopped up and burned furniture for their cook fires, ripped out a beautiful vineyard, and wrecked the estate's vegetable gardens. Otero approached Iturbide to seek redress and received insulting treatment as if he were "a traitor, a rebel, and a declared and obstinate insurgent." When Otero sent his majordomo to present a statement for damages, Iturbide informed him that "the king pays for nothing."[83]

Otero complained to Viceroy Calleja, stating that he had served the royalist army at the battles of Calderón, Zitácuaro, and in the siege of Cuautla Amilpas. His family had paid millions of pesos over the years in taxes and donations. In the present war, his haciendas suffered losses of over 300,000 pesos caused by insurgent robberies and raids. Even though Otero expressed apprehensions about attracting the vindictiveness of Iturbide, he solicited support from the viceroy to achieve redress. In response, Iturbide made no apologies: the furniture in Otero's house was rough and unworthy of consideration; some rooms had no chairs and wooden chests served as the only seats. If there was no furniture, Iturbide could not see how it could have been broken. Not only did he dismiss what were certainly legitimate claims, but he also did so in a way most damaging to Otero by expressing suspicions that he was a person of dubious loyalty.[84]

In some instances, army commanders behaved like bandits and committed offenses that served to fuel rather than to suppress the insurgency. The adventures of Ignacio Marroquín, renter of the Hacienda de la Concepción near Pátzcuaro, illustrate the point. While Marroquín admitted to having served as an insurgent captain in 1810, he received a full royalist amnesty and returned to a peaceful existence on his lands. Not only did he pay his taxes, but he also contributed two cattle and some sheep each month to the royalist detachment in his district. Although Marroquín had lived as a loyal subject for years, Colonel Felipe Castañon sent a detachment in May 1817 to look for him, who was absent from his house

[83]Pedro Otero to Calleja, Guanajuato, August 12, 1813, AGN:OG, vol. 426.
[84]Iturbide to Calleja, Salamanca, October 24, 1813, AGN:OG, vol. 426.

doing field work when the troops arrived. Unable to locate him, the soldiers condemned him summarily as an insurgent, burned his house and barns, and made off with 7,000 pesos in coin, 780 head of cattle, 1,200 sheep, and 138 pigs.[85] This outrage drove Marroquín into such a fit of anger that he sought out the insurgent leader Padre Torres, who commissioned him as a captain and named him his adjutant. Commanding two hundred insurgent fighters, Marroquín carried out a surprise attack on a convoy from Valladolid. They captured seven dragoons of the Regimiento de Moncada, a sergeant, and eleven gachupín civilians. Although Torres ordered Marroquín to execute the prisoners, he released them and even returned some of their possessions.[86] After falling out with Torres about his commitment to insurgency, Marroquín surrendered to the royalists once again and requested a royal amnesty.

Silver miners faced similar arbitrary actions from army officers and often suffered from extortion and other forms of robbery. In 1820, for example, Colonel Cristoval Villaseñor, the *comandante militar* at Majadagrande, a new mining community near Cadereyta, demanded that mine owner Ignacio Lastiri pay 100 pesos monthly rather than the 30 pesos required by law to support the local militias. When Lastiri refused, Villaseñor jailed him until he reconsidered. Merchants paid inflated militia taxes as well and miners received poor treatment from Villaseñor's local administrator, Lieutenant Miguel Ordoñez. For petty offenses this officer sentenced men to fifty lashes, hit others with the flat of his sword, and ordered the miners to congregate their huts at a cramped site where disease and fire were constant dangers.[87]

Although the army commanders often displaced or dominated civilian officials, their political power became more vulnerable over time. Despite the appearance in some regions of a royalist victory in 1816, widespread insurgent activity prevented the recovery of the regional economies. The burden of the *contribuciones militares* fell upon all sectors of the population. In each community, district comandantes organized juntas to seek suitable resources that might be taxed. Generally, the officers nominated subdelegates, local curates, wealthy residents of the headquarters town, and persons from each community of the district. In larger towns and cities the local treasury officer, mining deputy, or representative of the merchant consulado added his expertise and knowledge to the junta. Their

[85]Declaraciones de Ignacio Marroquín, October 12, 1817, AGN:OG, vol. 420.

[86]Ibid. The final break occurred when Marroquín was sent to intercept the mail from Valladolid. Instead of capturing the dispatch riders, he showed himself before the ambush, thus allowing them to take another route.

[87]Representación of the Real Tribunal General de la Minería, Mexico, May 24, 1820, AGN:OG, vol. 511.

task was to raise sufficient funds to support local and regional defenses. In mining regions they established new taxes on silver, retail shops, plaza stalls, and gambling. In farming and stockraising towns they placed taxes on harvested grain, agricultural products, and on the consumption of luxury goods such as wine. Of even greater concern to the residents, these juntas conducted a detailed census of the entire population of the district to set *contribuciones obligatorias*, which were wealth or income taxes charged to all residents according to their income and total assets. No one was exempt from these taxes and even the poorest individuals had to pay a real or two from their meager incomes. Hacendados and rancheros paid for militia support according to assessments of the values of their estates, which did not take into account the possibility of insurgent occupations, raids, and interdicted commerce. With wartime taxes a source of chronic discontent, Mexicans looked for ways to terminate a system that they attributed to unnecessarily bloated military expenditures.

As early as 1815 some army commanders began to realize that the Achilles' heel of royalist power was fiscal rather than purely military. Gradually, guerrilla warfare, insurgency, and banditry ground down the tax base and consumed existing sources of Mexican capital. In the Puebla command, Field Marshal José Moreno y Daoiz[88] reported a developing fiscal crisis that threatened the future existence of the royalist army. In January 1815 the Puebla garrison consumed 44,300 pesos for army pay, or about 80 percent of total revenues of 55,059 pesos received by the provincial treasury. Moreno needed another 10,000 pesos to operate his offices before he began to consider other expenditures. Although he attempted to negotiate a loan, even with his best efforts he raised only 4,000 pesos.[89] In the face of growing monthly deficits, most of Moreno's time was taken up in a desperate search for new funds to pay the garrisons of his jurisdiction. Fearful that desertion would erode unpaid units, Moreno and his officers stopped drawing their own pay, and he ordered outlying communities to seek new funds for army pay from local sources.

Despite this instruction, Jalapa requested subsidies from Puebla to pay its garrison, and the fortress of Perote needed at least 3,000 pesos from the Puebla treasury. The army divisions stationed at Orizaba and Córdoba required 15,000 to 16,000 pesos per month from the Puebla treasury since the income from military taxes in those towns barely covered the operating costs of local royalist militias and some operating expenses. Until 1815 royalist commanders had raised 90,000 pesos in the region through

---

[88]Moreno y Daoiz was transferred to Mexico in 1811 by the regency government. He held many important posts, including subinspector general of the Mexican army until the arrival of Pascual de Liñán, and was *comandante militar* of the Puebla jurisdiction.

[89]Moreno y Daoiz to Calleja, Puebla, January 1, 1815, AGN:OG, vol. 536.

confiscations and forced loans from amnestied rebels, but these sources had been exhausted. Oppressed by the legitimate claims of his subordinate commanders, Moreno begged assistance from the governor of Veracruz, who responded that he had no funds to spare. As a last resort Moreno turned to the central treasury, but Viceroy Calleja dismissed his appeal, noting that all provinces suffered similar financial exigency. He pointed out that the Mexico City treasury was in even worse shape than that of Puebla. Calleja ordered Moreno to seek his own alternatives and suggested that he require each district comandante to impose higher taxes upon reoccupied rebel communities.[90]

Between 1815 and 1820 army commanders could not stave off the financial disasters that gradually eroded the fighting force of the royalist military. It is clear that, even without the emergence of Iturbide, the royalists could not have continued the war for much longer. In September 1820 the *comandante general* of Guanajuato, Colonel Linares, reported that mining production in his province had fallen by 50 percent since 1818. As the recession took hold, the treasuries of agricultural and commercial towns such as Silao and Celaya suffered steep reductions in tax income. Linares reported monthly budget deficits of 15,000 pesos in the fund to pay the Guanajuato army units. Although the Regimiento de Dragones de San Carlos was to have been transferred from Querétaro to Guanajuato, Linares proposed that the move be cancelled since there was no money to pay the troops.[91]

At Querétaro, Brigadier Domingo Luaces wrestled with a monthly army pay deficit of between 11,000 and 12,000 pesos. The viceroy suggested that some mobilized militia companies might have to be disbanded to reduce expenditures, but Luaces rejected this solution since many of these men were amnestied insurgents who would return to their former activities if they were not employed.[92] In the regular units, officers at Querétaro permitted discipline to decline; soldiers without money for daily food robbed market stalls and civilians. In addition, Luaces complained that the arms, uniforms, and other equipment of his troops were in terrible condition and needed replacement. To alleviate the crisis in military funding at Querétaro, he initiated the request to have the Regimiento de San Carlos transferred to Guanajuato and asked that the remainder of the garrison be paid from the general treasury of New Spain. A few months earlier, both Linares and Luaces had made convincing arguments that their provinces needed the assistance of the Regimiento de San Carlos. Now, despite continuing

[90]Calleja to Moreno y Daoiz, January 14, 1815, AGN:OG, vol. 536.

[91]Antonio de Linares to Apodaca [Venadito], Celaya, September 1, 1820, AGN:OG, vol. 460.

[92]Domingo Luaces to Apodaca [Venadito], no. 119, July 17, 1820, AGN:OG, vol. 512.

guerrilla and bandit incursions in both jurisdictions, neither province could afford to pay the provincial dragoons.

On the verge of general bankruptcy, the royalist army needed only one push to topple it into disaster. That act came not from the Mexican insurgents who in 1820 lacked the conventional military power to confront the royalist military on the battlefield, but rather from the Riego Rebellion in Spain and the restored Spanish constitution. After years of subservience, the constitution granted Mexican civilians a weapon to end the dominance of the *comandantes militares*. While some towns swore allegiance to the constitution without ever seeing a copy of the document, others conducted public ceremonies during which orchestras played and the articles were read to the people.[93] In cities and towns throughout the country, the ayuntamientos invoked the constitution to abolish the hated *contribuciones militares*. Following lengthy debates, the municipal authorities terminated militia support taxes and disbanded royalist units that had garrisoned the towns and patrolled the countryside.[94] Although they attempted to fight back, the army commanders could not resist this collapse and the general view in Mexico that the war must end. On October 24, 1820, Viceroy Apodaca published a royal order that prohibited generals, chiefs of division, and other army commanders from collecting taxes in their jurisdictions for the subsistence of the army.[95] In a single blow, the constitution terminated the rule of the royalist army commanders and made it clear that they could no longer maintain the crumbling defense system. While the constitution called for a national militia supported by the central government to replace the decentralized royalist system, few were willing to serve and the ayuntamientos did not enforce the legislation.

Under the constitution, the military temporarily lost the dominance that for years permitted soldiers to control Mexican politics. Some municipal councils went even further to insist that the constitution prevented district army commanders from simultaneously holding the office of *jefe político*.[96] In some communities there were demands for even stronger actions. At Jalapa, the administrator of the royal mail, Faustino de Capetillo, condemned Brigadier Joaquín Castillo y Bustamante, who had governed the town for six years and campaigned against the insurgent Guadalupe Victoria. Capetillo stated that Castillo's "vindictive and vicious" subordinates

[93]José de la Parra to the intendant of Mexico, Ramón Gutiérrez de Mazo, Tixtla, July 4, 1820, AGN:OG, vol. 391.

[94]See for example Manuel de Concha to Apodaca [Venadito], Tulancingo, October 31, 1820, AGN:OG, vol. 126; and Ayuntamiento of San Juan del Río to Apodaca [Venadito], July 24, 1820, AGN:OG, vol. 512.

[95]José Dávila to Apodaca [Venadito], Veracruz, November 7, 1820, AGN:OG, vol. 266.

[96]Comandante de San Juan del Río, Gaspar de Reyna to Apodaca [Venadito], December 22, 1820, AGN:OG, vol. 980.

destroyed civil liberties, fomented discord, and abandoned prisoners in the jails. Even after the proclamation of the constitution, Castillo had attempted to continue his dominance over the municipal government and to disregard the law that he had sworn to uphold.[97] Outside of the towns, travelers no longer required passports and army patrols could not tell the difference between royalists and insurgents. Since everyone carried arms, it was almost impossible to separate honest merchants from insurgents, bandits, and army deserters. Men greeted each other with the title of *ciudadano* and often refused to recognize the authority of the military.[98] Perplexed by the rapid pace of change, some commanders confined their troops to barracks.

The suddenness of the collapse of New Spain was remarkable. The proclamation of Iturbide's Plan de Iguala and the simplicity of his message offered soldiers and civilians, royalists and insurgents, an escape from chaos and expectations of a return to prosperity. Although reality would dash these dreams, in 1821 there were no other solutions. Beset by financial crises and the impact of the constitution, the royalist commanders saw the prospect of losing control of their army and their military system. For these officers, Iturbide offered the prospect of commissions and promotions in the Army of the Three Guarantees and the expectation of maintaining the decentralized system of autonomous commands that had served them so well. Few of the Spanish army officers who refused to swear allegiance to the Mexican empire had the stomach for combat against their former comrades. Mexicans who had suffered a decade of debilitating war believed that Iturbide could end insurgency and restore civilian rule. Knowing that they could not win the war on their own, many insurgent leaders accepted Iturbide's compromise. In the momentary euphoria of 1821, the guarantees of religion, independence, and union appeared to end military dominance and regional divisions. In fact, the army commanders were not willing to relinquish their powers and viewed Iturbide as their savior. The struggle for the Mexican nation had just begun.

[97]Faustino de Capetillo to José Dávila, Jalapa, July 6, 1820; and Petition of the Ayuntamiento of Jalapa, July 10, 1820, AGN:OG, vol. 266.
[98]Llano to Venadito, no. 1096, November 10, 1820, AGN:OG, vol. 461.

The First Popular Elections in Mexico City, 1812–1813

Virginia Guedea

THE ELECTORAL PROCESSES established by the Constitution of Cádiz during the last years of the colony form a landmark in the political life of New Spain. A new stage, that of direct participation of large sectors of the population, began with those elections. Their significance, however, goes beyond that important fact. On the one hand, by providing new spaces for political participation within the system, the elections also notably affected the process of emancipation because they offered New Spaniards seeking change an alternative to the armed insurrection. On the other, the new forms of political action and organization, which those processes engendered, determined that the electoral model established by the Constitution of 1812 did not end with independence from Spain but continued during the early years of the new nation.

The first popular elections held in Mexico City are significant for various reasons. First, the capital of New Spain was the viceroyalty's most important urban center. Because it was the seat of all authority and the most populous city in the colony, any political activity that occurred there possessed special significance. Second, the manner in which those first elections occurred, as well as their results, determined not only the form of future elections but also their outcome. Finally, this electoral process had

AUTHOR'S NOTE: An earlier Spanish version of this work appeared in *Mexican Studies/Estudios Mexicanos* 7, no. 1 (Winter 1991): 1–28. It is published here with permission from The Regents of the University of California. I thank Jaime E. Rodríguez O. for translating the revised version. I am also grateful to the Rockefeller Foundation for its grant of a residency at Villa Serbelloni, its study and conference center in Bellagio, Italy, which allowed me to work on this essay.

such an impact on the authorities that it occasioned extensive investigations which generated a rich and abundant documentation, thus facilitating research.

A lengthy and complex process, which would have important repercussions in the political life of New Spain and whose influence would be felt after its independence, began when the Junta Suprema Central Gubernativa del Reino (Supreme Central Governing Junta of the Kingdom) decided that it should include not only representatives from the provinces of the Spanish Peninsula but also from its American kingdoms. Largely motivated by the Junta Central's need to obtain American aid and support in order to face the French invaders, the decision would have unforeseen consequences in New Spain. In addition to supporting the claims of many Americans that the viceroyalty was an integral and essential part of the monarchy—a view that the colonial authorities in New Spain had just rejected in a decisive and violent manner—this action renewed the possibility of political participation which had emerged when the Spanish Crown collapsed in 1808, but which seemed foreclosed by the coup d'état of September of that same year.[1]

The Junta Central's decree of January 22, 1809, stated that New Spain, as well as the other viceroyalties and independent captaincies general, should elect a deputy to represent them in that body. The ayuntamientos of the provincial capitals were to play the principal role in holding the election. Each ayuntamiento would elect three individuals "of well known probity, talent, and learning" and choose one of them by drawing lots. From this group, the Real Acuerdo (the audiencia serving as the council of state) and the viceroy, acting as its president, were to select three, from whom the representative to the Junta Central would be elected. The role of the ayuntamientos did not end there. The municipal councils were also to provide credentials and instructions to the deputy elected, a task they addressed immediately since it would assure each of them their own appropriate representation.[2]

The final election, which fell upon Miguel de Lardizábal y Uribe, the representative chosen by the Ayuntamiento of Mexico, would not have major repercussions inside the colony—among other reasons because Lardizábal y Uribe, despite being a native of Tlaxcala, had resided for some

[1]See Virginia Guedea, "El golpe de Estado de 1808," *Universidad de México: Revista de la Universidad Nacional Autónoma de México* 488 (September 1991): 21–24.

[2]Lucas Alamán, *Historia de Méjico desde los primeros movimientos que prepararon su independencia en el año de 1808 hasta la época presente*, 5 vols. (Mexico: Imprenta de J. M. Lara, 1849–1852), 1:291–292; José Miranda, *Las ideas y las instituciones políticas mexicanas: Primera parte, 1521–1820*, 2d ed. (Mexico: Instituto de Investigaciones Jurídicas, UNAM, 1978), 226–227.

time in the Peninsula and apparently did not represent any particular group within the viceroyalty. Nonetheless, the electoral process, restricted though it was, provides some interesting insights about the colony. Among those nominated were many who enjoyed great prestige and power in New Spain. Furthermore, the majority —eight of fourteen—had been born in the Peninsula, and they were closely aligned with its interests since they occupied important civil, military, and ecclesiastic posts in New Spain and had distinguished themselves, or would distinguish themselves, as ardent defenders of the colonial system and the status quo. Unquestionably, they were representatives of what may be called imperial interests, and their election makes manifest the prestige that individuals of that class and status possessed in some regions of the viceroyalty at that time. Among those selected were the military men, Félix María Calleja, by San Luis Potosí, and Bernardo Bonavía, by Durango; Bishop Juan Cruz Ruiz de Cabañas, by Guadalajara, and the judge of the Audiencia of Mexico, Guillermo de Aguirre, by Querétaro. Nevertheless, although in the minority, individuals who either questioned or would later question the system, such as Bishop Manuel Abad y Queipo and the *cura* of the Burgo de San Cosme, José María de Cos, were also elected, by Valladolid and Zacatecas respectively. Their election suggests that certain reformist and even autonomist tendencies, as well as interests that might be called domestic, also found expression in that process.[3] As a consequence of the elections, the ayuntamientos of New Spain began to regain the role which some of them, especially the Ayuntamiento of Mexico, so strenuously had sought in 1808: that those corporations possess the fundamental right to represent the provinces of the realm, a crucial factor given the critical circumstances of the Spanish monarchy at that time.

When it convened a cortes, the Regency, which succeeded the Junta Central and included Lardizábal y Uribe as one of its five members, provided new opportunities to the ayuntamientos. In its decree of February 14, 1810, the Regency declared that the Spanish dominions in America and in Asia should "participate in the national representation of the special cortes," which already had been convoked in the Peninsula. This time, each province was allocated a deputy who would be elected by the ayuntamiento of every provincial capital. As had occurred in the elections for the Junta Central, each ayuntamiento would select three individuals "endowed with probity, talent, and learning and without any blemish," from whom a representative was to be chosen by drawing lots. As in 1809 the deputies were to receive

---

[3]"Relación circunstanciada de los sujetos electos por las provincias del Virreynato para el sorteo de Diputado de la Suprema Junta Central," in Archivo General de la Nación (hereafter AGN), Historia, vol. 418, f. 1–3.

instructions from their ayuntamientos. However, in contrast to the previous election, the deputies had to be natives of the provinces they represented.[4]

That requirement, reinforced by the Regency's proclamation accompanying the decree—in which it not only reiterated that the dominions of America and Asia were integral parts of the monarchy, and therefore possessed the same rights as the Peninsula, but also declared that from that moment the American Spaniards had been elevated to the category of free men[5] —affected the outcome of the elections. The increasing discontent of New Spaniards with a regime that refused to recognize their desire to participate in the decision-making process also influenced the elections. In contrast to the experience of 1809, many of those who participated in the *ternas* (ternary), as well as most of those finally elected deputies, were individuals whose interests were clearly linked to those of their localities and who sought greater autonomy at the viceregal as well as at the provincial level. There were many clergymen elected, such as doctors José Miguel Guridi y Alcocer, *cura* of Tacubaya, for Tlaxcala; José Miguel Ramos Arizpe, *cura* of the Real de Borbón, for Coahuila; Antonio Joaquín Pérez, canon of Puebla, and José Miguel Gordoa, professor of the Seminary of Guadalajara, for Puebla and Guadalajara respectively. In addition, Dr. José Ignacio Beye de Cisneros, canon of Guadalupe, a declared autonomist and a friend and defender of deposed Viceroy José de Iturrigaray, was elected for Mexico. They all played an active and brilliant role in the cortes, defending the equality of representation between America and Spain and advocating provincial autonomy.[6]

The elections for deputies in many other parts of the Spanish empire, including the Peninsula, resulted in outcomes similar to that of New Spain. The special cortes was dominated by the *liberales*,[7] individuals who were determined to transform and modernize the political system of the empire. Their efforts culminated in 1812 in the Political Constitution of the Spanish Monarchy, which was promulgated in Cádiz on March 19, 1812, and proclaimed in the capital of New Spain on September 30 of that year. The charter, which created a unitary state with equal laws for all the Spanish

---

[4]J. Miranda, *Las ideas y las instituciones*, 229–230; Alamán, *Historia de Méjico*, 1:334–335.

[5]Alamán, *Historia de Méjico*, 1:217.

[6]Ibid., 1:appendix, 50; Charles R. Berry, "The Election of Mexican Deputies to the Spanish Cortes, 1810–1822," in *Mexico and the Spanish Cortes, 1810–1822*, ed. Nettie Lee Benson (Austin: University of Texas Press, 1966), 16.

[7]The term *liberal* was coined for the first time in the Cortes of Cádiz. The two principal groups in that congress were known as the *liberales* and the *serviles*.

dominions,[8] could not have been implemented at a worse time for the colonial regime in New Spain. The highest colonial authorities, the viceroy and the audiencia, who for two years had been facing an armed insurgency that appeared to gain greater vigor as it was becoming more widespread, saw their power reduced by a cortes, which desired to impose greater administrative control on the part of the metropolis, at a time when discontent grew daily among those who wanted a greater role, within the system, in the decision-making process. And if that were not enough, the implementation of the constitution offered new opportunities for political participation to a large group of New Spaniards because the charter abolished old privileges, declaring all Spaniards equal before the law.[9] Those actions would strengthen those who were discontented with the system.

The colonial regime in New Spain, therefore, refused to implement in full the constitution. Nevertheless, the authorities were forced to accept its fundamental dispositions and to proceed to reorganize the viceroyalty at three levels: local, provincial, and imperial. The process of change was to begin with the creation of constitutional ayuntamientos and provincial deputations, as well as with the selection of the deputies who would represent New Spain in the next regular cortes, which would convene in October 1813. All this required extensive electoral processes in which those who enjoyed the rights of citizenship—that is, large sectors of the population—would participate as voters. Furthermore, the ayuntamientos were to play an important role in those processes.

The electoral procedures established by the cortes were not only indirect but also lengthy and complex. There were two stages for elections to the constitutional ayuntamientos: the selection of parish electors and the designation of the new alcaldes, *regidores* (councilmen), and syndics by the electors. The election of deputies to the cortes and to the provincial deputations was even more intricate. Elections to these two bodies occurred at three levels: parish, *partido* (provincial subdivision), and province. Because of their complexity, preparatory juntas were necessary to organize and conduct them.

The viceroyalty was divided into five regions for the elections of deputies to the cortes: New Spain itself, New Galicia, Yucatán, the Eastern Interior Provinces, and the Western Interior Provinces. One more province

[8]Jaime E. Rodríguez O., "From Royal Subject to Republican Citizen: The Role of the Autonomists in the Independence of Mexico," in *The Independence of Mexico and the Creation of the New Nation*, ed. Jaime E. Rodríguez O. (Los Angeles: UCLA Latin American Center Publications, 1989), 34.

[9]The Constitution of 1812 abolished the distinctions between the two republics —the one for Spaniards and the other for Indians. All men were declared political citizens, except the blacks and *castas*. On this point consult James F. King, "The Colored Castes and the American Representation in the Cortes of Cádiz," *Hispanic American Historical Review* 33 (February 1953): 33–64.

was added for the elections of provincial deputations: San Luis Potosí, to which was joined Guanajuato.[10] The Preparatory Junta for New Spain, consisting of the provinces of Mexico, Puebla, Michoacán, Oaxaca, Veracruz, Tlaxcala, Querétaro, Guanajuato, and San Luis Potosí—these last two only for the elections of deputies for the cortes—met in Mexico City at the end of October 1812. In accordance with the requirements of the cortes, the Preparatory Junta consisted of Viceroy Francisco Xavier Venegas, as *jefe político superior*; Canon José Mariano Beristáin, named by the *cabildo eclesiástico sede vacante* (cathedral chapter with the archbishop absent);[11] Ramón Gutiérrez del Mazo, intendant corregidor of Mexico; Juan Cervantes y Padilla, the senior *alcalde ordinario*; José Antonio Méndez Prieto, *regidor decano* (senior councilman); José María Fagoaga, *alcalde del crimen* (magistrate of the criminal chamber); and two *vecinos buenos* (good neighbors), the Mariscal de Castilla and Marqués de Ciria and the Conde de Bassoco. Through the 1792 census, the Preparatory Junta determined that the region of New Spain would elect forty-one deputies, with fourteen of those, plus four substitutes, corresponding to the Province of Mexico. It also stipulated that the provincial deputation of the region of New Spain would consist of seven members. In addition, it determined that elections would take place in the *ciudades cabezas* (capital cities) of the *partidos* which were free of insurgent control, and it set February 1, 1813, as the date when the *partido* electors were to congregate in the capital.[12]

The date selected by the Preparatory Junta passed without the final elections being held. Because of events that took place at the beginning of a less complex and strictly local electoral process—that of the constitutional ayuntamiento of the city of Mexico—the higher authorities suspended, at least temporarily, both the capital's municipal elections as well as the elections for deputies to the cortes and to the provincial deputation.

The Constitutional Ayuntamiento

The ayuntamiento then in office, by and large, conducted the first popular elections held in Mexico City. That body established the number of electors to be chosen by each parish, determined the number of juntas or

[10]Royal Decree and Instructions of the Cortes, May 23, 1812, published in Mexico on October 10, 1812, in AGN, Historia, vol. 447, cuad. 1, f. 8; "Parecer de los fiscales," Mexico, September 27, 1812, in ibid., vol. 447, cuad. 1, f. 6–7v.

[11]Whenever the archbishop or the bishop was absent, the *cabildo eclesiástico* operated as a *sede vacante* (vacant see).

[12]Proclamation of Intendant Ramón Gutiérrez del Mazo, Mexico, November 27, 1812, AGN, Historia, vol. 445.

sessions to be held in each of them, and designated members of the cabildo who would supervise the vote. Those decisions, the requirements which those designated as electors had to meet, and the date of the election, Sunday, November 29, 1812, were announced in a proclamation of the intendant corregidor and *jefe político*, Gutiérrez del Mazo.[13]

Despite the care taken by the election organizers, who included Viceroy Venegas, they failed to define such clearly important aspects as the qualifications of those eligible to vote or the site where *vecinos* of a parish with more than one junta were to vote. The capital also lacked an electoral register, which resulted in considerable confusion, doubt, and much unease. Furthermore, the elections aroused great interest among many *capitalinos* (residents of the capital), who celebrated the event with noisy and tumultuous acts, reactions which concerned the regime. But it was the election results themselves which, more than anything else, convinced the authorities virtually to suspend the entire electoral process. All those selected as the city's twenty-five electors were American born, some were disaffected with the system, others were known insurgent sympathizers, and none was a partisan of the regime. Under the pretext of avoiding in future elections the problems that had emerged in these, the authorities initiated investigations and inquiries that were essentially motivated by their need to discover why things had occurred as they had and who was responsible for those events.

The documentation generated by this first stage of the electoral process, and particularly as a consequence of the unease of the regime, is very rich and allows us not only to determine precisely what happened but also to analyze carefully many of its facets. In the first place, we can determine how each of the capital's seventeen parish juntas conducted the elections. We can also discover the attitude assumed by the various members of the ayuntamiento entrusted with presiding over those meetings. Further, the documentation permits us to learn how different groups conducted pre-electoral activities. In addition, it provides a clear view of the behavior of the city's population both during and after the elections. Finally, it allows us to understand the repercussions of the electoral process on the political life of the capital.

Because the Constitution of 1812 did not grant political citizenship to blacks and *castas* and suspended the voting rights of debtors, domestic servants, the unemployed, and those under criminal indictment, determining who possessed the franchise presented a serious problem for the officials of the juntas. The charter, however, permitted the parochial electoral juntas to

---

[13]Proclamation of Intendant Ramón Gutiérrez del Mazo for elections to the Ayuntamiento, Mexico, November 27, 1812, in *La Constitución de 1812 en la Nueva España*, 2 vols., ed. Rafael Alba (Mexico: Secretaría de Relaciones Exteriores, Imprenta Guerrero Hnos., 1912–1913), 1:226–230.

resolve doubts in these matters.[14] Although the constitution excluded large sectors of the capital's population from voting, several parish electoral juntas did not enforce those restrictions. The reports indicate that in some cases the junta presidents, either on their own or in consultations with the *vecinos* present, actually restricted the suffrage. Others, however, permitted indiscriminate voting, without taking into account *pelaje* (appearance) or "color," as junta presidents themselves indicated. There were also instances of individuals either voting or intending to vote more than once, a fact that worried some officials. That problem was particularly evident in El Sagrario parish, which possessed four electoral juntas.

The elections made manifest certain political and social realities. On the one hand, certain sectors of the capital's population were rootless and lacked stability, mainly as a result of the war of insurgency that the viceroyalty then experienced. On the other, they highlighted something much more important: during this first stage of the electoral process, in which many individuals voted who did not have that right according to the constitution, we can see that the population of the capital had begun to outgrow the divisions into which society had been organized, compartments in which ethnic distinctions played an important role. That is, the old model—the caste society—was no longer corresponding to reality.

Electoral junta officials also had to resolve, at their discretion, another question. Many voters arrived at the polling places carrying *papeletas* (slips of paper) with the names of their candidates written on them, and many of these were the same size and written in the same hand. In addition, many of those who carried these slips did not know the names on them, and many voice votes coincided exactly with the written ones. These factors led the authorities, not without reason, to talk about a "conspiracy."[15]

It is evident, from the elections themselves as well as from their results, that many people must have engaged in well-coordinated pre-

---

[14]Articles 22 and 50 of the Constitución Política de la Monarquía Española, in Juan E. Hernández y Dávalos, *Colección de documentos para la historia de la guerra de independencia de México de 1808 a 1821*, 6 vols. (Mexico: Biblioteca de "El Sistema Postal de la República Mexicana," José María Sandoval, 1877–1882), 4:88, 90.

[15]Antonio Annino, who in an interesting work has made a careful and in-depth analysis of the elections of November 29, 1812, finds that the distribution of these *papeletas* varies in relation to the ethnic composition and the location of the parishes. It was more intense in those where the population was very mixed and fluctuating. He also finds a relationship between the way the *papeletas* were handed out and the results of the elections. Some lawyers were elected where more *papeletas* were distributed and where fluctuating population was greatest, in contrast to other parishes where primarily clergymen as well as former Indian governors were elected. See Antonio Annino, "Pratiche creole e liberalismo nella crisi dell spazio urbano coloniale: Il 29 noviembre 1812 a Citta del Messico," *Quaderni Storici* (69) 23, no. 3 (December 1988): 727–763.

electoral activities. In its "Representación" to the cortes of November 1813, the Audiencia of Mexico indicated the existence of a "conspiracy," citing a list containing the names of those who would later be elected which had been circulated throughout the city days before the election. Such a list does not prove the existence of a cabal, but it does indicate that there had been a selection of candidates. Furthermore, during the elections porters had been paid to distribute the *papeletas* with the names of the candidates selected.[16] While I have been unable to determine who, in particular, participated in these activities, we know that a clandestine group of *capitalinos* called the "Guadalupes," who aided the insurgent movement in various ways, took part in these pre-electoral activities. Although there is no mention of that group, nor of its activities, in the documentation of the election, shortly thereafter the Guadalupes sent a letter to the insurgent leader José María Morelos in which they refer to their participation in the electoral process.[17]

I have located evidence of the participation in the elections of one of those identified as a member of the Guadalupes, the Canon Dr. José María Alcalá, a well-known insurgent sympathizer who on various occasions had openly expressed his discontent with the colonial regime. Alcalá was accused not only of directing the elections and of holding meetings in his house to influence the results but also of having declared "that he would prefer to see himself in jail rather than allow any European to be named *regidor*."[18] Another member of the Guadalupes, the municipal councilman Joaquín Caballero de los Olivos, also took part in the pre-election activities. He, however, acted in an open and public manner as the member of the capital's cabildo charged with presiding over the electoral junta of the parish of San José. Finally, another Guadalupe, Fagoaga, the Mexico City *regidor* and *alcalde del crimen*, who presided over the parish junta of El Salto del Agua, also participated in the pre-election organization.

The electoral success of the Americans has obscured another important fact: the autonomists and malcontents were not the only ones who engaged in pre-electoral activities. The Europeans and other partisans of the colonial

---

[16]"Representación de la Audiencia de México a las Cortes," Mexico, November 18, 1813, in Emilio del Castillo Negrete, *México en el siglo XIX, o sea su historia desde 1800 hasta la época presente*, 19 vols. (Mexico: Imprenta del "Universal," 1881), 7:appendix, 373–374.

[17]Letter from "Los Guadalupes" to José María Morelos, Mexico, December 7, 1812, in *Los Guadalupes y la Independencia, con una selección de documentos inéditos*, ed. Ernesto de la Torre Villar (Mexico: Editorial Porrúa, 1985), 9.

[18]Carlos María de Bustamante, *Martirologio de algunos de los primeros insurgentes por la libertad e independencia de la América mexicana* (Mexico: Impreso por J. M. Lara, 1841), 9–10; Alamán, *Historia de Méjico*, 4:38; Alejandro Villaseñor y Villaseñor, *Biografías de los héroes y caudillos de la independencia: Con retratos*, 2 vols. (Mexico: Imprenta de "El Tiempo" de Victoriano Argüeros, 1910), 2:120.

regime also organized themselves for the elections. There were, therefore, two clearly defined parties, or groups, in open opposition: the Americans and the Europeans. Lucas Alamán indicates that both groups distributed extensive lists with the names of their candidates in the days before the election.[19] As Intendant Gutiérrez del Mazo, who presided over one of the electoral juntas of El Sagrario parish, declared in his report: "There were 496 [votes] in writing in favor of Dr. Alcalá and Villaurrutia, Dr. Torres and Licenciado [López] Matoso, and 99 for D. Luis Madrid, D. Gabriel Yermo, D. Tomás Terán, and D. Francisco Cortina"; subsequently he corrected the figures, indicating that there had been 521 for the first group and 75 for the second.[20] The intendant also discussed the oral ballots in his report, indicating that people voted verbally "in favor of one or the other party," a statement that demonstrates both the existence, and the recognition by the authorities, of the two parties as well as the fact that they carried out pre-electoral activities. The figures provided by Gutiérrez del Mazo also demonstrate that in the most "Spanish" of parishes, where the greatest number of European Spaniards resided, the Americans triumphed over them by a ratio of almost seven to one.

The members of the ayuntamiento who presided over the juntas did not agree completely about the elections. Eleven of the seventeen presidents of the parish juntas, among them Caballero de los Olivos and Fagoaga, declared in their reports that they had not experienced problems regarding either voter qualifications or multiple voting. Thus, the majority of the members of the old ayuntamiento fully endorsed the electoral process. The others also approved it, demonstrating more or less reserve, depending on the circumstances. The difference in attitudes found among the members of the capital's cabildo also occurred among the electors. Although all the electors were Americans, and none a partisan of the colonial regime, their attitudes ranged from open and determined sympathy for the armed insurgency or the persistent questioning of the legitimacy of the colonial authorities to the most respectful observance of the guidelines established by those officials. But, irrespective of these differences, like the ayuntamiento, the majority of the electors—if not all of them—had a common goal: to obtain significant political changes within the system and, particularly, to ensure that Americans would take charge of the city's government. United around that common interest, they formed alliances and joined forces.

[19] Alamán, *Historia de Méjico*, 3:289.

[20] "Informe del intendente Ramón Gutiérrez del Mazo," Mexico, December 19, 1812, in AGN, Historia, vol. 447, cuad. 1, f. 62–64, published in Alba, *Constitución de 1812*, 1:239–241; Oficio of Intendant Ramón Gutiérrez del Mazo to Viceroy Francisco Xavier Venegas, Mexico, January 11, 1813, in AGN, Historia, vol. 447, cuad. 2, exp. 10, f. 3–5.

There were various members of the society of the Guadalupes among the electors: Alcalá himself and *licenciado* Antonio Ignacio López Matoso, both for the parish of El Sagrario; *licenciado* Pedro Dionisio de Cárdenas for Santa Cruz; and the Indian former governor of the *parcialidad* (Indian community) of San Juan, Dionisio Cano y Moctezuma, for Santo Tomás la Palma. Electors closely allied with the society included: the *alcalde de corte* Jacobo de Villaurrutia for El Sagrario; *bachiller* José Manuel Sartorio and *licenciado* Carlos María de Bustamante for San Miguel; the military man Francisco de Arroyave for Santa Catarina, and another Indian former governor of San Juan, Francisco Antonio Galicia, for the parish of Acatlán. Juan de Dios Martínez, an elector for Santa Catarina, was also involved with the insurgents since he was related by marriage to the insurgent leader Julián de Villagrán, with whom he was in correspondence.[21] Their names are mentioned here because several of them would later take part in other electoral processes where they would exercise notable influence.

The differences in postures of greater or lesser radicalization among the electors reflect, to a great extent, the different interests that came together in those elections. There is little doubt that the electoral exercise awakened the interest of the great majority of the people of the capital for a variety of reasons. Leaving aside the minority of Europeans, almost all of them partisans of the status quo and therefore determined to support the colonial authorities, it is evident that for the rest of the population the elections of November 1812 provided opportunities that could not be lost. For the autonomists, they opened a new and extensive legal means to immediately achieve their aspirations for home rule. The electoral process permitted the city's ayuntamiento to once again become their spokesman, as it had been in 1808, and thus to regain, strengthened, its traditional political legitimacy vis-à-vis the colonial authorities. For partisans of the insurgency, the elections represented a splendid opportunity to weaken the colonial regime and to link the insurgent movement with the interests of the autonomists. And for the Indians of the capital's two *parcialidades*, in particular for their officials, they provided the only possibility of obtaining political representation since, according to the constitution, the Indian communities were to disappear and with them their special form of government. Thus, all groups united in support of a common cause: that the control of all the urban space fall into their hands.

Besides the important interests that were at stake, the unusual nature of the situation, which allowed popular meetings to be held where all—or almost all—the city's inhabitants could openly express their opinion about who should elect those persons who would be charged with the government

---

[21]"Electores para el Ayuntamiento de México," Mexico, December 2, 1812, in Hernández y Dávalos, *Colección de documentos*, 4:675–676.

of the capital, provoked a festive spirit in many sectors of the population. The gathering held in the *casas consistoriales* (city hall) to reach the final vote count, a meeting attended by a large public, as well as the final results, increased the merrymaking, which lasted until the following day. Large groups of people roamed throughout the city, even during the night, with cries of Long live the electors, America, the nation, and the Virgin of Guadalupe. There were also shouts of Long live the criollos, the Americans, the authors of the newspapers *El Juguetillo* and *El Pensador Mexicano*— Bustamante and José Joaquín Fernández de Lizardi—as well as the insurgents Ignacio Allende and Morelos. There were some who shouted for José Bonaparte and those who exclaimed that the people were sovereign. Some even shouted death to the gachupines and to Fernando VII himself. There were also massive demonstrations of support for the electors, in particular for Alcalá, Villaurrutia, Sartorio, and Bustamante.[22] Despite the authorities' opposition, the supporters rang the bells of the cathedral and other churches. Finally, a group appeared in front of the viceregal palace demanding that they be given cannon for artillery salvos, which was not allowed.

Fearing that such popular enthusiasm would get out of control, the authorities kept the troops in their barracks, and on the afternoon of Monday, November 30, the intendant ordered everyone to retire to their houses.[23] The people obeyed. The regime's concern was not due solely to the popular demonstrations of joy that the elections elicited; it was also the result of denunciations of supposed plans to overthrow the viceroy and eliminate the Europeans,[24] as well as rumors that the people of the surrounding towns had been convened to the capital to celebrate the elections, and reports of the joy that the election results had given to the insurgents.[25] But the concern was also the product of more serious questions.

The authorities' real problem was that the colonial regime found itself in an exceptionally critical situation. On the one hand, the armed insurrection taking place in various parts of the viceroyalty had won a

[22]See Declaration of José María Galán, Mexico, February 11, 1813, in Alba, *Constitución de 1812*, 2:252–253; declaration of José Miguel Gutiérrez, Mexico, February 4, 1813, in ibid., 2:253–254; declaration of Manuel Villaverde, Mexico, February 12, 1813, in ibid., 2:254–255; declaration of Rafael Pérez, Mexico, February 12, 1813, in ibid., 2:256–257.

[23]Alamán, *Historia de Méjico*, 4: 290–291.

[24]Declaration of José María Falces, Mexico, December 6, 1812, in AGN, Historia, vol. 447, f. 19–19v; declaration of Juan de Dios Núñez, Mexico, December 6, 1812, in ibid., vol. 447, f. 20; Francisco Rodrigo to Viceroy Francisco Xavier Venegas, December 4, 1812, in ibid., vol. 447, f. 23.

[25]José Yáñez to Jacobo de Villaurrutia, Mexico, December 9, 1812, in ibid., vol. 447, f. 41; Certification of Julián Roldán, Mexico, December 11, 1812, in ibid., vol. 447, f. 49.

number of important victories, such as Morelos's capture of Oaxaca a few days before the elections were held in Mexico City. On the other, the popular elections had provided not only the autonomists, those disaffected with the regime, and the partisans of the insurgency, but also the formerly tranquil Indians of the city's *parcialidades* with the opportunity to find common interests and to unite their efforts to achieve their ends through very diverse and effective means of communication. The elections had demonstrated that a group was forming which aspired to autonomy and which enjoyed the support of large sectors of the population. This group, with the cabildo as a base, possessed the capacity to direct and mobilize the city. Control of the urban space was now in their hands, not in those of the colonial authorities.

And if that were not enough, the recently decreed freedom of the press had given rise to open and public questioning of the system. Convinced of the "dismal and terrible change in the public spirit caused by freedom of the press," the viceroy and the audiencia decided to suspend it.[26] They also ordered confiscated all the publications that appeared at that time, as well as the detention of the two writers most famous for newspapers that seriously questioned the colonial system: Fernández de Lizardi and Bustamante, authors of *El Pensador Mexicano* and *El Juguetillo*, respectively. One of them, Bustamante, who had also been chosen elector, fled the city. Finally, the authorities proceeded against other electors, such as Villaurrutia, whom they forced to leave the capital, and Martínez, whom they detained and charged with corresponding with his in-law, the insurgent Villagrán.

With ongoing investigations about the elections and with the imprisonment, exile, and flight of three of the electors, the electoral process was de facto suspended, even though both the old ayuntamiento as well as the new electors insisted that the process be concluded.[27] That would not

[26]Real Acuerdo of December 5, 1812, in Hernández y Dávalos, *Colección de documentos*, 6:455.

[27]José María Alcalá, José Manuel Sartorio, José Julio García de Torres, Juan de Dios Alanís, José García de Villalobos, José Mariano de Lecca, Marcos de Cárdenas, Dionisio Cano y Moctezuma, Mariano Orellana, Luciano Castorena, Juan de Dios Martínez, Francisco de Arroyave, José Blas de las Fuentes, José Norzagaray, Francisco Antonio Galicia, Conde de Xala, Antonio Ignacio López Matoso, José de Ferradas, José Antonio de Mendoza, Pedro Dionisio de Cárdenas, and Manuel Victoria Tejo to Ramón Gutiérrez del Mazo, Mexico, December 27, 1812, in Alba, *Constitución de 1812*, 1:244–245; the Ayuntamiento of Mexico to Viceroy Francisco Xavier Venegas, Mexico, December 29, 1812, in Hernández y Dávalos, *Colección de documentos*, 4:839–840; José María Alcalá, Ignacio María Sánchez Hidalgo, José Julio García de Torres, Antonio Ignacio López Matoso, José de Ferradas, Manuel Victoria Tejo, José García de Villalobos, José Blas de las Fuentes, Luciano Castorena, Juan de Dios Alanís, Marcos de Cárdenas, Pedro Dionisio de Cárdenas, José Mariano de Lecca, Conde de Xala, José María Torres, Mariano Orellana, José Antonio de

occur until four months after the first stage had been conducted. The process was renewed, not because the investigations determined whether or not the elections had been valid, but because Calleja, the new viceroy, decided to implement the constitution, insofar as possible, in hopes of attracting to the regime the sympathies of those who were partisans of the constitutional system.

With the elector Martínez freed and Villaurrutia permitted to return to the capital, the authorities established April 4, 1813, as the day for the selection of the alcaldes, *regidores*, and syndics of the constitutional ayuntamiento of Mexico City.[28] Although I have been unable to locate the documentation generated by this election, we know from Alamán that Calleja pressured the electors and had the archbishop exhort those who were clergymen, in order to have some Europeans chosen. It was to no avail; once again only Americans won.[29] In a letter to Morelos, the Guadalupes noted that other persons, without explaining who they were, also tried to influence the elections. They indicated that "there had been weak electors who allowed themselves to be seduced by Calleja's agents; [but] God, who watches over us, granted strength to the plurality and the votes came out as we desired since there is not a single gachupín in the ayuntamiento."[30] The Guadalupes certainly had reason to maintain that they had achieved the desired results: three of them were elected *regidores*. The documentation of this election also refers to the important and decisive participation of Canon Alcalá, much as he had done in the first stage of the process. His electoral activities, his sympathy for the insurgency, and his hostility to the colonial regime—particularly the decree against clerical immunity—caused the archbishop to initiate proceedings against him.[31]

The Guadalupes elected *regidores* were: Francisco Manuel Sánchez de Tagle, a landowner and former *regidor* of the capital's old ayuntamiento; Ignacio Adalid, a landowner and *letrado* (legal scholar); and Ignacio Moreno, the Marqués de Valleameno. Galicia, the Indian former governor who was closely involved with the Guadalupes, was also elected *regidor*,[32] as was

---

Mendoza, and José Manuel Sartorio to Ramón Gutiérrez del Mazo, Mexico, December 3, 1813, in Alba, *Constitución de 1812*, 1:244–246.

[28]"Aviso al público," April 3, 1813, in AGN, Historia, vol. 447, cuad. 2, f. 30.

[29]Alamán, *Historia de Méjico*, 3:412.

[30]Letter of "Los Guadalupes" to José María Morelos, Mexico, December 9, 1812, in Torre Villar, *Los Guadalupes*, 24–25.

[31]Villaseñor y Villaseñor, *Biografías*, 2:120; Bustamante, *Martirologio*, 9–10.

[32]On the role of the leaders of the Indian *parcialidades* of Mexico City see Virginia Guedea, "De la fidelidad a la infidencia: Los gobernadores de la parcialidad de San Juan," in *Patterns of Contention in Mexican History*, ed. Jaime E. Rodríguez O. (Wilmington, DE: Scholarly Resources, 1992), 95–123.

José María Prieto Bonilla, a relative of one of the Guadalupes, and Caballero de los Olivos, a former *regidor*. The Conde de Medina y Torres, a colonel and landowner, who was suspected by the authorities of being an accomplice in the conspiracy against Viceroy Venegas in April 1811,[33] was elected alcalde. The other alcalde selected was Antonio de Velasco y Torre, a merchant and landowner, who was a friend of Leona Vicario, one of the women working with the Guadalupes, as well as of Bustamante's wife.

The election would have important consequences. An ayuntamiento constituted entirely of Americans, many of them hostile to the regime, would once again become the voice of those in the capital who sought autonomy. While the institution regained its traditional political legitimacy vis-à-vis the colonial authorities, given the attitude of its members it would inevitably become the opponent of the regime. Since both contenders as well as those who supported them joined battle without quarter, their respective positions became even more polarized.

The Deputies to the Cortes and to the Provincial Deputation

Despite the results of the election for the constitutional Ayuntamiento of Mexico City—results unfavorable to the colonial regime—the viceroy continued in his determination that the elections ordered by the constitution be carried out in the capital of New Spain. Therefore, he established Sunday, July 4, 1813, as the date of the first phase of the complex process that would culminate in the designation of deputies to the cortes and to the provincial deputation. By then several of the *partidos*, which together with Mexico City were to participate in those elections, had already initiated the process of naming electors.

The authorities took various measures to prevent the repetition of the events of November 1812. On the one hand, in January 1813 they requested that the *curas* of the capital inform the authorities of the number of the faithful in each parish. In the following April they notified the public that the constitutional ayuntamiento would form a detailed and accurate census of each parish as soon as possible in order to obtain a precise count of the faithful to determine the number of electors allotted to each parish.[34] On the

---

[33]See Virginia Guedea, "The Conspiracies of 1811: Or How the Criollos Learned to Organize in Secret," Paper presented at the Conference on The Mexican Wars of Independence, the Empire, and the Early Republic held at the University of Calgary on April 4–5, 1991.

[34]Viceroy Francisco Xavier Venegas to parish *curas*, Mexico, January 9, 1813, and their replies, in AGN, Historia, vol. 447, exp. 10; Notice of Intendant Ramón Gutiérrez del Mazo, Mexico, April 23, 1813, in Alba, *Constitución de 1812*, 1:166.

other hand, they held a *junta preparatoria* to organize the elections. The extensive decree that convened the capital's citizens to attend parish electoral juntas explained in detail how many sessions each parish was to hold, who were the members of the ayuntamiento, or in one instance the intendant corregidor, who would preside over them, and the location of the meetings. It also indicated that the respective parish *curas*, or their deputies or vicars, were to attend, and that a secretary and two scrutineers were to be named for each session. The decree further established the number of electors that each junta would name; these would be selected by thirty-one *compromisarios* (arbiters) chosen by the *vecinos* of each parish. In addition, the decree specified the days on which the juntas were to be held, because, in contrast to the provisions for the elections of November 1812, different days were established for different parishes. Although not explicit, the intent was to control the electoral process and to avoid, insofar as possible, any occasion for popular demonstrations.[35] Finally, the decree established Sunday, July 11, as the date when electors for the capital's *partido* would be designated. Then they, together with the other *partido* electors from the Province of Mexico, would elect the deputies to the cortes on Sunday, July 18.[36]

From the little that I have been able to learn about the election of the capital's parish electors—since virtually no contemporary author refers to it and the documentation that I have located so far is very scarce—it appears that the authorities obtained their objectives only in part. There were neither disturbances nor popular demonstrations of enthusiasm. This was probably the result of the dispositions of the authorities. But I believe that the terrible and very deadly epidemic that the city suffered at the time also affected public reaction.[37] According to Alamán, while there was no unrest on that occasion, there was confusion and disorder regarding who was eligible to vote. He further indicates that the juntas accepted all *papeletas* presented with the names of the *compromisarios*. That practice, it should be noted, was neither irregular nor illegal. The decree itself indicated that the voters

[35] According to the proclamation, the electoral junta of the Sagrario parish would be held on Sunday, July 4th and would be divided into eighteen sessions. On Monday 5th would be held those of San Miguel, Santa Veracruz, San José, and Santa Catarina Mártir parishes, each divided into four sessions, except the last which would have six. The other parishes would hold theirs on Wednesday 7th: Soledad de Santa Cruz, San Sebastián, and San Pablo, divided into three sessions; Santa Ana, Salto del Agua, and Santo Tomás la Palma with two sessions each; and Santa María, Santa Cruz Acatlán, and San Antonio de las Huertas, which would only hold one session per parish.

[36] Proclamation of Intendant Ramón Gutiérrez del Mazo, Mexico, July 2, 1813, in AGN, Historia, vol. 445.

[37] The nature of the epidemic is not clear. Some physicians referred to "pestilential fevers," others to the "fevers of 1813." Apparently, several diseases were involved. See Donald B. Cooper, *Epidemic Disease in Mexico City, 1761–1813* (Austin: University of Texas Press, 1965), 157–182.

might carry lists of their candidates. That provision appears entirely reasonable since one had to vote for thirty-one individuals. Finally, Alamán indicates that the results were the same as those of November 1812: all those elected were Americans.[38]

The lists that I have been able to locate for this election—those for *compromisarios* for the parishes of El Sagrario and San José, and for electors for the parishes of San Miguel, Santa Veracruz, and El Salto del Agua—demonstrate that Alamán was correct insofar as those chosen were Americans. The names of well-known autonomists appear in those lists, such as *licenciados* Juan Nazario Peimbert y Hernández, a member of the Guadalupes who was elected *compromisario*, and Ricardo Pérez Gallardo, Juan Bautista Raz y Guzmán, Antonio Ignacio López Matoso, and José María Jáuregui, all of them chosen electors and all members of the society of the Guadalupes. Another Guadalupe, Lieutenant José María Alba, was selected *compromisario*. Also listed are members of the old ayuntamiento, such as *licenciado* Agustín Villanueva Cáceres de Ovando, elected *compromisario*, and the elector Manuel Gamboa. In addition, some of those chosen electors in November 1812 were also selected this time, such as López Matoso, Doctors Ignacio María Sánchez Hidalgo and José María Torres Torija, *licenciados* Luciano Castorena and José Antonio de Mendoza, and Mariano Orellana. The lists, however, also include a former judge of the Audiencia of Mexico, José Arias de Villafañe, who was chosen *compromisario* as well as elector.[39] As occurred in the elections for the ayuntamiento, diverse interests managed to come together in this one; that also would be reflected in its results.

The minutes of the *junta electoral de partido* of July 11 indicate that *licenciado* López Matoso was named secretary and *licenciado* Raz y Guzmán and Francisco Cendoya scrutineers; the latter were charged with examining and approving the credentials of the parish electors. The minutes also show that "a great number of citizens" attended, and that 155 of the 158 electors were present. They selected as *partido* electors Dr. Alcalá and Sánchez de Tagle, the first by a vote of 151 and the second by 144 votes.[40] But as interesting as the results of the voting were "two accidents," also recorded in the minutes, that occurred when the entire junta marched under its standards to the cathedral to attend the required Te Deum. One resulted from the

---

[38] Alamán, *Historia de Méjico*, 2:423.

[39] "Lista de los compromisarios de la parroquia del Sagrario," AGN, Historia, vol. 448, f. 127; "Lista de los compromisarios de la parroquia de San José," AGN, Ayuntamientos, vol. 168; "Lista de los electores de las parroquias del Sagrario, San Miguel, Santa Veracruz, San José y Salto del Agua," AGN, Ayuntamientos, vol. 168.

[40] "Acta de la junta electoral de partido," Mexico, July 11, 1813, in AGN, Ayuntamientos, vol. 193, f. 3–7v.

unwillingness of the president of the *cabildo eclesiástico*, Dr. Beristáin, to permit the tolling of bells to celebrate such an important event, a refusal that forced the members of the junta first to stand waiting on foot in the middle of the street and later to return to the *casas consistoriales*. The other incident occurred during that disagreeable delay, when the viceroy and his escort left the palace; with all deliberateness and without any consideration their carriages passed through the middle of the procession, cutting it in half. Both incidents, occurring to "a body as respectable as a gathering of the electors representatives of all the Mexican people,"[41] wounded their sensibilities and provoked their protest. Although the much desired tolling of bells was finally achieved and the Te Deum celebrated with the greatest of solemnities, and although the junta itself excused the viceroy, the occurrences of July 11 make manifest two important factors: the increasing displeasure with which the viceregal authorities viewed the elections and the decision of those who made up the electoral junta to validate their rights and to insist upon the recognition they deserved.

The installation of the junta of *partido* electors on July 16 was carried out with a little more than one half of the electors present—twenty-seven of the forty-two who should have been there, to which two were later added— since insurgents occupied eight of the *partidos* and seven others had not held elections. Sánchez de Tagle was elected secretary of that body and Alcalá and José Miguel Guridi y Alcocer scrutineers, charged with reviewing and approving the credentials of the electors of the junta. The analysis of the officials, recorded in the minutes, indicates that the electoral process had presented varying degrees of difficulty in different *partidos* and in some instances lent itself to irregularities because specific requirements were not met. Nonetheless, all the credentials presented were approved and their defects overlooked because of the "scarcity of electors" and in order not to offend any of those present.[42] Alamán makes an important comment regarding the practice; he noted that it would establish a precedent that would have repercussions in the political life of independent Mexico, since that "vicious practice" would also be followed in future congresses.[43] The minutes of the *junta electoral* record another significant fact: since that session the few electors on the European side—only five—began to manifest their opposition to the way the electoral process was handled. When Guridi y Alcocer suggested that the *foráneos* (out-of-town) electors propose, on their own, individuals from their respective *partidos* with which

---

[41]The term "Mexican" is used here to refer to the people of Mexico City. At that time the region was known as the Viceroyalty of New Spain; it is only after Independence that the country takes the name Mexico.

[42]"Acta de la junta electoral de provincia," Mexico, July 16, 1813, AGN, Historia, vol. 448, exp. VI, f. 98–102.

[43]Alamán, *Historia de Méjico*, 3:423.

to form a list, Juan Madrid y Quiñones, elector from Texcoco, argued in vain against the practice, stating that such lists were contrary to the constitution.[44]

As the minutes of the July 18 session to select deputies for the cortes demonstrate, the European electors continued their opposition from the start of that meeting. The elector Madrid read a paper in which he declared the junta null for lack of sufficient electors, an objection that did not win approval and that was supported by only one other elector, Manuel Ascorve, also a European and also from Texcoco. But in spite of the opposition of the European Spaniards, the results of the vote were the same as in previous elections. Not a single European was elected deputy to the cortes.

The nature of the voting highlights the two tendencies that emerged in the junta, the strength of each side and who were their candidates. In every instance, the Americans obtained from eighteen to twenty-three votes, the Europeans from three to nine. Among the candidates of the latter group were such staunch supporters of the colonial system as *licenciado* Juan Martín de Juanmartiñena, the *fiscal* (crown attorney) Francisco Xavier Borbón, the inquisitor Bernardo del Prado y Obejero, and Madrid himself. The majority, however, consisted of nobles, some of whom were not known to be unconditional supporters of the regime. In addition, we find the Indian former governor, Cano y Moctezuma, an elector in 1812 and a member of the society of the Guadalupes, who may have been selected because the Europeans insisted upon including an Indian among the deputies. The fourteen proprietary deputies and four substitutes elected, all of them supported by the Americans, included eleven lawyers, six clergymen, and only one landowner, the Marqués del Apartado.[45] Alamán notes another precedent here; he indicates that "since that election clergymen and lawyers have almost exclusively dominated the congresses, where the productive classes have always had too little place."[46] A final observation about the deputies: although two of these lawyers were members of the constitutional ayuntamiento—Dr. Tomás Salgado and *licenciado* José Antonio López Salazar—and two others were Guadalupes—*licenciados* Félix Lope de Vergara and Manuel Cortázar—there were among those representatives the same diversity of positions as occurred in November 1812 and in the first stage of the electoral process of 1813. That was also true among the Europeans themselves.

On the day following the election of deputies for the cortes, the *partido* electors proceeded, as the constitution required, to designate the deputies for

---

[44]"Acta de la junta electoral de provincia," Mexico, July 16, 1813, AGN, Historia, vol. 448, exp. VI, f. 98–102.

[45]"Acta de la sesión de la junta de electores," July 18, 1813, in ibid., vol. 448, exp. VI, f. 103–115.

[46]Alamán, *Historia de Méjico*, 3: 423.

the Province of Mexico who would constitute part of the provincial deputation. Since the Province of Oaxaca was then occupied by the insurgents, Mexico would elect two deputies, plus a substitute. The ratio of votes on this occasion was the same as on the previous day, and the results remained the same. According to the Guadalupes,

> this was where they [the Europeans] received the greatest blow since elected were [Guridi y] Alcocer, a former deputy to the cortes, and don José María Fagoaga, European by birth but raised and educated in this kingdom; he is a great partisan [of the American cause], a man of liberal ideas, and an *hombre de bien* [a man of high social standing]. That was the greatest blow to our enemies because, for them, Fagoaga is worse than the most insurgent of Americans. Licenciado Cristo, born in Havana and an excellent subject for the post, was elected substitute deputy.[47]

The Guadalupes were correct. Guridi y Alcocer, who, as indicated earlier, had been elected deputy to the cortes in 1810, had distinguished himself in that body as a champion of equal rights for all Spaniards and for proportional representation in the cortes for all Spanish dominions. He also gained distinction as one of the principal architects of those organs of local autonomy, the provincial deputations. Fagoaga, who had been a member of the Preparatory Junta for these elections and who had presided over the parish junta of El Salto del Agua in November 1812, was a member of the Guadalupes. Finally, *licenciado* José Antonio del Cristo y Conde, besides being a member of the Guadalupes, was a well-known autonomist since the events of 1808.

The European electors were naturally dissatisfied with the results of the election and they impugned them in the junta itself. As the minutes indicate, elector Madrid challenged Guridi y Alcocer's designation as a member of the provincial deputation on the grounds that he was a clergyman and that he had served as a deputy to the cortes. After Guridi y Alcocer replied to these objections, both left the session so that the issue could be freely discussed. As he left, Madrid exclaimed "that this had no other remedy than to eliminate all the criollos with cannonfire," a statement immediately reported to the junta by a member of the "people" who asked that the "people" receive the appropriate satisfaction. The session ended with Madrid's denial that he had used such terms, a conciliatory attitude among those who managed the meeting, and shouts by the public in attendance of Long live those elected.[48]

---

[47]Letter of "Los Guadalupes" to José María Morelos, Mexico, August 5, 1813, in Torre Villar, *Los Guadalupes*, 46.

[48]"Acta de la sesión de la junta de electores," July 19, 1813, AGN, Historia, vol. 448, cuad. 16, exp. V, f. 3–6v.

Matters did not end there, however. Several European electors, besides refusing to sign the minutes of the sessions or retracting their signatures, later lodged protests with the viceroy. Although he hindered the electoral process in accepting their objections and in ordering an investigation of the case, he also occasioned the gathering of extensive documentation that allows us to learn how the last stage of the elections developed. Just as the materials generated by the concerns of the authorities with the occurrences of the elections of November 1812 allow us to learn in detail how the first stage of the electoral process, that of popular participation, took place, the documentation gathered about the events of 1813 offers us the opportunity to see how the later phase, that of the junta of *partido* electors, developed.

Three European electors protested in writing against the election proceedings: Madrid and Ascorve, who have already been mentioned, as well as *bachiller* José Antonio Pol y España, elector for Tacuba. The three insistently alleged that a plot had been formed among the American electors to arrange through "bribery or contrivance" to exclude completely the Europeans and to ensure that certain candidates, all of them Americans, were elected. To achieve those ends, the American electors had held pre-election meetings at night in the house of Canon Alcalá, whom the Europeans accused of being petulant and haughty, as well as the *corifeo* (leader) of the elections. In those meetings the Americans had elaborated lists, which were later distributed, of those whom they wanted to win—a victory they in fact achieved. Finally, the European electors complained that they had been the object of ridicule of the people who attended those elections and who celebrated the triumph of the Americans with shouts of Long live the victors. In order to provide support for their arguments, to win the good will of the viceroy, and to provoke the displeasure of the winning party, as well as to alleviate their feelings of frustration and even resentment, the three made a number of significant observations. Madrid and Ascorve asserted that the election of deputies to the cortes had been yet "another warning given in Mexico [City] to those in authority of the abhorrence that [the Americans] have for Spain, its government, and all us Spaniards who live here."[49] Pol y España went even further in telling the viceroy that no one doubted "that attempting to win all [public] offices via the constitution and taking arms against the government was one and the same thing, or at least an occult alliance." And he ended by declaring that also one could not doubt that when the very sons of the European Spaniards "unite with Indians, blacks, and the *canalla* [rabble] to destroy and to kill us, simply for having been born in Spain," it becomes necessary "to use force to repel their insolence, handling

---

[49]Juan Madrid y Quiñones and Manuel Ascorve to Viceroy Félix María Calleja, Mexico, August 7, 1813, in ibid., vol. 448, exp. VI, f. 80–80v.

it with the degree of justice required by the most cruel, most barbarous, most extraordinary persecution that ever appeared upon the earth."[50]

The Americans, particularly those who had been in charge of the elections, responded immediately and forcefully. The principal supervisors of the electoral process—Alcalá, Guridi y Alcocer, Sánchez de Tagle, and the intendant corregidor himself, Gutiérrez del Mazo—replied with appropriate politeness to all the imputations point by point. The Americans firmly denied that the intent of their actions had been the total exclusion of Europeans; the election of the European-born Fagoaga clearly demonstrated the falsity of that allegation. But, they argued, even if the American electors had desired that their deputies also be American, the Europeans were not being offended simply because the Americans wished to be represented by their countrymen, inasmuch "as it is natural to suppose that they would be more devoted to their country and generally more likely to know it better" than the Europeans. Therefore, they had acted from completely understandable and natural feelings and not out of hatred for the Europeans, as Madrid and Ascorve maintained. But even supposing that there had been hostility toward European Spaniards, that emnity was not enough to infer that there was also hatred toward Spain or its government. There had also been no reason to claim, as had Pol y España, that an attempt to use the constitution to win all public offices was the same as taking up arms against the regime. That statement, they maintained, was either disrespectful of the constitution or extravagant nonsense.[51]

The Americans, however, did not deny having discussed the candidates and having agreed upon who should be elected. On the contrary, they considered such action appropriate. Alcalá made it clear that not to have organized would have indicated a serious lack of responsibility on their part and more than likely would have led to criticisms from the Europeans, since then they would have had "further reason to call us automatons, unsociable, and rustics." Thus, he openly acknowledged the meetings which different groups of electors held at different locations, one of which had been Villaurrutia's house, as well as having elaborated various lists of candidates, which they then compared and corrected so that later they could vote for whomever they considered best.[52] The Europeans themselves had conducted similar activities. According to López Salazar, in a statement confirmed by several witnesses, Pol y España had visited him to request his help in being

[50]José Antonio Pol y España to Viceroy Félix María Calleja, Mexico, July 26, 1813, in ibid., vol. 448, exp. VI, f. 74–75.

[51]Ramón Gutiérrez del Mazo, José Miguel Guridi y Alcocer, Francisco Manuel Sánchez de Tagle, and José María Alcalá to Viceroy Félix María Calleja, Mexico, January 14, 1814, in ibid., vol. 448, exp. VI, f. 176–177.

[52]José María Alcalá to Viceroy Félix María Calleja, Mexico, January 17, 1814, in ibid., vol. 448, exp. VI, f. 134–135.

elected deputy to the cortes, promising all those who would vote for him that he then would vote as they desired. While discussing the question, Pol y España had shown him a list of candidates which, he said, he had received from the archbishopric.[53]

In his very long and very interesting written statement, Alcalá attempted to dispel the charges that he had been the leader of the American electoral campaign. He indicated that, both in the elections for the constitutional ayuntamiento and for deputies, he had always been the first among the electors, "with such a large number of votes that one can almost say that I was elected by acclamation." His election was not the result of his seeking votes, he averred, but because he merited the "universal regard" of El Sagrario parish, having been earlier its *cura* and now the canon prebend. He also acknowledged that the majority of electors voted for him but pointed out that this also was not the result of his efforts. On the contrary, various electors had sought him out in order to learn his opinion; the archbishop himself had sent the Conde de Jala to visit him in order to reach an understanding about the elections.[54] Although the canon, in all honesty, declared in his written statement that he would not attempt to dispel the charges of being petulant and haughty, it is evident that nothing was further from his mind. It is also clear that despite his protests to have done nothing to achieve it, he was, without doubt, the central figure in those elections and that he enjoyed enormous influence. Both his attitude and his activities explain why the authorities initiated secret proceedings against him at the end of 1813 in order to learn the extent of his actions and his influence on those elections. As already indicated, the archbishop had also initiated proceedings earlier for similar reasons.[55]

The documentation of the elections reveals the presence of an important participant, who would become one of the principal actors during the entire phase of this process, and who was the subject of much comment by members of both parties: "the people."[56] The determined support that the people gave to the Americans, and the rejection and ridicule to which they subjected the Europeans, and which so distressed them, allowed the former to argue, correctly in my opinion, that the actions of the people fully confirmed the results of the electoral process. As Intendant Gutiérrez del Mazo indicated, if the people considered the exclusion of the Europeans from

[53]José Antonio López Salazar to Viceroy Félix María Calleja, Mexico, October 30, 1813, in ibid., vol. 448, exp VI, f. 134–135.

[54]José María Alcalá to Viceroy Félix María Calleja, Mexico, January 17, 1814, in ibid., vol. 448, exp. VI, f. 187–191v.

[55]"Causa reservada, 1813," in AGN, Infidencias, vol. 76, n. 4.

[56]See Virginia Guedea, "El pueblo de México y las elecciones de 1812," in *La ciudad de México en la primera mitad del siglo XIX*, ed. Regina Hernández Franyuti (Mexico: Instituto de Investigaciones Dr. José María Luis Mora, in press).

public office in the elections their victory, one could not speak of an accord or plot by a few "since it was according to their [the people's] intention and desire." On the contrary, the general will had been fulfilled.[57]

It is obvious that regardless of how large a public attended these events, it could not have included all the city's inhabitants, but only a certain number of them. Who, then, were the "people" so often referred to in these proceedings? The intendant's report clarifies in part that question. He declared that those who attended the session were not the *canalla* mentioned with disdain by the Europeans. Among the "citizens" present, he recognized "many of the first rank, and nearly all the others from the middle class of the estate."[58] We may add that the actions of these citizens suggest that, in their majority, they must have been Americans. After all, they were the ones who had most to gain from the elections. Through the electoral process they could take part in decision making and see their interests represented at the highest level of government—in the cortes—and at the provincial and local levels in New Spain, both in the provincial deputations and in the municipalities.

The documents also demonstrate that the election brought into the open the struggle between Europeans and Americans. It was a conflict clearly acknowledged in the many charges of the former and the many replies of the latter. During this struggle, both sides defined their positions and goals more precisely and clearly. Here it is worthwhile defining the use of the terms "American" and "European" found in the documents, which this essay follows. While these words never lost their original meaning, regarding place of birth, they acquired a heavy political content. They came more and more to refer to a strong attitude either of support for or of opposition to the colonial regime in New Spain. These views were held primarily, but not exclusively, by those born on this or that side of the Atlantic. They were based, more than anything else, on the orientation of their interests: either toward the Peninsula or the interior of New Spain.

Finally, the European electors were not the only ones to question the elections. Several *vecinos* from Oaxaca, among them two *curas*, complained to Viceroy Calleja about the designation of Fagoaga as their representative to the provincial deputation. They requested that someone born in Oaxaca, residing in Mexico City, be appointed to that office.[59] Although the Electoral Junta successfully argued that Fagoaga had not been elected explicitly as a deputy from the Province of Oaxaca but that the Province of

[57]Ramón Gutiérrez del Mazo to Viceroy Félix María Calleja, Mexico, December 16, 1813, in AGN, Historia, vol. 448, exp. VI, f. 147-147v.
[58]Ibid.
[59]José María Prejamo y Capitán, Joaquín de Urquijo, Jerónimo de la Riva, Juan Nepomuceno Binuet, and Juan Antonio Munita to Viceroy Félix María Calleja, Mexico, July 21, 1813, in ibid., vol. 448, exp. V, f. 21–24v.

Mexico had named two representatives because Oaxaca was occupied by the insurgents, Fagoaga immediately realized the significance of the problem. He wrote the viceroy that the complaint of the Oaxacans was not directed at him personally. Rather, "it was intended to vindicate the rights of the Province of Oaxaca which have been slighted because none of the many individuals born there or *vecinos* of that province, then residing in Mexico City and who possessed all the qualifications to hold that office with distinction, have been chosen."[60] This incident is of great significance, even if it refers to only one case, because it represents a phenomenon that would become increasingly important in the political life of New Spain and later in independent Mexico: the demands of the provinces vis-à-vis the center. The electoral processes reinforced autonomist tendencies both at the viceregal and local levels. These demands would find not only an outlet for their expression in the politics of elections but also a means to achieve satisfaction.

Of the individuals selected in the three elections examined in this essay, only the members of the capital's constitutional ayuntamiento and one deputy to the cortes would carry out the duties to which they were elected. The provincial deputation of New Spain would not be installed until a year later, and then as a result of a new election. With the exception of Cortázar, the deputies to the cortes were unable to travel to the Peninsula because the colonial authorities refused to provide them the funds necessary to get there. These obstructions did not disenchant the people of the capital. They continued to join forces and to form alliances to take full advantage of the elections that occurred during the constitutional period from 1812 to 1814, and subsequently when the constitution was restored in 1820.

Regardless of their results, as time went on the electoral processes would attract increasing interest and obtain greater participation at all levels. This occurred, above all, because elections would become the principal channels of expression for the different interest groups in New Spain, while offering new opportunities for political organization and action within the system. As a result of the electoral process, the politics of New Spain not only expanded but also achieved a new dynamic.

---

[60]José María Fagoaga to Viceroy Félix María Calleja, Mexico, August 7, 1813, in ibid., vol. 448, exp. V, f. 25–26v.

The Constitution of 1824 and the Formation of the Mexican State

Jaime E. Rodríguez O.

Q. What is the Spanish Nation?
A. The union of all the Spaniards of both hemispheres.
Q. Who are Spaniards?
A. According to the Constitution [of 1812], Spaniards are: 1) all free men born and residing in Spanish dominions and their children; 2) foreigners who have obtained citizenship papers; 3) those, who without them [citizenship papers], legally reside ten years in any town of the monarchy; and 4) freedmen who acquire their freedom in the Spanish dominions.
Q. Is the king not sovereign?
A. The king is a citizen, just like everyone else, who obtains his authority from the nation.
Q. What are the rights [of Spaniards]?
A. Liberty, security, property, and equality.
Q. Could these rights be abused or abrogated?
A. Spaniards regained their rights after despotism had usurped them. The heroic efforts they made and are making to maintain their independence are convincing proof that they will not permit anyone to despoil them of their liberty, which is assured by the exact observance of the wise Constitution they have sworn [to uphold].

Catecismo político (1820)[1]

THE CONSTITUTION OF 1824, independent Mexico's first charter, represented the culmination of over a decade and one half of profound political change. It reflected the experience of a generation of New Spaniards who, while

AUTHOR'S NOTE: An earlier Spanish version of this essay appeared in *Historia Mexicana* 40, no. 3 (January-March 1991): 507–535. It is published here with permission from that journal. I am grateful to the Rockefeller Foundation for an

initially seeking home rule, ultimately opted for independence as the only way to rule at home. In the process, the people of New Spain ceased being subjects of the Crown and became citizens of Mexico. That transformation was evolutionary, not revolutionary. The government of the new Mexican nation evolved naturally from the traditions and institutions of New Spain. Independence did not constitute, as is often said, the rejection of the colonial heritage and the imposition of alien ideas and structures.

Beginning in the 1780s, the Viceroyalty of New Spain experienced debilitating changes. The expansion of commercial agriculture transformed the most prosperous regions of the kingdom, driving campesinos into marginal areas or off the land. In addition, a series of agricultural crises resulted in food shortages, famine, and death. After a period of prosperity, mining and textile manufacturing also entered an era of decline. Increased competition from Europe further damaged internal production. These economic reverses coincided with political changes that adversely affected New Spaniards. The Bourbon reforms restricted or eliminated the ability of the American Spaniards, the criollos, to participate in local government.[2] As a result of the wars unleashed by the French Revolution, the Spanish Crown raised taxes, confiscated Church wealth, and imposed forced loans. Because

---

opportunity to expand and revise this work at Villa Serbelloni, its study and conference center in Bellagio, Italy. Research for this article was made possible by a grant from the University of California, Irvine, Academic Senate Committee on Research, the University of California President's Fellowship in the Humanities, and a Fulbright Research Fellowship. I also thank Linda A. Rodríguez, William F. Sater, and Virginia Guedea for suggestions for improving this essay.

[1]D. J. C., *Catecismo político arreglado a la Constitución de la Monarquía Española; para la ilustración del Pueblo, instrucción de la juventud, y uso de las escuelas de primeras letras* (Puebla: Imprenta San Felipe Neri, 1820).

[2]There is extensive literature on the late eighteenth-century transformation. See: Enrique Florescano, *Precios del maíz y crisis agrícolas en México, 1708–1810* (Mexico: El Colegio de México, 1969), 85–197; idem, *Origen y desarrollo de los problemas agrarios en México* (Mexico: Editorial Era, 1976), 71–131; David Brading, *Miners and Merchants in Bourbon Mexico* (Cambridge, England: Cambridge University Press, 1971); idem, *Haciendas and Ranchos in the Mexican Bajío: León, 1700–1860* (Cambridge, England: Cambridge University Press, 1978); Eric Van Young, *Hacienda and Market in Eighteenth-Century Mexico: The Rural Economy of the Guadalajara Region, 1675–1820* (Berkeley: University of California Press, 1981), 192–269, 273–342; Claude Morin, *Michoacán en la Nueva España del siglo XVIII* (Mexico: Fondo de Cultura Económica, 1979); John Tutino, *From Insurrection to Revolution in Mexico: Social Bases of Agrarian Violence, 1750–1940* (Princeton: Princeton University Press, 1986), 61–90; John Super, "Querétaro Obrajes: Industry and Society in Provincial Mexico," *Hispanic American Historical Review* 56, no. 2 (May 1976): 197–216; and Richard J. Salvucci, *Textiles and Capitalism in Mexico: An Economic History of the Obrajes, 1539–1840* (Princeton: Princeton University Press, 1987), esp. 157–166.

of these increasing exactions, the financial structure of the colony disintegrated and, as John TePaske has demonstrated, "the financial collapse of . . . [New Spain] was almost an accomplished fact by . . . 1810."[3]

Although these crises severely strained the viceroyalty, New Spaniards remained loyal to the monarchy. It was the imperial crisis of 1808, the collapse of the Spanish Crown and the imprisonment of the monarch by the French, however, that triggered the process of political change in New Spain. Faced with an emergency of unprecedented proportions, colonial Mexicans proposed the formation of a regional cortes, a parliament of cities, to resolve the constitutional crisis created by the political vacuum in the Peninsula. The European Spaniards rejected the pretensions of the criollos, overthrew the viceroy, and seized the government. Thereafter, conflict ensued between American Spaniards, who desired home rule, and the European Spaniards, the *peninsulares*, who insisted that the colonial relationship be maintained.[4]

Events in Spain had profound effects in the New World. Unwilling to accept French domination, Spaniards organized provincial juntas to oppose the invader. Although initially divided, the provinces of Spain ultimately joined forces to form a government of national defense, the Junta Suprema Central, and to wage a war of liberation. The Spanish national government, however, could not defeat the French without the aid of the colonies. Therefore, the new regime recognized the equality of the American kingdoms and in 1809 invited them to elect representatives to the Junta Central.[5]

---

[3]John Jay TePaske, "The Financial Disintegration of the Royal Government of Mexico during the Epoch of Independence," in *The Independence of Mexico and the Creation of the New Nation*, ed. Jaime E. Rodríguez O. (Los Angeles: UCLA Latin American Center Publications, 1989), 63. See also Romeo Flores Caballero, *La contrarrevolución en la independencia* (Mexico: El Colegio de México, 1969), 28–65. See also my comparison of New Spain with France in Jaime E. Rodríguez O., "Two Revolutions: France 1789 and Mexico 1810," *The Americas* 47, no. 2 (October 1990): 161–176.

[4]The principal work on the 1808 crisis is Virginia Guedea, "Criollos y peninsulares en 1808: Dos puntos de vista sobre lo español" (Licenciatura thesis, Universidad Iberoamericana, 1964), and idem, "El golpe de Estado de 1808," *Universidad de México: Revista de la Universidad Nacional Autónoma de México* 488 (September 1991): 21–24. See also José Miranda, *Las ideas y las instituciones políticas mexicanas*, 2d ed. (Mexico: Universidad Nacional Autónoma de México, 1978), 235–254; Luis Villoro, *El proceso ideológico de la revolución de la independencia*, 3d ed. (Mexico: Universidad Nacional Autónoma de México, 1981), 41–69; Jaime E. Rodríguez O., "From Royal Subject to Republican Citizen: The Role of the Autonomists in the Independence of Mexico," in Rodríguez, *The Independence of Mexico*, 22–30; and Guadalupe Nava Oteo, *Cabildos de la Nueva España en 1808* (Mexico: Secretaría de Educación Pública, 1973).

[5]Virginia Guedea, "Las primeras elecciones populares en la ciudad de México, 1812–1813," *Mexican Studies/Estudios Mexicanos* 7, no. 1 (Winter

Although limited to a small urban elite, the elections enhanced the political role of the municipalities, the ayuntamientos. They were the first in a series of elections that provided New Spaniards with the opportunity of participating in government at various levels. In 1810 the Spanish government convened a cortes, inviting the American kingdoms to send delegates. The elections to the cortes extended the franchise more broadly than those for the Junta Suprema Central, thus offering colonial Mexicans greater opportunities for political participation.[6]

The Spanish Constitution of 1812 increased dramatically the scope of political activity in New Spain. The new charter established representative government at three levels: the municipality, the province, and the empire. Although the cortes that drafted the constitution included Americans as well as Europeans, the majority of deputies were Spaniards who, because they were principally concerned with the needs of the Peninsula, failed to understand the impact that the political changes would have on the New World. The constitution allowed cities and towns with a population of one thousand or more to form ayuntamientos.[7] The provision radically expanded the number of urban centers in New Spain that could establish municipalities. In ways we have yet to understand, political power was transferred from the center to the localities, as large numbers of people were incorporated into the political process.

A new institution, the provincial deputation, which combined members elected locally with officials representing the imperial regime in Spain, governed the provinces. The new structure allowed Spanish provinces, already ruled by regional juntas, and rebellious American provinces to retain local administration while maintaining strong ties with the central government. With the creation of the provincial deputations, the cortes abolished the viceroyalty, transformed the audiencia from a quasi-administrative body into a high court, and divided the empire into provinces that dealt directly with the imperial government in Spain.[8] The once powerful office of viceroy was reduced to captain general of the Kingdom of New Spain and political chief of the Province of Mexico. In addition, New

---

1991): 2–3. See also idem, *En busca de un gobierno alterno: Los Guadalupes de México* (Mexico: Universidad Nacional Autónoma de México, 1992), 127–148.

[6]The best study of Mexican participation in the cortes is Nettie Lee Benson, ed., *Mexico and the Spanish Cortes, 1810–1822* (Austin: University of Texas Press, 1966). See, especially, Charles R. Berry, "The Election of Mexican Deputies to the Spanish Cortes, 1810–1822," in Benson, *Mexico and the Spanish Cortes*, 12–13.

[7]Guedea, *En busca de un gobierno alterno*, 180–186. On the constitutional ayuntamientos see Roger L. Cunniff, "Mexican Municipal Reform, 1810–1822," in Benson, *Mexico and the Spanish Cortes*, 59–86.

[8]On the provincial deputation see Nettie Lee Benson, *La Diputación Provincial y el federalismo mexicano* (Mexico: El Colegio de México, 1955).

Spaniards were allotted more than sixty seats in the cortes, giving them not only an important voice in empire-wide affairs but also another mechanism for restricting central authority and insisting upon home rule.

New Spaniards actively participated in the elections of 1812 and 1813. Because the elections were indirect, they involved large numbers of people at the parish, *partido*, and provincial level. Although the authorities in Mexico City, concerned because only Americans won, temporarily suspended the electoral process in 1812 on the grounds of irregularities, elections in other areas appear to have been carried out with little difficulty. Subsequently, in 1813, elections were renewed in the capital. In those years New Spaniards selected representatives to countless ayuntamientos, to six provincial deputations, and to the cortes in Spain.[9] The overwhelming majority of those elected were Americans who favored home rule. By 1814, when the king abolished the cortes and the constitution, colonial Mexicans had participated in several elections and many had served in constitutional ayuntamientos, in provincial deputations, and in the cortes in Spain. Their political experience would have profound and lasting effects in the country.

In their quest for home rule New Spaniards did not limit themselves to participation in the "legal" political process. After the Europeans seized control of the government of New Spain in 1808, the Americans began secretly organizing themselves. They formed clandestine groups that sought to wrest power from the gachupines. Although the authorities managed to uncover several conspiracies and maintained rigid control over the cities and towns of the viceroyalty,[10] Father Miguel Hidalgo and a group of conspirators unleashed a massive rural revolt on September 16, 1810. Because Hidalgo had inadvertently precipitated a class and race conflict, he found little support among New Spaniards.[11] His successors, Ignacio López

---

[9]Guedea, "La primeras elecciones populares en la ciudad de México," 1–28. See also idem, "El pueblo de México y las elecciones de 1812," in *La ciudad de México en la primera mitad del siglo XIX*, ed. Regina Hernández Franyuti (Mexico: Instituto de Investigaciones Dr. José María Luis Mora, in press); Guedea, *En busca de un gobierno alterno*, 127–231; Nettie Lee Benson, "The Contested Mexican Election of 1812," *Hispanic American Historical Review* 26 (August 1946): 336–350; and Rafael Alba, ed., *La Constitución de 1812 en la Nueva España*, 2 vols. (Mexico: Secretaría de Relaciones Exteriores, Imprenta Guerrero Hnos., 1912–1913).

[10]José Mariano Michelena, "Verdadero origen de la revolución de 1809 en el Departamento de Michoacán," in *Documentos históricos mexicanos*, 7 vols., 2d ed., ed. Genaro García (Mexico: Secretaría de Educación Pública, 1985), 1:467–471; Virginia Guedea, "Secret Societies during New Spain's Independence Movement" (Paper presented at the symposium New Interpretations of Mexican Independence, University of California, Berkeley, April 24, 1989).

[11]Hugh M. Hamill, Jr., *The Hidalgo Revolt: Prelude to Mexican Independence* (Gainesville: University of Florida Press, 1960); Virginia Guedea,

Rayón and Father José María Morelos, obtained greater backing by controlling their followers and by establishing a Junta Suprema Americana as the first step to forming a national government. Later they convened a congress to draft a Mexican constitution. The establishment of the junta, the convening of a congress, and the elections to that parliament were modeled on the institutions and practices of Spain. The insurgent leaders were responding to the new political reality occasioned by the Spanish constitutional system. Their actions appealed to the urban elites; many offered support and a few openly joined the insurgent cause.[12]

The upheavals of the Independence period did not constitute a single movement. Instead, various groups and regions pursued their different interests. The conspiracies and political maneuverings of the urban elites differed widely from the aspirations of the rural masses. The emphasis placed by many historians on the insurgents and on agrarian issues has obscured the nature of the process of Independence. By focusing on rural conflict, they have overlooked the importance of the relationship between city and countryside in New Spain. Although a predominantly agrarian society, colonial Mexico was a region dominated by cities and towns. Landowners, large and small, lived in urban areas, not on their estates. Similarly, Indians congregated in corporate villages. Political power at all levels, therefore, resided in urban centers. The Constitution of 1812 not only reaffirmed the political role of the ayuntamientos but also expanded them to include towns that had not previously possessed municipal governments.[13] While the insurgents dominated much of the countryside, they could not hope to win unless they obtained support in the cities.

The abolition of the cortes and the constitution in 1814 was followed by the defeat of Morelos in 1815. Thereafter, the rebellion fragmented into a series of regional insurgencies.[14] Thus, no "national" movement existed that could attract the urban elites. Despite these reversals, New Spain's urban

---

José María Morelos y Pavón: Cronología (Mexico: Universidad Nacional Autónoma de México, 1981).

[12]Guedea, *En busca de un gobierno alterno*, 43–65, 67–125, 233–246. See also idem, "Los procesos electorales insurgentes," *Estudios de historia novohispana* 11 (1991): 201–249.

[13]"Lista de los Ayuntamientos Constitucionales establecidos en este Reyno . . . ," Archivo General de la Nación (hereafter cited as AGN), Ayuntamientos, vol. 120.

[14]Christon I. Archer has written extensively about the "fragmented insurgency"; see, among his essays, "Where Did All the Royalists Go? New Light on the Military Collapse of New Spain, 1810–1822," in *The Mexican and the Mexican-American Experience in the 19th Century*, ed. Jaime E. Rodríguez O. (Tempe, AZ: Bilingual Press, 1989), 24–43; and his " 'La Causa Buena': The Counterinsurgency Army of New Spain and the Ten Years' War," in Rodríguez, *The Independence of Mexico*, 85–108. See also Guedea, *En busca de un gobierno alterno*, 279–286.

elites continued to seek ways of gaining autonomy. The political ferment initiated by the constitutional system could not be easily contained. Secret groups, conspiracies, and clandestine political activities favoring home rule concerned the authorities of the viceroyalty.[15]

Once again, events in Spain transformed the situation in the colony. Early in 1820 liberals in the Peninsula rebelled against absolutism and restored the Constitution of 1812. When the news arrived in the viceroyalty in April, New Spaniards enthusiastically set about restoring the constitutional system. In the months that followed, ayuntamientos, from the Central American provinces in the south to Texas in the north, reported that in formal ceremonies they had sworn allegiance to the constitution and that they had restored or established constitutional ayuntamientos. Elections were held for constitutional ayuntamientos, provincial deputations, and the cortes.[16] Although they actively participated in the elections, New Spain's urban elite no longer believed that the cortes would accommodate their desire for home rule. Therefore, politically active New Spaniards engaged in intense debate about the future of their country in clandestine meetings, in secret organizations, and in *tertulias*.[17] Lucas Alamán and Manuel Gómez Pedraza, for example, have left us accounts of their participation in secret discussions in Puebla, Jalapa, and Veracruz before leaving for the cortes in Spain.[18]

As later events were to demonstrate, New Spaniards generally agreed on the need to establish an autonomous commonwealth within the Spanish empire. It was not an accident that plans for home rule, subsequently proposed in Madrid and in the viceroyalty, were similar. New Spain's deputies to the cortes presented a project for autonomy that took Canada as its model. The Spanish majority, however, rejected the proposal, which would have granted colonial Mexicans the home rule that they had been seeking since 1808. In New Spain, Colonel Agustín de Iturbide proclaimed the Plan of Iguala, which resembled the proposal rejected by the cortes in

---

[15]Guedea, *En busca de un gobierno alterno,* 287–358; Lucas Alamán, *Historia de México desde los primeros movimientos que prepararon su independencia en el año de 1808 hasta la época presente,* 5 vols. (Mexico: Fondo de Cultura Económica, 1985), 5:1–31.

[16]Berry, "Election of Mexican Deputies," 29–42. "Instrucciones para las elecciones a Cortes, 1820–1821," and "Elecciones de diputados, 1820," AGN, Ayuntamientos, vol. 168. Elections were held throughout New Spain, including many towns not listed as having the right to a constitutional ayuntamiento. See the reports in AGN, Ayuntamientos, vol. 120. Other reports on elections for 1820–1821 are located in AGN, Gobernación, Sin Sección, Caja 8.

[17]Alamán, *Historia de México,* 5:1–31.

[18]Ibid., 5:87–88. Manuel Gómez Pedraza, *Manifiesto que . . . ciudadano de la República de Méjico dedica a sus compatriotas, o sea una reseña de su vida pública,* 2d ed. (Guadalajara: Oficina de Brambillas, 1831).

Spain. The plan called for the establishment of a constitutional monarchy; it invited Fernando VII or, if he did not accept, a Spanish prince to head the government; it acknowledged the Constitution of 1812 and the statutes passed by the cortes as the laws of the land; it recognized the Catholic faith as the sole religion of the country; and it removed ethnic distinctions, declaring all New Spaniards, regardless of their place of birth, equal.[19]

When Spain refused to consider the proposals for autonomy, the leaders of New Spain declared independence and created the Mexican empire.[20] The newly emancipated Mexicans carefully followed Spanish precedents. They formed a Regency to serve as the executive and a Soberana Junta Provisional Gubernativa (Sovereign Provisional Governing Junta) to act as a legislative body until a cortes was convened. In addition, the provincial deputations and the constitutional ayuntamientos continued to govern their areas. Conflict quickly erupted between the executive and legislative branches of the new government. The Soberana Junta, like the First Constituent Congress which succeeded it, insisted on observing the procedures established by the Spanish Constitution of 1812, while Iturbide, first as president of the Regency and later as emperor, demanded substantial changes. The struggle centered on differing conceptions of sovereignty and national power. Following the precedent set by the Spanish cortes, Mexican legislators believed that the congress, as the representative of the nation, should be supreme. Iturbide, on the other hand, was convinced that he represented the national will because he had achieved independence. Like Fernando VII before him, Iturbide disbanded the congress in 1822, establishing a Junta Nacional Instituyente which he hoped would follow his dictates. The new political arrangement proved unworkable. As had occurred earlier in Spain, discontent led to rebellion in the provinces, ultimately forcing the emperor to abdicate in

[19]"Exposición presentada a las Cortes por los diputados de ultramar en la sesión de junio de 1821," in Alamán, *Historia de México*, 5, Apendice, 49–65; Agustín de Iturbide, "Plan de la Independencia de la América Septentrional," in *1810–1821: Documentos básicos para la independencia*, ed. Rene Cárdenas Barrios (Mexico: Ediciones del Sector Eléctrico, 1979), 274–286. Plans to establish autonomous monarchies within the Spanish empire had been circulating since the late eighteenth century. It is evident that, by 1821, New Spain's elite had reached a consensus on the question. Iturbide's merit is that he made the concept his when he proclaimed the Plan of Iguala. On the question see, for example, Nettie Lee Benson, "Iturbide y los planes de independencia," *Historia Mexicana* 2, no. 3 (January-March 1953): 439–446.

[20]See the documents published by Carlos Herrejón Peredo, ed., *Actas de la Diputación Provincial de Nueva España, 1820–1821* (Mexico: Cámara de Diputados, 1985); and by Roberto Olagaray, ed., *Colección de Documentos Históricos Mexicanos*, 4 vols. (Mexico: Antigua Imprenta de Murguía, 1924), vol. 2.

March 1823.[21] By then the political situation in Mexico had changed so dramatically that the Mexico City-based elite could no longer control the nation.

The growth of political participation during the years 1820 to 1823 is astounding. The Galería de Gobernación in the Archivo General de la Nación (AGN) in Mexico City contains thousands of uncatalogued *legajos*, many of them dealing with this period. Countless letters, reports, requests, complaints, and other materials record the intensity of political activity in the country.[22]

Information was disseminated nationwide with amazing rapidity. Hundreds of *legajos* in the Galería de Gobernación contain laws, decrees, circulars, and information sent throughout the land. Typical is an 1821 *legajo* with a circular informing officials and corporations that the Soberana Junta is to be addressed as "Su Magestad." The legajo contains the circular and hundreds of responses from throughout Mexico indicating that the information had been received and distributed. Some letters state that the official had received thirty, forty, sixty, or one hundred copies of the document. Others declare that additional copies had been printed for local distribution. By comparing the date of the circular with that of the most distant response, we can determine that information traveled to the furthermost point in the nation within one week.[23] To ensure rapid communications, the independent government issued a decree in 1822 dismissing any official who did not properly disseminate information within three days of its receipt.[24]

---

[21]See Jaime E. Rodríguez O., "The Struggle for Dominance: The Legislature versus the Executive in Early Mexico" (Paper presented at the conference The Mexican Wars of Independence, the Empire, and the Early Republic, University of Calgary, April 4–5, 1991). The initial conflict between Iturbide and the Soberana Junta is clearly reflected in the minutes of the junta. See *Diario de las sesiones de la Soberana Junta Provisional Gubernativa del Imperio Mexicano* (Mexico: Imprenta Imperial de Alejandro Valdés, 1821), 6–7, 17–19. The clashes with the First Constituent Congress are found in the *Actas del Congreso Constituyente Mexicano*, 3 vols. (Mexico: Imprenta de Alejandro Valdés, 1823). José Barragán y Barragán has written a sympathetic analysis of the activities of the various legislative bodies during the period from 1820 to 1824; see his *Introducción al federalismo* (Mexico: Universidad Nacional Autónoma de México, 1978). Timothy E. Anna presents the pro-Iturbide view in *The Mexican Empire of Iturbide* (Lincoln: University of Nebraska Press, 1990).

[22]The documents are found in two large sections of the Galería 5, Gobernación, at the AGN: Legajos and Sin Sección.

[23]See the expedientes in AGN, Gobernación, Legajo 26.

[24]Decree, April 26, 1822, AGN, Gobernación, Legajo 17, expediente 6. The expediente includes the immediate response from more than one hundred officials.

After 1820 the printing press became the indispensable instrument of Mexican politics. Important notices, decrees, laws, circulars, minutes of special meetings, reports of elections, statements from prominent politicians, and other matters of interest were printed almost immediately both in the capital and in the provinces. Politically active Mexicans learned of significant events within days of their occurrence; they possessed copies of important documents, and they made certain that they took advantage of their rights. The AGN is filled with requests from all parts of the country for clarification of articles x, y, and z of specific decrees and with inquiries as to their relationship to earlier laws. The provincials were particularly concerned about electoral procedures.[25] Indeed, the secretary of internal and external affairs received numerous reports about electoral disputes in provincial centers.[26]

The voluminous documentation indicates that the ayuntamientos had become the focus of Mexican political life. The major provincial cities, for example, took the lead in expanding the number of provincial deputations in the country. There had been six in 1814. When the constitution was restored in 1820, New Spaniards insisted on increasing the number. Provincial deputations grew to fifteen in 1820, eighteen in 1822, and twenty-three in 1823, when they began the process of converting themselves into states.[27]

The documents demonstrate a clear progression in the nature of the political discourse. The writings, even those from small Indian towns, are quite sophisticated. They demonstrate wide-ranging knowledge of events both in the Old World and the New, and familiarity with the political thought of the time. Many letters and reports are peppered with Latin expressions and citations from political theorists, particularly French authors. Before Independence, in 1820 and 1821, the localities extol the virtues of the constitutional system. They also insist on the importance of "la patria," "la nación," "nuestra tierra," "América," and "América Septentrional."[28] It is evident that they had developed a strong sense of nationality. After Independence, the documents glorify Iturbide as the liberator, but they also emphasize the significance of "el imperio

---

[25]See the queries in AGN, Gobernación, Sin Sección, Caja 12, expediente 7. All are dated 1821.

[26]See, for example, the disputes located in AGN, Gobernación, Legajo 1832 (1), expediente 1.

[27]On the activities of the ayuntamientos see, for example, AGN, Gobernación, Sin Sección, Caja 13, expediente 6, and Caja 9, expediente 10. On the activities of the provincial deputations see Benson, *La Diputación Provincial*, 66–198.

[28]See AGN, Gobernación, Sin Sección, Caja 9, Caja 12, and Caja 13; and AGN, Gobernación, Legajo 1578, expediente 1.

mexicano," "Anahuac," and "América."[29] In 1823, following Iturbide's abdication, the documents exalt the Plan of Casa Mata, which led to the emperor's fall, as well as the glories of liberty.[30] Late in 1822, but especially in 1823, the writings discuss the importance of provincial government. From Chiapas in the south to Texas in the north, the ayuntamientos insist on the absolute necessity of local government. Many lengthy reports argue that only at the provincial level could Mexicans obtain the kind of responsive government they required. The Ayuntamiento of Mérida, for example, indicated that in so vast a country, with different climates and different conditions, it was impossible to meet provincial needs with uniform laws.[31] The Ayuntamiento of Béjar maintained that only local officials could understand regional requirements. And Mérida added that the provinces had to control their representatives because a deputy who resided in Mexico City too long would become a *capitalino* and forget his region.

Provincial Mexicans were convinced by 1823 that only federalism could keep the nation united. They insisted on the sovereignty of the provinces, but they also agreed that the nation must not fragment. Every ayuntamiento affirmed that provincial sovereignty did not conflict with national unity. They asserted that the country required a "centro de unión."[32] Some listed in detail the division of power between the national government and the regions. Guadalajara, for example, declared that the nation only had the right to appoint general officers, while the provinces should name those with the rank of colonel and below. Similarly, Mérida insisted that the national government could only propose bishops; all other clerical appointments were reserved for the states.[33]

In those circumstances, a federalist system was the only form of government acceptable to most Mexicans. During February and March 1823, when they had opposed Iturbide, the provincial deputations informed each other of their actions and began to discuss the manner in which they should create a national government. On March 10, Puebla invited each province to send two delegates to a convention to form a provisional

[29]See, for example, AGN, Gobernación, Sin Sección, Caja 16 and Caja 23; and AGN, Historia, vol 429. Javier Ocampo's otherwise excellent work, *Las ideas de un día: El pueblo mexicano ante la consumación de su Independencia* (Mexico: El Colegio de México, 1969), has created the false impression that national enthusiasm focused solely on Iturbide because the author limited himself to an analysis of that episode.

[30]See AGN, Gobernación, Sin Sección, Caja 43, expediente 9; also Caja 44, expediente 7; and Caja 48, expediente 30.

[31]Junta Gubernativa de Mérida to Secretary of Relations, July 12, 1823, AGN, Gobernación, Sin Sección, Caja 43, expediente 54.

[32]See, for example, the reports in AGN, Gobernación, Sin Sección, Caja 43, expediente 53.

[33]AGN, Gobernación, Sin Sección, Caja 43, expediente 1 and expediente 5.

government. Three days later Michoacán proposed that representatives from Michoacán, Querétaro, San Luis Potosí, and the Eastern Interior Provinces meet in Querétaro to establish a national government, a suggestion it abandoned when it learned of Puebla's invitation. The majority of provinces sent representatives to Puebla, but before most arrived, Iturbide reconvened the First Constituent Congress and then abdicated. A rump session, calling itself the Junta of Puebla, recognized the reconvened congress but only for the purpose of convoking a new constituent congress. The other provinces agreed.[34]

The provinces of Mexico insisted on electing a new constituent congress in order to ensure their own autonomy. They rejected the First Constituent Congress's claim, based on the actions of the Spanish cortes, that it was the repository of national sovereignty. Instead, the provinces held that they themselves possessed sovereignty and that they were relinquishing a portion of that sovereignty to create a national government. In addition, they insisted on limiting the power of their representatives. As Zacatecas declared: "The deputies to the future congress cannot constitute the nation as they deem convenient; but [only] under a system of a federal republic."[35] Yucatán was even more explicit when it decreed that "the elected deputies are granted only the power . . . to constitute the nation in a government that is republican, representative, and federal."[36] The provinces of Guadalajara and Guanajuato joined Zacatecas and Yucatán in placing restrictions upon their representatives to the new constituent congress.

The provinces considered themselves the arbiters of the nation in mid-1823. Oaxaca, Yucatán, Jalisco, and Zacatecas installed constituent legislatures while others, declaring themselves sovereign and independent states, created provincial governments. Most sent commissioners to Mexico City to ensure that the First Constituent Congress obeyed their wishes. That body, however, refused to acknowledge provincial authority. Instead, it attempted to impose its will upon the country by force.[37] Rather than capitulating, the provinces raised militias to defend their territories, joining forces to oppose the national army. The urban elite, which dominated congress, ultimately capitulated, declaring support for the federal system and issuing instructions for convening a new constituent congress. Nevertheless, the outgoing congress insisted that the new congress would retain supreme

---

[34]Benson, *La Diputación Provincial*, 85 and passim; Puebla, *Acta de la Junta de Puebla sobre la reinstalación del congreso mexicano* (Puebla: Oficina de D. Pedro de la Rosa, 1823). See also Efraín Castro Morales, *El federalismo en Puebla* (Puebla: Gobierno del Estado de Puebla, 1987), 71–102.

[35]*Aguila mexicana*, August 22, 1823.

[36]Ibid., August 17, 1823.

[37]Jaime E. Rodríguez O., "The Struggle for the Nation: The First Centralist-Federalist Conflict in Mexico," *The Americas* 49, no. 1 (July 1992): 1–22.

authority; it declared in its *convocatoria* that "each and every [deputy] shall possess very ample powers to constitute the Mexican Nation in the manner he considers best for its general well-being, maintaining inalterable the foundations of religion, independence, and union."[38]

The Second Constituent Congress, which met on November 7, 1823, faced very different circumstances than its predecessor. Local interests, both at the ayuntamiento and at the provincial levels, insisted on determining the form of government that the nation should possess. Although most favored federalism, a few still hoped that a centralist system might be established.[39] But even federalists were divided; some preferred a strong federation while others favored a weak confederation. Most importantly, the level of public interest and expectation was quite high. After several years of intense political participation, Mexicans insisted upon a voice in the formation of their government. Indeed, many appeared ready to use force, if necessary, to obtain their goals.

From its inception, the Second Constituent Congress faced the thorny question of the limitations placed on the delegates by the provinces of Jalisco, Zacatecas, Guanajuato, and Yucatán. The committee to verify the credentials of the deputies had addressed the issue on November 4. Some members argued that the provinces could not restrict the authority of their delegates and, therefore, they questioned the credentials of the deputies with limited powers. The majority, however, maintained that those deputies should be seated because they represented four million inhabitants, the majority of the nation's population, and because they believed that the restrictions on their authority would not limit the congress's deliberations. José Miguel Ramos Arizpe of Coahuila carried the day when he convinced the delegates that their priority should be to constitute the nation.[40]

Since the provinces, most of which now called themselves states, had determined that Mexico must have a federal republic, debate in the congress focused on the critical issue of who was sovereign: the nation or the states. On this question the delegates were divided into four factions. Extreme defenders of states' rights, such as Juan de Dios Cañedo of Jalisco, argued that only the states possessed sovereignty, a portion of which they collectively ceded to the union in order to form a national government. This interpretation meant that the states could subsequently reclaim what they had relinquished. Their opponents, men such as Servando Teresa de Mier of

[38]Article 73, "Decreto de 17 de junio de 1823—Bases para las elecciones del nuevo congreso," Manuel Dublán and José María Lozano, *Legislación mexicana*, 34 vols. (Mexico: Dublán y Lozano Hijos, 1876–1904), 1:651–659.

[39]Carlos María de Bustamante, *Diario histórico de México*, 3 vols. (Mexico: Instituto Nacional de Antropología, 1980–1984), 1:pt. 2:103–119.

[40]Mexico, Cámara de Diputados, *Crónicas del Acta Constitutiva* (Mexico: Cámara de Diputados, 1974), 45–47.

Nuevo León, believed that only the nation was sovereign. Although the country was organized into provinces (or states) for political purposes, the people, and not the states, possessed sovereignty. The deputies, therefore, did not represent the states but rather the people who constituted the nation. This argument signified that the congress, as the representative of the Mexican people, possessed greater power and authority than the state legislatures. The claim reasserted the view that had prevailed in Cádiz in 1812. Midway between these extremes stood those who, like Ramos Arizpe, believed that the national government and the states must share sovereignty. Although these moderates favored states' rights, they nevertheless thought that the national government had to command sufficient power to function effectively. Finally, a tiny minority of centralists, such as Carlos María de Bustamante, representing the state of Mexico, opposed federalism, arguing that the country needed a strong national government if it were to prosper.

As one of its first acts, the Second Constituent Congress appointed a committee to prepare a draft of a constitution, or an *acta constitutiva*. The committee, composed of Ramos Arizpe, Cañedo, Miguel Argüelles of Veracruz, Rafael Mangino of Puebla, Tomás Vargas of San Luis Potosí, José de Jesús Huerta of Jalisco, and Manuel Crescencio Rejón of Yucatán, agreed to submit the draft within a few days. It was possible to complete the draft of the charter rapidly because proposals for a constitution had been widely debated throughout the country. In addition, the deputies were highly educated men, some of whom had participated in elected government at various levels, and a few, like Ramos Arizpe, had served in the cortes in Spain and had even helped draft the Constitution of 1812. Indeed, Ramos Arizpe had been working on a federal constitution for some time.[41]

The committee submitted the proposed *acta* on November 20. Because it was modeled on the Constitution of 1812, most of its articles were based on the Spanish document and a few were copied verbatim from that charter. The proposed *acta* consisted of forty articles. Article 5 established a federal republic, while Article 9 stated: "The supreme power of the Mexican Federation is divided . . . [among] legislative, executive, and judicial [branches]." The legislature consisted of two houses, a chamber of deputies and a senate. Executive authority was vested in a president, who was assisted by a vice president, and judicial power was granted to an independent judiciary consisting of "a supreme court of justice, and the tribunals and *juzgados* which each state establishes." Article 3 declared: "The religion of the Mexican Nation is and shall be perpetually the Roman, Catholic, and Apostolic [Church]. The Nation will protect [the Church] with wise and just laws and prohibits the exercise of any other [religion]." The *acta*, unlike the Spanish document, did not grant exclusive sovereignty to the nation because

[41]Benson, *La Diputación Provincial*, 192–201.

the states also claimed sovereignty. Accordingly, Article 6 stated: "Its integral parts are independent, free, and sovereign states, regarding their internal administration and government exclusively."[42]

While relying on the Spanish experience, the congressmen adapted it to reflect Mexican reality. José Miguel Guridi y Alcocer of Tlaxcala, for example, explained that ever since he had served on the constitutional commission in the Spanish cortes he had insisted on maintaining that sovereignty resided *radically* in the nation, by which he meant the nation could not lose its sovereignty.[43] Although some deputies questioned Guridi y Alcocer's wording, the majority approved his proposal. Cañedo, however, challenged the need for an article declaring national sovereignty. He recommended "that the article be deleted, because if a republican, federal government is adopted, and each state is sovereign, as a later article [Article 6] asserts, it is impossible to conceive how sovereignty, which is the origin and source of authority and power and, therefore, is one, can be divided among the many states. That is why the first constitution of the United States [the Articles of Confederation] . . . does not mention national sovereignty. And, therefore, . . . Article 1 which discusses the nation should not be approved because it is not appropriate in the system which we now have."[44] Thus, the issue of sovereignty remained at heart a question of the division of power between the national and the state governments. Representatives such as Cañedo rejected the notion of national sovereignty, preferring instead the creation of sovereign states. In their discussions, the members of the congress who favored a loose confederation invoked as examples not only the Articles of Confederation of the United States but also the traditional Habsburg notion of independent kingdoms federated under the authority of the monarch.

Other delegates, who argued that only the nation could be sovereign, challenged the proponents of state sovereignty. Because these men stressed the need to endow the national government with sufficient power to sustain national interests, they have often been confused with centralists.[45] Although a tiny minority advocated centralism, most favored a strong federal system. Mier, the group's outstanding spokesman, argued that people wrongly considered him a centralist, an error that arose from an unnecessarily restrictive definition of federalism. He indicated that federalism

[42]"Acta Constitutiva de la Nación Mexicana," in *Crónicas del Acta Constitutiva*, 101–108.

[43]*Crónicas del Acta Constitutiva*, 269.

[44]Ibid., 270.

[45]Barragán y Barragán, *Introducción al federalismo*, 197–198.

existed in many forms: Germany, Switzerland, Holland, and the United States were federations, yet each was different.[46]

Father Mier advocated the formation of a federalist system suited to Mexico. He believed that local realities precluded the adoption of the extreme form of federation championed by states' righters. He declared: "I have always been in favor of a federation, but a reasonable and moderate federation. . . . I have always believed in a medium between the lax federation of the United States, whose defects many writers have pointed out, . . . and the dangerous concentration [of power] in Colombia and Peru."[47] In Mier's view, Mexico needed a strong federal system because a state of war with Spain still existed, because the Holy Alliance threatened to intervene, and because Mexico required an energetic national government to lead it during the critical early years of nationhood. For these reasons, he subsequently voted in favor of Article 5, which established a federal republic, while opposing Article 6, which granted sovereignty to the states.[48]

Neither the advocates of states' rights, like Cañedo, nor the proponents of national sovereignty, like Mier, triumphed. Instead, a compromise emerged: shared sovereignty, as advocated by moderates such as Ramos Arizpe. Throughout the debates, the moderates argued that although the nation was sovereign, the states should control their internal affairs. The group saw no conflict between Article 3, which declared that sovereignty resided in the nation, and Article 6, which granted sovereignty to the states on internal matters. They successfully maneuvered to pass both articles. A coalition of the proponents of national sovereignty, the advocates of shared sovereignty, and a few centralists obtained a large majority vote for Article 3. To secure passage of Article 6, those favoring compromise succeeded in having the question brought to the floor in two parts. The first vote on the section of Article 6 that stated that the states were *free and independent* to manage their own affairs passed by a wide margin, since the wording pleased all federalist groups. Only seven centralist deputies opposed the measure. The congress then entertained the section of Article 6 that declared that the states were *sovereign*. The coalition divided on this issue: Father Mier and his supporters joined the centralists in voting against it. Nevertheless, the proponents of states' rights and those who believed in shared sovereignty possessed enough strength to pass the measure by forty-one to twenty-eight votes.[49]

---

[46]Nettie Lee Benson, "Servando Teresa de Mier, Federalist," *Hispanic American Historical Review* 28, no. 4 (November 1948): 514–525.

[47]Consult Mier's speech in *Crónicas del Acta Constitutiva*, 280–294.

[48]Ibid., 338, 367.

[49]Ibid., 272, 338, 367.

The compromise to share sovereignty did not settle the question of the division of powers within the national government. Although all agreed on the traditional concept of separation of powers among the legislative, executive, and judicial branches, most congressmen believed that the legislature should be dominant. Recent Spanish and Mexican experience fostered a distrust of executive power. The Constitution of 1812 granted the cortes dominance while restricting the Crown. Similarly, the Constitution of Apatzingán severely limited Morelos's pretensions to supreme power. Although that insurgent leader never had the opportunity to contend with the rebel congress, Fernando VII abolished the cortes and the constitution in 1814. Later, the Soberana Junta and the First Constituent Congress clashed with Iturbide, first as president of the Regency and subsequently as emperor. As a result, Mexicans harbored deep suspicions of, and a strong hostility toward, the tendency of leaders to seek unbridled power.

After Iturbide abdicated in March 1823, the restored First Constituent Congress grappled with the problem of executive power. Well aware of the "tyrannies" of Fernando VII of Spain and Agustín I of Mexico, legislators were reluctant to grant power to the executive branch. Some searched for a term which, while recognizing the functions, would not include the word "executive" in the title. In the end the congress compromised by creating a triumvirate called the Supreme Executive Power, who would alternate the presidency among them on a monthly basis.[50] On March 31 the congress elected Generals Nicolás Bravo, Guadalupe Victoria, and Pedro Celestino Negrete to serve as the the Supreme Executive Power. Later, it selected José Mariano Michelena, José Miguel Domínguez, and Vicente Guerrero as substitutes for Bravo, Victoria, and Negrete, who were in the field with their troops. Like the Spanish cortes, the Mexican congress believed that the executive branch existed solely for the purpose of carrying out the wishes of the legislature.

The draft of the *acta constitutiva*, however, proposed that executive power be granted "to an individual with the name of President of the Mexican Federation, who must be a citizen by birth, and 35 years of age." The proposal led to a heated debate that transcended the former divisions between states' righters and strong nationalists. While Cañedo supported Ramos Arizpe in favoring a single executive, others, including Rejón and Guridi y Alcocer, insisted on the need to weaken executive power by establishing a plural executive. In an attempt to mollify the opposition, Ramos Arizpe proposed that the president govern with the advice of a council of government. But that was not sufficient to pacify the opposition, which consisted of the majority of the congress.

---

[50]*Diario de las sesiones del Congreso constituyente*, 4 vols. (Mexico: Oficina de Valdés, 1823) 4:48 (*sic*, in error for 84)–122; Alamán, *Historia de México*, 5:759–760.

The opponents of a single executive presented several proposals. Demetrio Castillo of Oaxaca suggested that a president, a vice president, and an alternate, or *designado*, govern. Each would have a vote, but the president "would decide." Rejón, instead, recommended that three individuals form the Supreme Executive Power; one would be replaced every year so that a member would always possess seniority, but no one would serve for more than three years. Guridi y Alcocer proposed that executive power be conferred on two persons. He argued that the best solution was to merge the experiences of the United States, Spain, and ancient Rome. Therefore, he urged that the two members of the executive power be backed by two alternates who might resolve any difference that arose between the two members of the executive.[51]

Although the congress repeatedly rejected the suggestion that executive power be vested upon one person, the commission continued to insist on a single executive. The core of the argument in favor was that only an individual could provide the unity of purpose and the speed necessary to carry out the functions of the executive branch. In short, the argument was one of efficiency, while the opponents expressed the fear, based on recent history, that a single executive could become a despot.

The revolt of General José María Lobato on January 20, 1824, however, changed the nature of the debate on the executive branch. The rebels demanded the dismissal of Spaniards from government jobs and their expulsion from the country. They also insisted that two of the three triumvirs, Michelena and Domínguez, resign. The reason for this demand remains unclear. Both men were heroes of the early Independence movement. Michelena had also fought in the Peninsula against the French and represented New Spain in the cortes. Although he had once favored a constitutional monarchy, Michelena was known to have been an implacable enemy of Fernando VII and Agustín I. Since he was acting president of the Supreme Executive Power when the rebellion began, it is possible that the uprising was directed in part against the attempt to create a single executive which Michelena, as a close ally of Ramos Arizpe, favored.

The plural executive, and the division of power within the government, hampered action against the rebels. Lobato managed to win the support of the garrisons in the capital, and the government seemed on the verge of capitulation when the Supreme Executive Power convinced the congress to declare Lobato an outlaw and to grant the executive branch sufficient power to quell the rebellion.[52] The Lobato revolt persuaded many

---

[51] *Crónicas del Acta Constitutiva*, 447–450.

[52] Documents on the Lobato revolt are published in José María Bocanegra, *Memorias para la historia de México independiente*, 1822–1846, 3 vols. (Mexico: Fondo de Cultura Económica, 1987), 1:339–343, 338–339. Other documents concerning the revolt appear in *El Iris de Jalisco*, February 2, 9, 11,

congressmen that they should not so weaken the executive that it could not act decisively in time of danger. The incident also convinced the congress of the unwieldiness of the plural executive, and members compromised to complete the *acta constitutiva*. The article on the executive stated that "supreme executive power would be vested by the constitution on an individual or individuals which that [charter] would name." Eventually, the congress opted for a president and vice president.

The creation of a single executive, however, did not mean that the congress had accepted a strong presidency. Most Mexicans continued to favor congressional superiority. The Constitution of 1824 created a quasi-parliamentary system, making the secretaries of state responsible to the congress. The Mexican charter, like the Spanish constitution, severely restricted the power of the chief executive. Consequently, the secretary of internal and external affairs tended to act as a quasi-prime minister. The presidency remained weak until the latter nineteenth century when first Benito Juárez and then Porfirio Díaz strengthened that office.

After months of debate, the congress ratified the constitution on October 4, 1824. The Constitution of 1824, like the *acta constitutiva*, was not only modeled on the Spanish Constitution of 1812 but also often repeated sections verbatim.[53] This was only natural since New Spaniards had served in the cortes and had helped draft the Spanish charter. Indeed, many Mexicans considered the Cádiz constitution *their* first charter. But it would be an error to consider the Constitution of 1824 a carbon copy of the 1812 document. Events in Mexico, particularly the assertion of states' rights by the former provinces, forced the congress to frame a constitution to meet the unique circumstances of the nation. The principal innovations—republicanism, federalism, and a presidency—were adopted to address Mexico's new reality. Far from being unrealistic and utopian, as is sometimes alleged, the 1824 charter sought to resolve the critical issues affecting the nation.

The framers of the constitution carefully considered the needs of their country. They granted the states the important role demanded by the regions, and that accommodation contributed significantly to maintaining national unity. As Nettie Lee Benson has indicated, it is no accident that despite numerous centrifugal forces, Mexico remained united while Central and

---

1824; Bustamante, *Diario histórico de México*, 2: (January 23, 1824), 17; (January 24, 1824), 17–18. See also the discussion in Mexico, Cámara de Diputados, *Historia parlamentaria: Sesiones secretas*, 2 vols. (Mexico: Instituto de Investigaciones Legislativas, Cámara de Diputados, 1982), 1:172–179; as well as the comments of Miguel Beruete, "Diario de México" (January 25, 26, 27, 28, 29, 30, and February 1, 2, 1824), Tulane University Library.

[53]Mexico, Cámara de Diputados, *Crónicas de la Constitución Federal de 1824*, 2 vols. (Mexico: Cámara de Diputados, 1974), 1:81–109.

South America fragmented into many smaller nations. Unfortunately, the Mexican statesmen could not contain the tremendous forces unleashed by over a decade of political change. The First Federal Republic endured mass demonstrations, riots, and political violence at a time when representative institutions were in their infancy. Given the rise of localism and the intense political participation throughout the country, it is doubtful that any other form of government would have better suited the needs of the nation. Indeed, it seems evident that none other was possible.

The Making of a Fait Accompli: Mexico and the Provincias Internas, 1776–1846

Barbara A. Tenenbaum

WHEN THE VICEROYALTY OF NEW SPAIN became independent in 1821, its territory ranged from the northernmost outposts of the Spanish empire in North America to the limits of Central America down to present-day Panama. Until 1823 all of that territory remained part of the new Mexican nation. With the fall of Emperor Agustín I, however, Central America, with the significant exception of Chiapas and Soconusco, broke with Mexico to form its own national entities while the far north continued as part of the Mexican republic. This essay challenges historians to reexamine the nature of that union by exploring the financial relationships between the northern region and Mexico City from 1776 until 1846.

Almost from the very beginning of their colonization of New Spain, Spanish officials, like the Aztecs who had preceded them, recognized that the farther the Crown traveled from Mexico City, the more difficulties it would encounter in governing that territory. The reasons are obvious. Lacking the modern enhancements to state building such as railroads and telegraphs, communications and transportation from remote areas in the north to the center would be extremely difficult. In addition, those areas were substantially underpopulated due to frequent attacks by marauding Indians.

Although some of the territory yielded rich mineral resources, in the main the Spanish Crown colonized the far north in order to provide a line of defense against English, French, or Russian efforts in the region. From the

AUTHOR'S NOTE: The writer gratefully acknowledges the invaluable assistance of Professor John Jay TePaske, Duke University, in reformulating this essay and in particular his personal communication, June 9, 1991. She wishes to thank the editor of this volume for his helpful comments and also Lic. Carlos Rodríguez for his research in the Archivo General de la Nación, Mexico City, on her behalf.

very beginning of Spanish settlement in New Spain, conquistadores acting independently with bands of Hispanicized Indians and mestizos and, more frequently as time passed, priests accompanied by Crown officials were sent to explore (some might say colonize) ever farther northward in search of souls, riches, and new locations for fortresses. For example, Spain in 1565 founded the first European city in the present-day United States, San Agustín, and constructed forts as far north as South Carolina, when it sent Pedro Menéndez de Avilés, the captain of the Indies Fleet, on a mission to eliminate the French settlement at Fort Caroline in present-day Florida.

By the eighteenth century, however, the situation in the area known as América Septentrional (North America) had become increasingly precarious. First, few Spaniards and Mexicans, including Hispanicized Indians, had chosen to colonize so far away. Second, Spanish sovereignty over the area was extremely difficult and costly to maintain. And third, the viceroy in Mexico City was simply too far removed to handle regional areas reasonably and with dispatch. Two almost concurrent events conspired to complicate matters even further. In 1767 the Crown, following closely on the heels of its Portuguese neighbor, expelled the Jesuit order from all its dominions. That forced the Dominican order to take over the Jesuit missions in Arizona and Baja California so that the Franciscans, under the leadership of Fray Junípero Serra, could continue founding missions up the coast of California all the way north to San Francisco (1776).

In 1776 colonial North America began a series of massive territorial readjustments. Thirteen of the British colonies declared themselves in revolt while Spain moved to strengthen its hold over its empire. In addition to creating a fourth viceroyalty in La Plata, Secretarío de Estado del Despacho Universal de Indias José de Gálvez formed a new administrative unit, the Provincias Internas (Interior Provinces), to fortify royal control over América Septentrional. The new *comandante general* of the region, headquartered in Arizpe in present-day Sonora, was to administer an area that then included the *gobiernos* of Sinaloa and Sonora, Alta and Baja California, Nuevo México, Nueva Vizcaya (present-day Chihuahua and Durango), Coahuila, and Texas, a territory slightly larger than the rest of the viceroyalty. According to Gálvez's instructions, the new area was to be under the jurisdiction of Teodoro de Croix, separate and apart from the control of Viceroy Antonio María de Bucareli, much to the latter's disgust.

The Crown would change its mind four separate times before the War for Independence in New Spain itself halted the process. In 1786, Spanish authorities enlarged the Provincias Internas by adding Nuevo León and Nuevo Santander (present-day Tamaulipas), but put the entire unit back squarely under viceregal control. In effect, then, even though these two *gobiernos* were added, they were never administered like the original territory designated under the Provincias Internas. The new arrangement reasserted viceregal control over the entire territory now split into three parts with the *comandante general* of the Provincias Internas having authority only over Sonora and the Californias, while lesser officials were put in charge of the center (Nueva Vizcaya and Nuevo México) and of the east (Coahuila, Texas, Nuevo León, and Nuevo Santander). In the following year, 1787, the area was divided into Occidente and Oriente, both of which remained under viceregal control. On November 23, 1792, the Crown ordered that a *comandante general* would oversee a smaller Provincias Internas, now without Nuevo León and Nuevo Santander. The viceroy himself would control those two territories together with the Californias. Finally, Spanish officials reversed themselves one more time and divided the entire original area into Occidente and Oriente under the viceroy's command. That solution lasted from 1811 until Independence.[1]

The five different governing schemes put in place from 1776 to 1811 reflect much more than the respective power of viceroys and *comandante generales*. They emphasize the basic difficulty in administering an area which, according to María del Carmen Velázquez, many Mexicans at that time considered a colony of central Mexico.[2] Indeed, in 1813 when the Congress of Chilpancingo discussed the territorial composition of the eventual independent nation of Mexico, its members did not include the "provinces" of Texas, Nuevo Santander, Nuevo México, and the Californias in their consensus concerning which territories would rightfully be included in the new state.[3] And no wonder. If Peter Gerhard's estimates are even a reflection of true population, then the Mexican residents in those areas— Texas, Nuevo Santander, Nuevo México, and the Californias—hardly amounted to 22.7 percent of the total residing in the Provincias Internas, to say nothing of the small percentage they represented of "Mexico" as a whole. When Nuevo Santander is omitted, then the other three territories did not contain even 10 percent of those living in the Provincias Internas itself.[4]

[1]In order to maintain consistency, this essay excludes the *gobiernos* of Nuevo Santander and Nuevo León from its discussion of the Provincias Internas since they were added after 1776 and did not remain part of the administrative unit for very long. Edmundo O'Gorman, *Historia de las divisiones territoriales de México* (Mexico: Editorial Porrúa, 1966), 15–19; Peter Gerhard, *The North Frontier of New Spain* (Princeton: Princeton University Press, 1982), introduction.

[2]María del Carmen Velázquez, *La frontera norte y la experiencia colonial* (Mexico: Secretaría de Relaciones Exteriores, Archivo Histórico Diplomático Mexicano 11, 1982), 7.

[3]O'Gorman, *Historia de las divisiones*, 32. It is, however, worth remembering that Texas was entitled to send a deputy to the cortes of 1812. See Nettie Lee Benson, "Texas's Failure to Send a Deputy to the Spanish Cortes, 1810–1812," *Southwestern Historical Quarterly* 64 (July 1960): 1–22.

[4]Gerhard, *The North Frontier*, 24.

Given the tiny number of people there, it should not be surprising that those gathered at Chilpancingo could so easily forget about territory so far to the north. After all, for central Mexico, none of those places had substantial mines such as those in Guanajuato or Zacatecas or any other resource that could be considered profitable; moreover, they required considerable financial help. But the dismissal of the north among those at that meeting perhaps had deeper roots. The common perception in central Mexico at the time, as Velázquez notes, was that the Provincias Internas as a whole "lejos de reportarle beneficios económicos le eran gravosas."[5]

However, reports from the *cajas reales* (royal treasuries) in the Provincias Internas do not confirm that assumption. The *real hacienda* of Mexico City only began to send money there in 1769. Up until that time the viceregal administration had founded only one branch of the royal treasury, Durango (1596), for the entire northern frontier. Since the other four *cajas* appeared much later—beginning with Los Alamos, Rosario, and Cosalá in 1770, followed by Arizpe in 1781, Chihuahua in 1785, and finally Saltillo in 1794—it is impossible to know how these areas were financed prior to the establishment of their own *cajas reales*. Yet the reports do reveal how the keepers of the central treasury in Mexico City understood the subsidies paid to the Provincias Internas. Instead of noting the origin of the funds with the rubric *remitido de la caja de México* or citing *otras cajas* as they did elsewhere, royal officials recorded the figures under the term *situados internos*. This term, so similar to *situados ultramarinos* or *situados cubanos*, reflects a comparable attitude toward those payments as if the northern territories were somewhat foreign and separate despite their contiguity.

The figures for the *situado* payments are quite suggestive. If those amounts are expressed as percentages of the total collections for any given year from 1769 to 1810, then we find that only from 1769 to 1774, in 1782, and in 1786 are the payments greater than the amounts collected in the area itself.[6] As shown in Graph 1, beginning in 1786 and continuing to 1810, the *situado* payment never amounted to even 15 percent of the total collected in the Provincias Internas themselves. The *situados* were not the only moneys flowing from Mexico City to the *cajas* of the Provincias Internas. However, the sums listed as coming from Mexico City or Guadalajara cannot be factored into this discussion because they contain,

---

[5]Velázquez, *La frontera norte*, 7.

[6]The term "total collections" means the amount given as income less the sums recorded for the surplus for the previous year (*existencia*), any amount remitted to the treasury from elsewhere (*otras tesorerías*), amounts reserved in the treasury (*depositos*), amounts held for special purposes (*real hacienda en común*), etc.

hidden in the total amounts, coins that had passed to the capital for reminting and had been returned.[7]

Graphs 2 through 7 demonstrate equally clearly the purposes for which those funds were used. The *cajas* of Arizpe, Chihuahua, and Saltillo outspent the revenues generated in their area in helping to defray the costs of maintaining security there. Some of the expenditures were listed directly as *extraordinario de guerra*, but others were recorded under the rubric of payments (also called *situados*) to other *cajas*. Although Graph 7 demonstrates that overall revenues outpaced expenditures, that happy result came from substantial surpluses generated in the *caja* of Durango and that of Los Alamos, Rosario, and Cosalá.

Nevertheless, the accounts portray an efficient and well-designed system that functioned fairly smoothly, considering distance and other complicating factors. Regrettably, the records are not as revealing as historians might hope for since they often say *otras tesorerías* rather than name any specific one, but they do indicate approximately where the three *cajas* with constant deficits were sending their funds.

In the west, Durango relayed payments to Chihuahua, which forwarded some of the funds to Arizpe. On the eastern side, San Luis Potosí shipped moneys to Saltillo. Once the payments had reached the *cajas*, they were sent out to smaller localities. For example, Arizpe helped support the presidios of Altar, Bacoachí, Bavispe, Buenavista, Fronteras, San Buenaventura, San Carlos, Santa Cruz, and Tucson as well as the towns of Cerrogordo, Parras, and Tubac. Chihuahua handled the central area with payments to presidios in El Principe, San Buenaventura, San Eleazario, and Santa Fe as well as to the towns of Cerrogordo to the south and El Paso del Norte to the north. And Saltillo dispatched its shipments to presidios at Aguaverde, La Bahía, Monclova, and San Antonio as well as to the town of Lampazos.[8] During the decade from 1794 to 1804 alone, Saltillo sent 90 percent or more of its net revenue to other Provincias Internas. The *cajas* were able to do this because for most of the period under discussion they collected considerable surpluses that do not show up in the amounts listed as net income. Some, like Saltillo, collected relatively large amounts from taxes on mining, while

---

[7]Professor John TePaske, personal communication, June 9, 1991. Equally useless for the same reason are the figures for remissions to those *cajas* from the Provincias Internas.

[8]This network was assembled through the use of the map, "The Presidios of Northern New Spain, 1772–1800," in Max Moorhead, *The Presidio: Bastion of the Spanish Borderlands* (Norman: University of Oklahoma Press, 1975), 62–63. It also contains information from TePaske, personal communication, June 9, 1991, and John Jay TePaske and Herbert S. Klein, *Ingresos y egresos de la Real Hacienda de Nueva España* (Mexico: Instituto Nacional de Antropología e Historia, 1986).

others, without mining, could gather substantial sums from the recently established tobacco monopoly.

This system of payments facilitated the growth of a fiscal and commercial network operating in the north of New Spain, with much of its benefits presumably remaining there. For example, Ramón Gutiérrez points out the development of dependent relations between residents of Santa Fe, New Mexico, and the merchants of Chihuahua, which sound almost exactly like those between government officials and the residents of Oaxaca during the same period.[9] Although Mexico City, Guadalajara, and Guanajuato made substantial contributions to the Provincias Internas and the treasuries there sent coins to mints in the center for restamping, the presidios and towns on the northern frontier maintained connections largely with their disbursing *cajas*, oblivious to their central suppliers farther to the south.

In effect, during the decades since the establishment of the Provincias Internas, the northern region developed into two separate areas: *el norte grande* (the Californias, New Mexico, and Texas) and *el norte chico* (Sonora, Sinaloa, Chihuahua, Durango, and Coahuila), to borrow terms used in Chile. During colonial times, *el norte grande* and its towns and presidios were dependent both economically and militarily on funds, troops, and trade with *el norte chico*, which itself had much stronger ties with central Mexico. Consequently, the two northern areas had come to form an administrative unit somewhat separate from the rest of the viceroyalty but still very dependent upon it. In part, for that reason, the Provincias Internas were unable to take advantage of the proclamation of independence from the Spanish empire in 1821 to break away from Mexico City and dissolve into a separate nation or nations, if indeed they had wanted to.[10]

Yet for political leaders in the center, distance, not revenues, separated them from their counterparts in both *el norte chico* and *el norte grande*, despite fantasies to the contrary. For example, in 1800, as shown in Graph 8, the *cajas* in the Provincias Internas collected substantial revenues without any assistance from elsewhere. In fact, its five *cajas* together, by

---

[9]See Ramón A. Gutiérrez, *When Jesus Came, the Corn Mothers Went Away: Marriage, Sexuality, and Power in New Mexico, 1500–1845* (Stanford: Stanford University Press, 1991), 300–304, and Brian R. Hamnett, *Politics and Trade in Southern Mexico, 1750–1821* (Cambridge, England: Cambridge University Press, 1971), chaps 1, 3, and 6.

[10]For evidence that various areas did not wish to separate from Mexico see Jaime E. Rodríguez O., "La Constitución de 1824 y la formación del Estado mexicano," *Historia Mexicana* 40, no. 3 (January-March 1991): 517–518 for the ayuntamiento of Béjar (San Antonio); and Ignacio Almaia Bay, "Polvora, plomo y pinole: Algunas consideraciones generales sobre Sonora alrededor de 1821," in *Simposio de Historia y Antropología de Sonora* (Hermosillo: Instituto de Investigaciones Históricas de la Universidad de Sonora, 1989), 1:293-300 for Sonora.

themselves, gathered the third largest revenues on the Mexican mainland, coming after the giants of Mexico City and Veracruz and surpassing both the individual treasuries of Guadalajara and Guanajuato.[11] Nevertheless, the perception persisted among those who mattered at Chilpancingo and elsewhere that the Provincias Internas were a burden on the treasury.

Based on what historians now know about how viceregal obligations, wars of independence, and damage to mining accelerated the fiscal disintegration of the viceroyalty of New Spain and its growing regionalization, it is easy to assume that the process of integration among the Provincias Internas, separate and apart from the center, speeded up and deepened as well. Although for the sake of consistency Graphs 2 through 7 only depict the period from 1780 to 1810, complete records cease after 1813, making it impossible to pinpoint the exact unraveling of the system so carefully elaborated from 1769 onward. Doubtless it suffered the same fate that plagued the rest of the viceroyalty; even by 1813 the accounts depict the imposition of the famous forced loans, the new taxes for war, and the other fiscal signs of extreme crisis.[12] However, scholars can only assume the amount of revenue that was no longer shipped south to Mexico City for reminting or anything else.

The Assumption of Power

When Mexico became independent in 1821, it inherited from Spain the Provincias Internas to the north and the Captaincy General of Guatemala to the south.[13] Although historians have usually accepted that legacy without question, it would not have been out of the realm of possibility for the Provincias Internas to have broken away from Mexico, as did regions of other viceroyalties. As a matter of fact, there is simply no reason for

[11]These figures have been completely disaggregated thanks to TePaske's communication of June 9, 1991, which separates those funds going to the larger *cajas* for reminting.

[12]For more on this see John Jay TePaske, "The Financial Disintegration of the Royal Government of Mexico during the Epoch of Independence," in *The Independence of Mexico and the Creation of the New Nation*, ed. Jaime E. Rodríguez O. (Los Angeles: UCLA Latin American Center Publications, 1989), 63–83.

[13]Certainly the Provincias Internas to the north and the Audiencia of Guatemala are not fully comparable. The latter was historically a more independent entity, although still a part of the Viceroyalty of New Spain and physically contiguous to that part of the viceroyalty which became the nation of Mexico with Independence. Nevertheless, it is reasonable to suppose that had the Provincias Internas been allowed to develop with its own administrator as had been planned in 1776, it too would have had a more separate indentity, although probably not as distinct as that of the Audiencia of Guatemala.

scholars to accept unquestioningly the union of the Provincias Internas with the rest of Mexico. Indeed, the precedents would argue strongly for the reverse, as with the Viceroyalty of La Plata, created in the same year as the Provincias Internas. After Independence it split into at least three separate countries: Argentina, Paraguay, and Uruguay.[14] In another case, that of Chile, which had been made a captaincy general in 1778 under the jurisdiction of the Viceroyalty of Peru—a situation completely equivalent to that of Guatemala and somewhat analogous to that of the Provincias Internas—it too became a separate nation when given the opportunity to become independent from Spain.

In the face of such compelling examples (and in light of the disintegration in 1991 of the Soviet Union and the separation of major components of the former Russian empire), it would seem that historians have been much too accepting of what appears uncritically to have been a fait accompli—that is, the creation of the Mexican nation out of the remains of the Viceroyalty of New Spain. The rest of this essay will be devoted to making some extremely tentative suggestions about the relationship between the former Provincias Internas and the Mexican national government before the war with the United States in 1846.

Political leaders in Mexico City and other centers of power associated with it continued to treat the north ambivalently during most of the rest of the nineteenth century. For example, during the first federal republic legislators never reached a consensus on how the former Provincias Internas would be incorporated into the Mexican republic. The Constitutional Convention of 1824 decided that New Mexico and the Californias would be considered territories rather than full-fledged states, while it granted that status to Chiapas even though it had been part of the Mexican republic for little more than a year. The present-day states of Sinaloa and Sonora were lumped together fiscally under the rubric of Occidente; Coahuila and Texas were joined together in a makeshift arrangement; and, most disturbing of all, treasury accounts put all the expense figures for Nuevo León, Coahuila-Texas, Tamaulipas, and San Luis Potosí under the heading for the latter, as though the other areas were stepchildren.[15]

Revenue sources in the former Provincias Internas changed radically after Independence. Whereas those areas had derived their revenues in colonial times principally from mining and the monopoly on tobacco, after 1821 they enriched national coffers with duties levied on the goods that legally entered their newly opened ports and internal customs stations (Graphs 10

---

[14]Since the dividing line between the Viceroyalty of Peru and the Viceroyalty of La Plata passed through present-day Bolivia, this essay will leave Bolivia aside in terms of which viceroyalty it left.

[15]O'Gorman, *Historia de las divisiones*, 65–74; *Memorias de Hacienda*, for the years 1824–1834.

and 11). For example, Treasury Minister José Ignacio Esteva described the new customshouse established in Mazatlán in 1824: "There was one Custom House officer at this port and he was blind. In January 1825, the Port was composed of two huts of mud and four of straw; now (1827) a Commissary's Office has been established here and the number of houses exceeds 200."[16] He had good reason to be thrilled; the tariffs collected in Mazatlán in just that year totaled $289,926.[17]

Nevertheless, despite the high amounts flowing in from the customshouses in the former Provincias Internas, treasury administrators never managed to achieve any sort of consistent record keeping with regard to the northern states and territories during all of the years of the first federal period. The gunpowder factory in Santa Fe, New Mexico, would appear in reports in one year only to vanish for the next five. The treasury of the state of San Luis Potosí would be responsible for several other states and territories only for expenses, and then never with any predictability. In some years the Californias would be registered separately while in others they were lumped in with other areas or disappeared altogether, despite the fact that the port of Monterey was thriving.

These inconsistencies reflect several important trends growing steadily more apparent as the years went on. First, Mexico City was having great difficulty in maintaining regular personnel and enforcing policy in its northern regional treasuries, or *comisarías*. This is understandable in a new republic whose officials were used to a different system or were quite new to their tasks. These glitches were easily overcome in the beginning by the influx of revenue derived from the foreign loans of 1824 and 1825 and from the development of a steady and profitable trade at the northern ports.

The increases in trade both at the ports and at customs stations inland also reflected important geopolitical shifts. Although the threats from the English, French, and even the Russians in California had gradually subsided, citizens of the United States began to find profitable markets in the Provincias Internas. Some, such as Zebulon Pike, had launched a movement from St. Louis, Missouri, down to Santa Fe as early as 1806–1807, supposedly inaugurating the Santa Fe Trail, which became well traveled in the 1820s and 1830s. Although Mexican authorities put up token resistance, the new traders offered such a welcome source of needed goods that they often left Mexican territories with huge profits, attracting similar merchants there as well. In other areas, the threats were even more overt, as when the Mexican government permitted immigrants from the United States to settle in Texas, a miscalculation that soon led to their arrival in overwhelming

---

[16]*British and Foreign State Papers* (London, 1846), XIV, 865, as quoted by John E. Baur, "The Evolution of a Mexican Trade Policy, 1821–1828," *The Americas* 19 (1963): 234.

[17]*Memoria de Hacienda*, 1828, charts 4–6.

numbers. Rather than putting up strong resistance to outsiders as the Spanish had done, the Mexican government either turned a blind eye or encouraged encroachment in the name of colonization. These shifts unraveled the bonds that had been so carefully tied since the 1760s between *el norte grande* and *el norte chico*.[18]

Other events exacerbated an already dangerous situation. At the same time that traders from the United States appeared, the fortunes of central Mexico, both literally and figuratively, went into a sharp decline. In 1825 a financial crisis in Britain provoked a serious economic collapse in Europe, and trade with Mexico slumped dramatically. As a result of this and other factors the Mexicans defaulted on their loan payments in August 1827.[19] Although the northern ports seemed little affected by the crisis, revenues from Veracruz dropped substantially. That port would suffer yet another disaster with the Spanish invasion of 1829. Consequently, national expenditures earmarked specifically for the former Provincias Internas fell in 1828–1829 by 1.5 million pesos.[20]

The treasury reports for that year and the next are the last that include detailed analyses of how the national government spent its funds. They also are the last that contain lists of payments due, which mostly consist of amounts owed to troops waiting for their salaries. After the installation of the Bustamante-Alamán government in December 1829, the treasury reports for 1830–1831 and 1831–1832 would present no such embarrassing reminders of fiscal insolvency. In fact, the amount spent for the Provincias Internas in 1829–1830 seems quite in keeping with the years before the 1828–1829 disaster—$2,155,404 (1830) versus $2,134,387 (1828)—but that was no doubt due to the Bustamante administration's hefty internal borrowing in the first six months of 1830.[21]

When in 1833 the anticlerical government of Vice President Valentín Gómez Farías tried to fill the national treasury by forcing the Church to divest itself of all nonessential property and taxing its sale, revolts broke out throughout Mexico. Santa Fe pronounced in favor of centralism in the hope that a new governmental system would bring new revenue with which

[18]The best book on this subject is still David J. Weber, *The Mexican Frontier, 1821–1846: The American Southwest under Mexico* (Albuquerque: University of New Mexico Press, 1982).

[19]For more on this see Jaime E. Rodríguez O., *The Emergence of Spanish America: Vicente Rocafuerte and Spanish Americanism, 1808–1832* (Berkeley: University of California Press, 1975), 120–124; and Carlos Marichal, *A Century of Debt Crises in Latin America from Independence to the Great Depression, 1820–1930* (Princeton: Princeton University Press, 1989), chap. 2.

[20]See *Memorias de Hacienda*, 1827–1828, 1828–1829, 1829–1830.

[21]For more on this see Barbara A. Tenenbaum, *The Politics of Penury: Debts and Taxes in Mexico, 1821–1856* (Albuquerque: University of New Mexico Press, 1986), 33.

to fight against Indian raids and help the treasury.[22] But once the centralist system was in place, Texas took advantage of the opportunity and successfully rebelled against the administration of Antonio López de Santa Anna.

Following the defeat in Texas, the Mexican government under President Anastasio Bustamante reorganized the national treasury system. Rather than creating a greater centralization of disbursements, it decentralized the structure instead.[23] Although the Constitution of 1836 (Las Siete Leyes) eliminated the *contingente*, or state contribution to the national government, under the new system the former states, now called departments, were ordered to use half their revenues to pay for army units either stationed within their borders or in other areas. The 1837–1838 records for departmental disbursements for Sonora and Sinaloa showed how little had changed since colonial times. According to the report for Sonora, which provides sufficient detail only from July 1, 1837, to June 30, 1838, that department paid subsidies to presidial troops at Altar, Bavispe, Bacoachí, Buenavista, Pitic, Santa Cruz, Tubac, and Tucson among others. Sinaloa, for its part, made contributions to presidial troops in Altar, Culiacán, Monterey, Rosario, and San Diego.[24] Although treasury reports are extremely vague on the matter, it would appear as though these two frontier departments and the Provincias Internas in general could expect very little help from the national treasury in Mexico City during the centralist years. At first, pressing financial difficulties in the capital were exacerbated by the French invasion of Veracruz; however, although during the years from 1838 to 1846 the national treasury reported substantially higher revenue collections, expenses too had increased substantially.[25]

The Unmaking of a Fait Accompli

Although, as Graph 9 shows, by 1844 the former Provincias Internas, as a unit, was the third largest producer of revenues for the national treasury, the relationship between the national government and both *el norte chico*

[22]For more on this see Martín González de la Vara, "La política del federalismo en Nuevo México, 1821–1836," *Historia Mexicana* 36, no. 1 (July-September 1986): 49–80.

[23]For more on this see Barbara A. Tenenbaum, "The Chicken and Egg in Mexican History: The Army and State Finances, 1821–1845," in *Five Centuries of Mexican History/México en el medio milenio*, ed. Virginia Guedea and Jaime E. Rodríguez O. (Mexico and Irvine: Instituto de Investigaciones Dr. José María Luis Mora and University of California, Irvine, in press).

[24]Archivo General de la Nación, Mexico, Tribunal de Cuentas, vol. 74, ff. 202–205, 206–211, 213.

[25]See Tenenbaum, *The Politics of Penury*, chap. 2.

and *el norte grande* had deteriorated greatly since 1800. The bonds—economic, financial, and military—that had held the two northern regions to the center had frayed almost to the breaking point. However, unlike the situation in 1821 when *el norte chico* and *el norte grande* felt loyal to Mexico and besides were too weak to survive on their own, by 1846 the powerful expansion of the United States presented those living on the frontier with what might have seemed a reasonable alternative. Texas, already overwhelmingly populated by U.S. citizens, led the way: it tried existing as an independent republic. That solution lasted only a short while, until the immigrant majority succeeded in having its country become part of the United States. The Texas example, although it was clearly different from that of New Mexico or California, nevertheless threatened the status quo in those peripheral areas as well.

Given both its history since 1776 and its location, the Provincias Internas developed very differently from the rest of the Mexican nation. Even though that administrative unit was not separate from central Mexico juridically, its economic, military, and political ties made it part of a whole whose connections with the capital after 1821 were often sporadic. The ties that remained, particularly economic, were more often to *el norte chico* than to central Mexico. Therefore, in a very real sense, the encroachment of the United States in *el norte grande* threatened not the Mexican republic at large but *el norte chico*. In effect, thanks to the weakness in the center leading to Mexico's defeat in the war with the United States, Chihuahua lost New Mexico. Following the 1846 war, *el norte chico* suffered a period of readjustment. Trade links with the territory now belonging to the United States continued, but in the absence of official governmental ties they were subject to increased pressure. Merchants from towns near the new border (itself yet to be firmly established) paid gunmen to stir up trouble in Mexico by revolting in favor of a free-trade zone in the area.[26]

The Apaches stepped up their raids into Mexico, although the United States under the terms of the Treaty of Guadalupe Hidalgo (1848) was supposed to keep marauding Indians on its side of the border. Instead, local citizens and fort commanders in the United States made deals with the Indians permitting them free rein in Mexico in exchange for peace in the northern republic. The government of José Joaquín de Herrera established military colonies to take care of the situation, and by 1849 one thousand soldiers complete with staff appeared in Tamaulipas and Coahuila, Chihuahua, and Sonora and Baja California. Although by 1851 one half of the planned colonies were in place and others were in the process of forming, large areas still lay exposed and defenseless.

[26]R. H. Mason, *Pictures of Life in Mexico* (London: Smith, Elder, and Company, 1851), 218; *El Siglo XIX*, October 28, 1851.

However, the threat from the United States and foreign filibusterers still remained. Many people left Sonora, some seeking gold in California, some just seeking safety elsewhere. Those who stayed, convinced that, as their chronicler Stuart Voss laments, "Mexico City did not truly seem to care," must have believed the article in the *New York Herald* which they read reprinted in *La Voz del Pueblo*, the official state newspaper. It said that "an agent of the Mexican government" had confided that politicians in Mexico City were considering selling Sonora, Chihuahua, and Baja California in order to get money for the treasury and because they could not protect those areas from Indian raids.[27]

Except for the slice of land sold in La Mesilla (the 1854 Gadsden Purchase), *el norte chico* remained part of Mexico. But it continued to have less of a voice in Mexico City than it believed it deserved. For example, even as Richard Sinkin noted the wide diversity of the thirty-five delegates to the Constitutional Convention of 1857 whose origins can be identified— with the conspicuous exception of Ignacio Zaragoza, who was born in Texas—none of the rest of these notables came from anywhere north of Saltillo, although those areas were, of course, represented.[28] *El norte chico* was finally fully incorporated into the Mexican political structure during the Porfiriato, which created the long-sought free-trade zone. Railroads were built connecting the northern border to the center of Mexico as well as to important terminuses in the United States. New investment fostered growth, particularly in Sonora and Chihuahua, which in turn led to their rebellion in 1910, victory in 1917, and the establishment of the notable "Sonoran dynasty" in the 1920s and 1930s.

Conclusion

This essay has shown that the residents of the Provincias Internas demonstrated substantial loyalty to the nation during the period from 1776 to 1846 by consistently making large payments to the viceregal and republican treasuries and by spending their own funds within the region to defray expenses rightfully belonging to Mexico City. Far from being a drain on the imperial or national coffers, as was generally supposed at the time,

[27]Stuart F. Voss, *On the Periphery of Nineteenth-Century Mexico: Sonora and Sinaloa, 1810–1877* (Tucson: University of Arizona Press, 1982), 109– 116.

[28]Richard N. Sinkin, *The Mexican Reforma, 1855–1876: A Study of Liberal Nation-Building* (Austin: Institute of Latin American Studies, University of Texas Press, 1979), 37–38. It is possible that Sinkin was unable to discover biographical information about the delegates from the north.

the figures show that the *norteños* actually provided more succor than their counterparts in most other areas.

These conclusions give rise to a host of new questions for historians to investigate. Scholars on both sides of the border need to look at the relationship between Mexico City and the Provincias Internas not as a fait accompli but as one in which the north chose to participate. Disagreement and even hostility with Mexico City or the national government did not mean that *norteños* lacked a sense of patriotism or of nationality. It is now time for a thorough examination of how such loyalty evolved. Until then, any discussion of the full development of the Mexican political system from the Bourbon reforms until the present will remain incomplete.

Graph 1

Situado Payments vs. Revenues
1780–1810

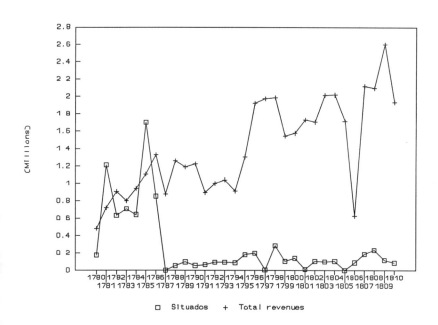

□ Situados   + Total revenues

Source: TePaske and Klein, *Ingresos y egresos de la Real Hacienda de Nueva España*, 2: 158–210 and passim

Graph 2

Revenues vs. Military Costs
Los Alamos, Rosario, Cosala, 1780–1810

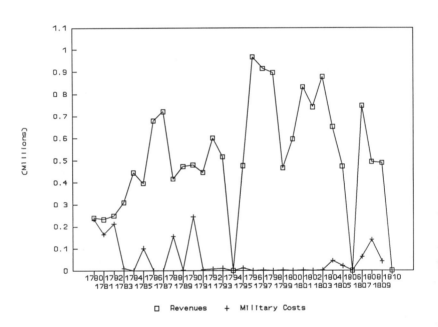

Source: TePaske and Klein, *Ingresos y egresos de la Real Hacienda de Nueva España*, 2:5–27

Graph 3

Revenues vs. Military Costs
Arispe, 1781–1809

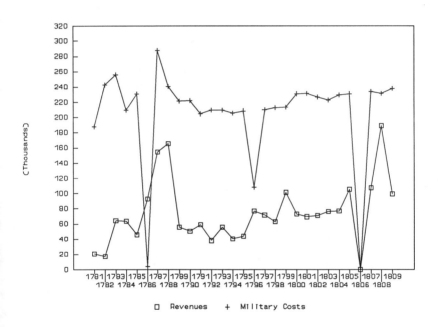

Source: TePaske and Klein, *Ingresos y egresos de la Real Hacienda de Nueva España*, 1:1–15

Graph 4

Revenues vs. Military Costs
Chihuahua, 1785–1790, 1797–1810

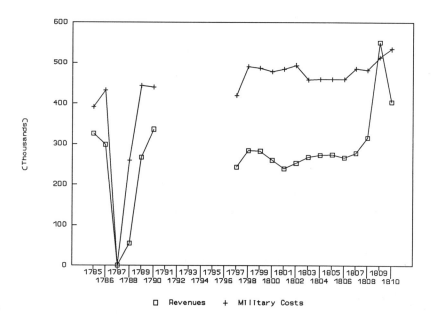

Source: TePaske and Klein, *Ingresos y egresos de la Real Hacienda de Nueva
España*, 1:1–15

Graph 5

Revenues vs. Military Costs
Durango, 1780–1810

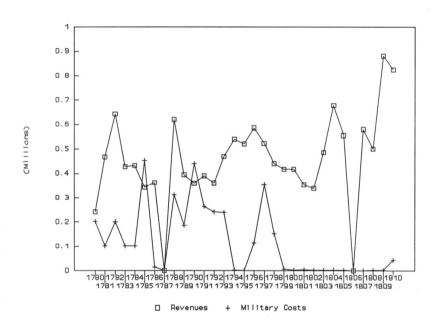

Source: TePaske and Klein, *Ingresos y egresos de la Real Hacienda de Nueva España*, 1:51–74

Graph 6

Revenues vs. Military Costs
Saltillo, 1794–1810

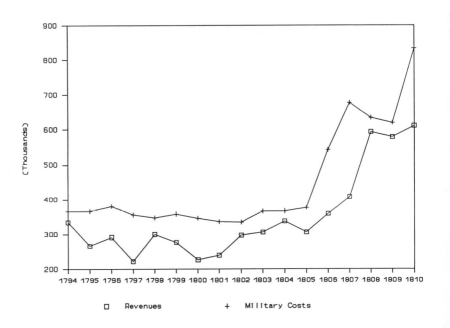

Source: TePaske and Klein, *Ingresos y egresos de la Real Hacienda de Nueva España*, 2:1–10

Graph 7

Revenues vs. Military Costs
Provincias Internas, 1780–1810

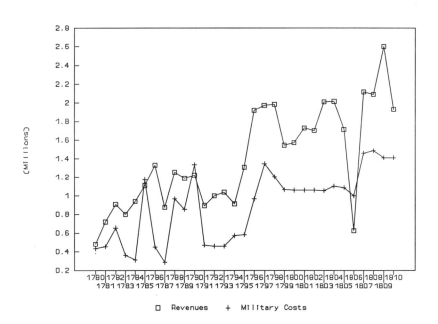

□ Revenues + Military Costs

Source: TePaske and Klein, *Ingresos y egresos de la Real Hacienda de Nueva España*, vols. 1 & 2

Graph 8

Revenues in New Spain, 1800

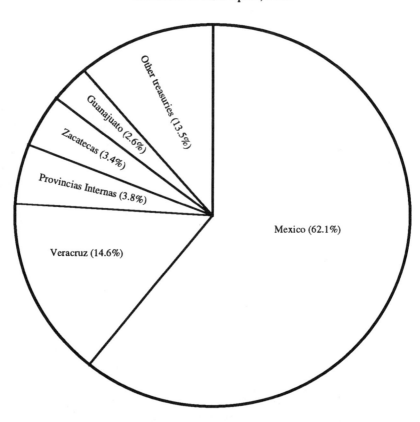

Other treasuries (13.5%)

Guanajuato (2.6%)

Zacatecas (3.4%)

Provincias Internas (3.8%)

Mexico (62.1%)

Veracruz (14.6%)

Source: TePaske and Klein, *Ingresos y egresos de la Real Hacienda de Nueva España*, vols. 1 & 2

Graph 9

Revenues in Mexico, 1844

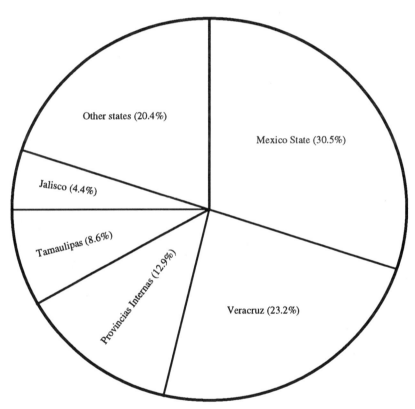

Source: *Memoria de Hacienda*, 1845

Graph 10

Revenues to National Treasury from
Former Provincias Internas, 1825–1834

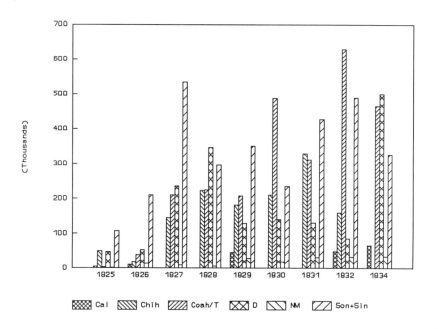

Source: *Memoria de Hacienda*, 1825, 1826, 1827, 1828, 1829, 1830, 1831,
1832, 1834

Graph 11

Revenues to National Treasury from
Former Provincias Internas, 1836–1844

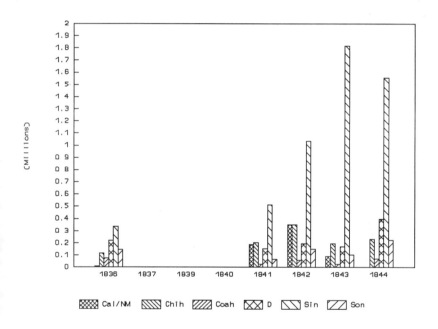

Source: *Memoria de Hacienda*, 1838, 1842, 1843, 1844, 1845

Federación y estados: Espacios políticos y relaciones de poder en México (siglo XIX)

Elisabetta Bertola, Marcello Carmagnani, y Paolo Riguzzi

LA PERIODIZACION TRADICIONALMENTE ACEPTADA divide la entera parábola del estado liberal en cuatro períodos: la Reforma (1855–1861), el segundo imperio (1861–1867), la república restaurada (1867–1876), y, finalmente, el porfiriato (1876–1910). Esta periodización describe bastante mal la evolución del estado liberal mexicano ya que, esencialmente, tiende a ver solamente dos momentos liberales, el de la Reforma, caracterizado por un proyecto liberal que encuentra su momento culminante en el Congreso Constituyente (1857), y aquel de la república restaurada, caracterizado por una primera realización del proyecto liberal. El porfiriato y, con mayor razón, el segundo imperio de Maximiliano son al contrario, la negación del liberalismo con el resultado que el liberalismo mexicano habría tenido una duración inferior a los tres lustros.

Viejos y nuevos actores y nuevas prácticas políticas

Si se reflexiona sobre el juicio historiográfico implícito en la periodización tradicional nos damos cuenta que tiende a interpretar el liberalismo como una manifestación del espíritu universal, caracterizado por una triple negación: de la herencia española, de la herencia india y del catolicismo, más bien que como una interacción entre influjos ideológicos externos y peculiaridad nacional.

Si la interacción fundamental acontece entre ideología externa y realidad nacional, el liberalismo mexicano, como todos los liberalismos, no se presenta ahora como un programa estructurado sino más bien como un conjunto de proyectos políticos, sociales, económicos, y culturales formulados paralelamente pero realizados según las exigencias del contexto histórico. En efecto, mientras las dimensiones políticas y militares tienen un predominio casi total en el período 1855–1876, las dimensiones institucionales, sociales, y económicas parecen al contrario, dominar en el período sucesivo, o sea entre el 1876 y el 1910.

Esta rápida descripción, sin embargo, nos proporciona bien la idea de esto que integra el arco temporal liberal completo, y que ha sido definido como un liberalismo constitucional, caracterizado por la tensión entre la limitación constitucional del poder y los dictados de un estado reformista fuerte. Esta tensión esencial recorre toda la segunda mitad del siglo diecinueve pero tendería progresivamente hacia un reforzamiento del polo estatal, minimizando en consecuencia, el peso del polo de la limitación constitucional del poder, esto es de la libertad. En este sentido el mayor peso de las dimensiones reformistas institucionales y económicas, después del año 1876, reforzarían la idea, presente en todos los análisis históricos, de la liquidación del liberalismo en el curso de las numerosas presidencias de Porfirio Díaz.

Una revisión de la era liberal que recupere, por una parte, las interacciones que activan y dan continuidad al liberalismo y, por la otra, describan la evolución de su tensión esencial, debe tener en cuenta la constitución real de México en los años de la década de 1850, entendida como las relaciones reales de poder capaces de activar el proceso liberal pero también capaces de contrastarlo o de retardarlo. Si se parte de esa constitución, se puede decir que el proceso liberal no nace de la oposición a un proceso no liberal, conservador, sino que es sobre todo una alternativa a la crisis del *ancien régime* que, iniciada al final del siglo dieciocho, habría terminado alejando de las ideas monárquicas no sólo una parte de los "notables", sino que también habría resquebrajado progresivamente el viejo orden jerárquico informal colonial que había sido recién tocado por la independencia de España (1821). Dicho en otras palabras, en los años de la década de 1850 el liberalismo aparecía a un sector de los notables mexicanos como la posibilidad de dar vida a un nuevo orden capaz de garantizar y reimpulsar su centralidad política para evitar la agudización de la conflictividad interna y del expansionismo norteamericano que podrían disolver las lealtades personales o regionales existentes en el espacio geohistórico mexicano.

La búsqueda de una nueva centralidad a partir de la construcción de un nuevo orden, que no negase totalmente la matriz hispánica, favorece también la adhesión al liberalismo de los componentes de los notables moderados que se reconocían en los principios republicanos negados en los años de la década de 1860 por la intervención francesa. De este modo en estos años el liberalismo es visto como el remedio extremo de las desgracias nacionales no sólo porque era lo mejor que proponía el contexto ideológico internacional e interno sino también porque ofrecía a las clases dominantes la posibilidad de encontrar en su interior aquella colaboración política y cultural que debería existir entre personas que tenían intereses sociales y económicos comunes. Este proceso de colaboración fuertemente condicionado por la crisis del viejo orden terminará dando al liberalismo mexicano la característica de ser no sólo un liberalismo constitucional sino también, y sobre todo, "notabiliario".

A imagen y semejanza de otros liberalismos moderados, el mexicano toma, sin embargo, distancia del conservadurismo ya que niega que los principios organizadores de la sociedad y de la política deban ser jerárquicos y tiende a reformar la sociedad y refundar la política. Se trata por este motivo, de un liberalismo moderado que es también y sobre todo reformador ya que tiende a reconocer los actores sociales anteriormente excluidos y a transformarlos en actores políticos. Refiriéndose al pacto social y al jusnaturalismo, los liberales establecen, a diferencia de cuanto había ocurrido en la primera mitad del siglo diecinueve, una total identidad entre nacionalidad y ciudadanía, introduciendo el sufragio universal. De este modo se extienden los derechos políticos a los estratos intermedios que habían proporcionado una contribución relevante a la lucha contra la invasión norteamericana, primero, y la francesa, después.

La extensión de los derechos políticos a los estratos intermedios transformó una serie de nuevos actores sociales y más precisamente a los comerciantes, a los mineros, a los maestros, a los ganaderos, a los profesionales, en actores políticos, integrando en consecuencia en la nueva sociedad política a todos los estratos que se habían formado, especialmente en las áreas centro-septentrionales del país, como consecuencia de la reorganización productiva y comercial ocurrida por efecto del estancamiento de la economía internacional en el período comprendido entre el 1815 y el 1840.

El liberalismo profundiza por este motivo, sus raíces en dos cuerpos sociales, los notables y los estratos intermedios. Para los primeros se trataba de no perder el liderazgo, para los segundos de obtener el reconocimiento de los derechos políticos. Para ambos se trataba de dar vida a un sistema de garantías que no estorbara su crecimiento social. Es quizá a partir del diverso apoyo que reciben de estos dos segmentos que se puede ver la lucha inicial entre liberales doctrinarios—"puros"—y liberales moderados.

La alianza de intereses entre notables y nuevos actores sociales es hecha posible por otro elemento en común: sus intereses son esencialmente locales o cuanto más regionales. La gran diferencia entre ambos, observable indirectamente por la casi total ausencia de estudios, viene dada por el diverso grado de arraigo social puesto que los notables son una creación del setecientos, y el estrato intermedio es, al contrario, mucho más reciente. Además mientras los notables logran ser al mismo tiempo un sector rural, en cuanto poseedores de haciendas, y un sector urbano, en cuanto comerciantes o profesionales, los sectores nuevos son urbanos (comerciantes, mineros, artesanos) o rurales (rancheros, pero también hacendados) pero nunca ambos. Es esta semejanza y diferencia entre notables y nuevos actores sociales que nos ayuda a comprender la importancia lograda en el curso de la primera mitad del siglo diecinueve por la dimensión local, reforzada no sólo por la reorganización económica sino también por la casi ausencia de un poder central digno de este nombre. Es esta fuerza de las autonomías locales la que mejor expresa la novedad ocurrida en el primer medio siglo, que se manifiesta en la multiplicación de municipios y de consejos municipales, contraponiéndose a la organización tradicional de los notables, caracterizada al contrario por la dominación política del campo a partir de las capitales provinciales.

El liberalismo resuelve la discordia entre autonomías municipales, deseadas por los nuevos actores sociales, y capitales provinciales, sede de los notables, identificando ambas como las organizaciones intermedias que, según el liberalismo moderado de Benjamin Constant—el pensador político seguramente más leído por los liberales mexicanos—deberían representar el polo de la libertad política. A las dos organizaciones, reconocidas como naturales, se debería atribuir una igual representación. De esta manera no sólo se alargaban los derechos políticos de los nuevos ciudadanos sino que además se les garantizaba una representación política a nivel local, regional, y federal.

Es a partir de esta nueva organización de la política deseada por el liberalismo, que se alcanza a comprender como fueron progresivamente elaboradas las nuevas prácticas políticas. La más novedosa, como ya habíamos tenido ocasión de mencionar, es aquella de la extensión del sufragio a todos los mexicanos de edad variable, según los estados del país y el estado civil, entre los dieciocho y los veinticinco años, los cuales votaban públicamente por un elector que a su vez debía elegir al gobernador y a los diputados regionales así como a los diputados federales, a los miembros de la Corte Suprema de Justicia y al presidente de la República. Al contrario las elecciones municipales acontecen eligiendo directamente al presidente y a los consejeros municipales.

Esta nueva práctica política terminaba no sólo con la transformación de los nuevos actores sociales en nuevos actores políticos, sino también con la ruptura del monopolio que hasta ahora los notables habían ejercido totalmente a través de la exclusión de los estratos nuevos de la vida política local y regional. Se establece así un empalme entre los sectores altos y los sectores bajos de la sociedad que terminaba no sólo con la ampliación de la base social del liberalismo sino también con la legitimación del nuevo estado liberal en formación.

El nuevo orden liberal transformó el poder informal y difuso presente en los pueblos, municipios ciudades secundarias y terciarias, dando vida a poderes institucionales que se traducían en jerarquías políticas reguladas a partir del intercambio exclusivamente político entre viejos actores—los notables—y los nuevos actores—los nuevos notables. El resultado final es la institucionalización de una pluralidad de poderes ninguno de los cuales está, sin embargo, en condición de dominar a los otros, de manera que la concordia se logra a través de alianzas, acuerdos, definidos una y otra vez y estipulados al interior de los notables, al interior de los nuevos actores políticos y entre notables y nuevos actores políticos en un contexto esencialmente regional. La importancia de este contexto es tal, por ser explícitamente reconocido por la Constitución subrayando que la soberanía "reside esencialmente y originalmente en el pueblo" el cual la ejercita delegándola a los "poderes de los estados para esto que concierne a su régimen interno". De este modo, se termina reconociendo que el intercambio político entre los actores encuentra como referente el orden interno de las regiones, de los estados, y en consecuencia que ello debe ocurrir por medio de las designaciones y elecciones de los municipios, de las asambleas regionales y del gobernador, utilizando al máximo para tales intercambios todos los recursos a su disposición (redes clientelares, lealtad de pueblos, confraternidades, logias masónicas, etc.) con excepción de la guerra.

Si bien el nuevo orden liberal fue capaz de equilibrar la tensión entre libertad y poder en el contexto regional, se demostró en esta primera fase, mucho menos capaz de reintegrar a las regiones—los estados—en la Federación. En efecto, a la fuerte expansión de las autonomías regionales en cuanto únicas depositarias de la soberanía popular se contrapone la creación de un poder central, federal, extremadamente débil, al cual son delegadas las funciones no pertenecientes al régimen interno de los estados, con el resultado, como se lee en la Constitución que sus facultades son exclusivamente aquellas "expresamente concedidas por esta Constitución a los funcionarios federales" mientras aquellas no expresamente concedidas "se intentan reservar a los Estados". El estado federal es por este motivo identificado no tanto como un estado, sino más bien como un conjunto de personas electas en cuanto representantes de los poderes regionales y de personas nominadas por el presidente—los secretarios de estado—que desarrollan funciones precisas. En último análisis, el poder federal en esta primera fase del liberalismo es el prolongamiento de los estados en un campo político neutral, abierto a todos los intereses regionales, en el que se desarrollarán vez por vez los intereses y los compromisos necesarios que harán posible la convivencia en el espacio mexicano de los diversos intereses regionales. A la Corte Suprema le es reconocido el derecho de garantizar la libertad de los individuos amenazados por los poderes, pero sobre todo, de garantizar la soberanía de los estados contra las posibles interferencias del poder federal.

Aunque el poder federal reúne las condiciones de un estado mínimo liberal, en México es un estado fuertemente condicionado, por no decir dominado por las representaciones de los estados, ya que las facultades concedidas al presidente son esencialmente aquellas de promulgar, y hacer ejecutar las leyes aprobadas por el Congreso, nominar y destituir a los secretarios de estado y a los agentes diplomáticos, nombrar pero con la aprobación del Congreso, a los oficiales superiores del ejército y de la marina, dirigir la política exterior, convocar el Congreso a sesiones extraordinarias pero con el consenso de la diputación permanente, es decir por una comisión permanente nombrada por el Congreso e integrada por un diputado por cada estado de la Federación.

El poder federal asume por este motivo la característica de un poder no autónomo, con funciones delegadas por los poderes regionales y vigilado por un Congreso nacional que está esencialmente integrado por representantes regionales. Estamos de este modo, en presencia de un poder central no sólo mínimo sino además, y esto constituye su peculiaridad en esta primera fase liberal, de un poder silencioso, o sea un poder reconocido sólo jurídicamente.

No es entonces casual que retomada la vida normal fuera convocado un plebiscito según el cual el presidente solicitaba la transformación del parlamento monocameral en bicameral, con la agregación del Senado, la introducción del veto suspensivo sobre las primeras decisiones del poder legislativo, la reducción del poder de la comisión permanente en la convocación de las sesiones extraordinarias del Parlamento, y, finalmente, la institucionalización de las relaciones entre el Ejecutivo y el Legislativo. Estas reformas, aprobadas en 1867 y transformadas en normas constitucionales en 1874, deberían dar eficacia política al poder federal por la vía de la agregación de tres nuevas facultades: la posibilidad de intervenir en las regiones, el derecho de iniciativa y de insistencia en la formación de las leyes, y el derecho de iniciativa en la convocación extraordinaria del Parlamento. En otras palabras, la reforma de 1874 hizo efectivo el poder federal y lo identificó más claramente con el presidente de la República, reduciendo así las tendencias parlamentarias presentes en la Constitución de 1857.

Si se recorre el proceso histórico de la primera fase liberal, se puede decir que el elemento desencadenante que hará triunfar al liberalismo es identificable en la disgregación ocurrida en el viejo orden jerárquico de origen colonial que favoreció la alianza a nivel local y regional de los viejos actores sociales y políticos, los cuales pretendían no perder el liderazgo político, y los nuevos actores sociales, que reivindicaban una mayor participación política. Esta alianza tiende progresivamente a hacer propia la idea de libertad política del liberalismo, dándole sin embargo, un contenido esencialmente local y regional, que permitirá la activación del intercambio político entre viejos y nuevos actores a través de la equiparación de las diversas bases de consenso de cada actor político. El liberalismo se convertirá a partir de este momento, en la década de los años 1860, en una fuerza expansiva capaz también de atraer a los notables de idea monárquica, liquidando de esta manera la discordia secular entre monarquía y república. Este contenido de libertad presente en la fase inicial del liberalismo es además observable en el espíritu anticorporativo que se traducirá en las leyes de reforma que abolirán la inmunidad eclesiástica y las "corporaciones" indias (1855–1856).

El contenido inicial de libertad arriesgaba sin embargo, con diferenciar demasiado a los estados que habrían terminado convirtiéndose en prisioneros de su propia autonomía, amenazando con destruir uno de los contenidos más significativos y populares del primer liberalismo: la defensa de la identidad mexicana de las amenazas externas, formada durante la lucha contra los norteamericanos y los franceses. Para evitar la disolución de la unidad nacional se creó, una vez reestablecida la paz, un poder central—federal—al cual también reconociéndole funciones mínimas le es asignado un papel de *primus inter pares*.

En términos más generales, encontramos entonces que en la fase inicial del liberalismo se constituye una nueva legitimidad fundada sobre un extendido sector de los notables, capaz de representar en términos no sólamente sociales a las diversas lealtades. Las elecciones en ocasión de la renovación de los poderes regionales y de los poderes federales, son la oportunidad de verificación pacífica de la coherencia de las nuevas prácticas políticas activadas por el naciente liberalismo.

Poderes y poder: El liberalismo triunfante

La imagen historiográfica tradicional ve el largo período de gobierno de Porfirio Díaz como la negación del liberalismo y la afirmación de un estado fuerte, dictatorial. En oposición a esta imagen tradicional se está afirmando otra que ve al porfiriato como el régimen de un caudillo liberal, unificador de los múltiples caudillos y caciques regionales, en grado entonces de integrar a la mayoría de los actores sociales con capacidad de desarrollar una actividad política en un complejo sistema de vínculos políticos. Se trataría entonces, de un régimen liberal capaz de desarrollar una acción centralizadora de los diversos poderes regionales y, en consecuencia, una forma anómala de liberalismo puesto que desarrolla exclusivamente uno de los polos de la tensión liberal, aquél del poder. El porfiriato no sería entonces sino una diversa continuación de una política de centralización, inaugurada por el presidente Sebastián Lerdo de Tejada (1872–1876), el cual había incrementado, como ya se mencionó en el párrafo precedente, el poder federal.

Tanto la interpretación tradicional como aquella más reciente, no dan ninguna importancia a la fuerte reacción anticentralista que se desarrolló en los primeros años de la década de 1870 y que se convirtió en el elemento fundamental para la victoria de Díaz, haciendo además posible su elección a la presidencia de la República (1877). De hecho, los puntos que justifican la insurrección eran ampliamente compartidos por todos los liberales anticentralistas: no reelección a la presidencia y reconocimiento de las autonomías municipales. Originados entonces, por una reacción anticentralista, los gobiernos de Díaz debieron desarrollar una estrategia diferente para reforzar la esfera federal, que no mellara mínimamente la esfera regional y sin incrementar, como estaba sucediendo entre 1872 y 1876, las funciones asignadas por la Constitución a la presidencia y que eran de naturaleza financiera y de naturaleza política. En este sentido, la gran innovación del primer porfiriato ha sido aquella de hacer posible una efectiva tensión entre el poder federal y la libertad de las regiones y de los municipios.

La otra gran innovación, valorizada por el porfiriato, está constituida por la nueva posición del conflicto entre liberales y conservadores en la sociedad mexicana. Este conflicto era interpretado como el eje sobre el cual se habían movido los acontecimientos mexicanos a lo largo del siglo diecinueve. Viajeros europeos, representantes diplomáticos, intelectuales y políticos mexicanos estaban de acuerdo en atribuirle una centralidad absoluta. Así el porfiriato pudo presentarse como la etapa de la extinción y de la definitiva superación del conflicto gracias al progreso material y al nuevo orden político.

En un proceso desarrollado entre mediados de la década de los años setenta y el decenio siguiente, el liberalismo mexicano fue impulsado a ser el instrumento orientado hacia la completa integración de las viejas facciones, ex-imperiales conservadores, católicos, liberales disidentes, dando vida a un escenario político que reunificó a todos los notables. Se configuraba así una interpretación sincrética del liberalismo, que, no encontrando más antagonistas, llevó a la creación de una ideología simbolizada en la definición de "desarrollo natural y espontáneo de la conciencia humana". No casualmente la cultura política del nuevo liberalismo provocó una escisión conceptual de la Constitución de 1857, vista ahora como fruto de una dimensión ortodoxa doctrinaria desvinculada de la constitución material del país, reformulando por lo tanto el papel político de la misma.

La nueva fase liberal tendía a reducir la fuerte conflictividad que había caracterizado la fase del liberalismo emergente, y a garantizar la paz interna y el progreso económico del país. El régimen liberal entre los años 1870 y

1890 está, por este motivo, dotado de una serie de características que lo configuran como un liberalismo triunfante. Porfirio Díaz, como otros exponentes de la segunda generación liberal, sabía que el consolidamiento del liberalismo dependía en buena medida de la capacidad de crear un poder federal real, portador de valores laicos, tendencialmente independiente de los poderes regionales y garante de la libertad conseguida en el decenio precedente. Para alcanzar estos objetivos claramente liberales, el estado federal debería dotarse, paralelamente, de los medios financieros necesarios que le permitieran desarrollar un mínimo de estructuras en el interior del territorio nacional y al mismo tiempo apoyar todas las iniciativas que favorecieran el empalme de los intereses regionales con los intereses de la federación.

La búsqueda de una base financiera federal se realizó respetando no sólo la amplia autonomía financiera de los estados sino también sin penalizar la expansión del comercio exterior con nuevos impuestos y las nuevas relaciones con los centros financieros externos. Procediendo de esta forma, el segundo liberalismo desarrolló el proyecto delineado esencialmente por el primer secretario de estado de hacienda de la República restaurada, Matías Romero, que preveía el incremento de las entradas y la reducción del gasto público en modo de igualar las balanzas del estado y utilizar los recursos federales para promover indirectamente el crecimiento económico. El diseño porfiriano logra concretarse puesto que entre 1876–1877 y 1892–1893 las entradas federales pasan de 17.2 a 38.6 millones de pesos debido no tanto al incremento de la participación de los derechos aduaneros que disminuyen, pasando del 69.6 al 54.8 por ciento sino más bien por el incremento de las entradas internas que a su vez pasan de 2.4 a 11 millones de pesos, es decir, duplican su participación en las entradas federales totales pasando del 14 al 28.6 por ciento.

El crecimiento de los recursos no es entonces el resultado de la expansión de las exportaciones y de las importaciones, sino también y sobretodo, de la capacidad del gobierno de administrar mejor los impuestos aduanales y las tasas indirectas internas. Significativa es en este sentido la racionalización típicamente liberal de las tasas internas sobre el consumo. Las mayores entradas federales fueron acompañadas por una disminución del gasto público con el resultado que este último disminuye su participación sobre el producto interno bruto del 11.2 por ciento al 8.9 por ciento entre 1877 y 1895. El gasto federal se orientó en un primer momento hacia el personal federal y en un segundo momento, a partir de 1885, hacia la amortización de la deuda pública. Si se observa con mayor atención el gasto federal para el personal se aprecia que aumenta de 12.5 millones de pesos (72.6 por ciento de las entradas totales) a 20 millones de pesos (48.7 por ciento de las entradas totales) entre 1877–1878 y 1892–1893 respectivamente, pero mientras el gasto para el personal militar permanece igual, 10 millones de pesos, aquél para el personal civil aumentó de 2.5 a 10 millones de pesos, es decir 300 por ciento, entre 1877 y 1892–1893.

A falta de estudios específicos concernientes a la estructura financiera del estado y de la burocracia federal, las escasas informaciones a nuestra disposición indican que la fuerza privilegiada del régimen no la constituían los militares sino la burocracia civil. Podemos así hablar de un proceso de desmilitarización de la sociedad que se manifiesta fundamentalmente a fines de los años de la década de 1880: reducción o estancamiento de los gastos militares, disminución de los efectivos, fraccionamiento de las zonas militares, marginación de los caudillos y en general un alejamiento del ejército de la escena política. La fidelidad al ejército fue asegurada a través de una gestión patrimonial de los gastos asignados a los comandantes militares que los administraban autónomamente. Viceversa la expansión de la burocracia amplió probablemente el consenso de los estratos medios urbanos hacia el régimen, en modo especial aquellos de la ciudad de México.

Se puede entonces pensar que la creación de una esfera financiera propia del estado federal constituye uno de los objetivos alcanzados no obstante los reducidos márgenes institucionales y la oposición de los intereses regionales. El estado federal logró así no disgustar a los militares, mejorar su imagen internacional regularizando la deuda pública y, finalmente, construirse una base de consenso social, representada por los estratos medios urbanos que vieron así recompensada su adhesión al liberalismo.

Creemos que es, sin embargo, un error pensar que gracias a su nueva fuerza económica el estado federal consiguió progresivamente eliminar las autonomías regionales. De actuar así, el estado federal habría entonces asumido aquella dimensión tiránica que ningún liberal, ni siquiera Díaz, quería que asumiera.

Por el lado de los estados se ejercitaba una dimensión de autonomía y de resistencia no despreciables, siendo indicios suficientes la oposición a un sistema federal de instrucción pública, así como la indisponibilidad a comunicar los datos de sus propios presupuestos a la federación, o acatar el mandato constitucional de la abolición de las alcabalas. En efecto, no se trataba de destruir la autonomía regional y la organización social no jerárquica que la fundamentaba, sino más bién de reportar hacia el centro, hacia la nación en construcción, las lealtades regionales, atribuyendo a esas últimas un valor igual a aquél atribuido a la lealtad hacia la patria, es decir hacia México.

La novedad debe ser al contrario, buscada en el hecho que en esta segunda fase coexisten y se intersectan, por primera vez en la historia de México, las dos dimensiones, sin dar origen, como en el pasado, a fuertes contrastes. La constitución de una esfera financiera propia de la Federación se realizó en estrecha vinculación con la creación de una esfera política real, propia del estado federal. De esta manera, como había ocurrido para la esfera financiera, ni siquiera aquella política debería convertirse en autónoma dado que habría sido considerada ilegítima toda vez que la Constitución establecía, como se ha dicho, que la soberanía era un atributo del pueblo que la depositaba en los estados.

La fase expansiva del liberalismo se apoyaba en una alianza entre los poderes regionales guiada por un potentado de la región de Oaxaca, Porfirio Díaz, con el objectivo de impedir, como había intentado hacer Lerdo de Tejada, la creación de una esfera autónoma federal. Esta alianza debería ser preservada aunque que el mismo Díaz se diera cuenta de la dificultad práctica de hacer coexistir la instancia federal con las instancias regionales a menos de recurrir a una práxis que sin afectar los principios constitucionales mostrara a los poderes regionales las ventajas de asignar al gobierno federal el papel de entidad superior, de garante de las autonomías regionales y, finalmente, de incentivador de los legítimos intereses económicos y sociales regionales.

La misma presidencia de la República está directamente comprometida en una intensa actividad de organización y promoción de las posibilidades económicas del país que se materializa poniendo en contacto a los gobernadores de los estados con los inversionistas extranjeros. Es una atenta obra de mediación de intereses para favorecer el aprovechamiento de los recursos naturales y humanos de los estados con el fin de que ninguno de ellos sea excluído de los beneficios de los cuantiosos negocios que interesan en estos años la vida económica de México. El mismo presidente por el cargo que desempeña y por el prestigio que lo acompaña se hace personalmente garante de este proyecto económico mientras su clase política es el agente.

El objetivo último no era por lo tanto, lo de transformar el viejo equilibrio sino más bien lo de reequilibrar las tensiones esenciales a través de una nueva y mejor articulación entre poder federal (presidencia y secretarios de estado), poderes regionales (gobernadores y asambleas regionales), y poderes locales (municipios), atribuyendo al parlamento (Cámara de Diputados y Senado) un nuevo papel, de intermediación. Hasta la década de los años 1890, y es oportuno afirmarlo, no se encuentran excepto en raras ocasiones, intervenciones federales directas en la esfera propia de los estados y más concretamente tentativas de control sobre los municipios y las autoridades regionales intermedias (jefes políticos) a la vez que se observa la afirmación de dos esferas independientes, la de los estados y la del estado federal. En última instancia, la expansión del liberalismo da efectividad al dictado de la Constitución de 1857.

Lo que la Constitución no preveía y dejaba en consecuencia a una libre regulación era la relación entre las dos esferas independientes y es justamente este proceso de regulación la obra estatal más significativa del porfiriato. Es muy probable que la idea de hacer efectivamente independientes a los estados y la federación sea el resultado del hecho que los caudillos regionales fueron los verdaderos protagonistas de la revuelta de Tuxtepec, debiendo en consecuencia Porfirio Díaz de confirmarlos en sus papeles y cargos. Esta reconfirmación de los caudillos como gobernadores es sin embargo, el resultado de un hecho nuevo: el intercambio político según el cual todos los gobernadores deben demostrar lealtad hacia el poder central y quien intente romper este vínculo debería enfrentarse a las facciones regionales opositoras que podrían gozar del apoyo del gobierno federal.

En uno de los mejores estudios disponibles, se tiende a ver a los poderes regionales como una realidad no conflictiva por el hecho que ellos se apoyan sobre redes clientelares comunicantes. De esta manera se termina subvaluando la adquisición más significativa del liberalismo inicial caracterizada por la activación de una pluralidad de actores políticos capaces, en consecuencia, de establecer las alianzas políticas consideradas oportunas no sólo para interior de las regiones sino también para su exterior, comprendida por lo tanto la eventual alianza con el poder federal. De esta manera se terminan escindiendo los intereses económicos y sociales de los intereses políticos dando lugar a facciones y a luchas de facciones que terminan con la exclusión de la lucha armada.

A diferencia del período precedente las luchas entre facciones al interior de las regiones entre los años 1870 y los años 1890 encuentran una mayor posibilidad de alianza con el poder federal a través del único verdadero representante del gobierno federal, el comandante militar, que es nombrado por el presidente. El comandante militar se transforma así, en cuanto brazo armado del Ejecutivo, en el árbitro de los conflictos locales con el resultado que muchos de ellos se convierten en gobernadores de los estados. Se puede decir que el empalme entre la esfera federal y la esfera de los estados tiende a regularse, caso por caso, a partir de las tensiones existentes en el interior de las regiones en las cuales el poder federal, representado informalmente por el comandante militar, interviene como mediador con el resultado que las regiones comienzan a empalmarse con el centro, con la federación.

Las tensiones en el interior de los estados son difícilmente describibles por la total ausencia de estudios específicos. Esto no obstante se puede pensar que algunas tensiones nacen por la no desaparecida rivalidad entre el poder de los notables tradicionales, que se organiza a partir de la ciudad, y el poder de los nuevos actores políticos, que se organiza a partir de los pueblos. Estos últimos tienden en estos veinte años a expandirse y a ser reconocidos como municipios para poder de esta manera dotarse de autoridades elegidas. Es significativo que las elecciones municipales, a diferencia de cuanto ocurre para las elecciones federales, no son indirectas sino más bien directas en todos los estados excepto para los estados de fuerte población india como Morelos, Puebla, Chiapas, y Tabasco. De este modo el poder local desea, así como le reconoce en el Plan de Tuxtepec, reforzar la propia autonomía y con ella la de los notables locales que no son necesariamente ni exclusivamente los latifundistas. En efecto hasta los años de la década de 1890 el poder de los gobernadores sobre las realidades locales es reducido, puesto que los jefes políticos locales son electos directamente en las regiones de Zacatecas, Sonora, Sinaloa, Chihuahua, y Puebla o indirectamente en los estados de Durango, Aguascalientes, Hidalgo, y Chiapas. En los otros estados son nominados por el gobernador.

El empalme entre la esfera federal y la esfera de los estados terminará con modificar la praxis de la designación de los gobernadores. Esta praxis no es claramente identificable ni a nivel temporal ni mucho menos a nivel nacional puesto que en la elección de los gobernadores los actores políticos son diversos, como diversos son los medios y los modos a través de los cuales la intervención del presidente se concretiza. Entre la pluralidad de acuerdos posibles encontramos aquél que parte del gobernador saliente que presenta la candidatura de su sucesor poniendo en juego su propio peso político. El apoyo del presidente se transforma así en la prueba del bienestar de la federación mientras el apoyo de Díaz es un factor decisivo para combatir contra candidaturas adversarias. En este caso el papel del Ejecutivo es más activo puesto que crea la movilización en torno al candidato apelando a las varias fuerzas del estado y, de manera particular, a las personas influyentes de los pueblos y de los municipios. Junto a estas dos formas nos encontramos con una tercera que involucra el poder central en cuanto promotor de un acuerdo de colaboración entre el gobernador saliente, el poder militar regional y los mayores notables del estado.

No nos parece posible afirmar que el mérito de Porfirio Díaz fuera el de liquidar a los poderes caudillistas regionales o que el porfiriato significara en muchas regiones la sustitución de viejos caudillos por nuevos. Ambas interpretaciones tienden a ver el poder regional como un poder exclusivamente clientelar y tendenciosamente centralizado en la capital regional, mientras que nos parece estar en presencia de realidades caracterizadas por poderes muy difusos. De aquí se deriva que el mérito del liberalismo triunfante fue el de establecer, apoyándose sobre luchas faccionales en el interior de las regiones, una relación más articulada entre estado federal y estados, haciendo, en consecuencia, ambos poderes permeables a las exigencias federales y regionales. Esta separación y permeabilidad entre los dos poderes parte del mutuo reconocimiento que la legitimidad de ambas se apoya sobre el mismo principio, aquél de estar ratificados por el consenso electoral que lejos de ser democrático como hoy lo entendemos, garantiza la división entre sociedad y sociedad política que asegurará la paz liberal mexicana.

La articulación entre la esfera federal y la regional no se agota a nivel de un acuerdo definido vez por vez entre la federación y los estados en los cuales la presidencia de la República desempeña el papel de mediadora y de promotora. Es a partir de este acuerdo que se delinea otro representado por el parlamento. En la fase del liberalismo emergente el parlamento, creado como unicameral, era concebido como la representación de los diversos poderes de los estados y, en consecuencia, debería servir para frenar la eventual expansión del poder federal. Esta situación tiende progresivamente a modificarse como consecuencia de la articulación que en paralelo ocurre entre gobernadores y presidente y que se configura como una interacción de desencuentro tendencial entre la federación y los estados en el momento de la designación de los candidatos. Esta interacción está caracterizada por la tendencia de los gobernadores a contrariar las directivas del poder central y de obtener en cambio, una contrapartida que los retribuya por la aceptación de los candidatos propuestos por el presidente. La obra de vigilancia es desarrollada por el comandante militar subrayando así la existencia de una función de mediación política de los militares. Lentamente toma forma una praxis, que se consolidará a partir de los años de la década de 1890, según la cual al gobernador que acepta las indicaciones del presidente se le reconoce el derecho al nombramiento de sus sustitutos o viceversa. Esta designación de los sustitutos es particularmente importante porque ellos tienen fuertes probabilidades de ser efectivos. La praxis es entonces aquélla señalada por un gobernador a Díaz según la cual se "favorezcan los candidatos que deseamos aquí de acuerdo con las indicaciones de allá".

De la relación entre Federación y estados a nivel parlamentario tiende progresivamente a delinearse una nueva realidad: los miembros del congreso también representando a los estados deben gozar del agrado presidencial favoreciendo así una praxis según la cual el congreso es el campo en donde ocurren las mediaciones entre los intereses regionales y los intereses de la Federación.

Conviene agregar que durante el porfiriato parece ampliarse la práctica de reservar puestos parlamentarios a un grupo de dignatarios federales independientemente de la representación regional. Los portavoces de los intereses de la federación son los secretarios de estado, representantes de la realidad social y económica de la capital: su mismo *cursum honorum* lo demuestra integrado como es por cargos estrechamente vinculados al poder federal y desarrollados en la capital en estrecho contacto con el presidente.

Si se reflexiona sobre las nuevas características del estado liberal que se desarrollan inmeditamente después de las transformaciones ocurridas entre los años 1870 y los años 1890 nos damos cuenta que la función racionalizadora y de conexión entre la esfera federal y las esferas regionales desarrollada por las prácticas políticas liberales tenía como centro la preservación e intangibilidad incluso simbólica de los ritmos de crecimiento económico y de progreso material de las cuales debían beneficiar todos o la mayor parte de los intereses notabiliares regionales. Así, si el conflicto político amenazaba con interferir los ritmos económicos, se afirmaba entonces la legitimidad de la intervención federal.

De este modo se garantizaba la permanencia de la tensión federación-estados que los liberales veían como la tensión esencial para garantizar la libertad y al mismo tiempo hacían complementaria la dualidad federación-estados garantizando así la idea que la nación es una sola. Indudablemente es en la esfera federal, transformada en un poder real, dotada de una propria esfera financiera y de una propria esfera política, que encontramos la mayor novedad de este período. Esto no obstante la esfera federal no logró ser autónoma puesto que su independencia y sobrevivencia dependían exclusivamente de su capacidad de compromiso, de mediación y de acuerdo informal con la esfera de los estados.

El liberalismo inerte

El equilibrio alcanzado en el período del liberalismo triunfante apagaba las exigencias sociales, económicas, y políticas tanto de los sectores tradicionales cuanto de los sectores emergentes de las regiones, de las áreas urbanas y de las áreas rurales puesto que permitía a los primeros de no abandonar su liderazgo y a los segundos ver reconocido su papel de actores políticos y de ascender meritocráticamente en la escala de los notables. Un buen ejemplo de esta nueva realidad es observable en el parlamento federal donde encontramos uno junto a otro a personalidades locales electas en sus estados, personalidades pertenecientes a los grandes grupos económicos, dignatarios federales para los cuales la curul constituye un complemento de su *status*, personalidades ilustres amigas o cercanas del presidente, y, no en último lugar, a exponentes del mundo de la cultura. En último ánalisis el equilibrio alcanzado es de tipo notabiliario y el parlamento en este sentido representa el honor, el prestigio, y la riqueza presentes en la sociedad mexicana. Este equilibrio era, sin embargo, por el hecho de no referir a prácticas institucionales, un equilibrio inestable pero abierto, suceptible por este motivo de ser puesto en discusión: ya sea por el poder federal, ya sea por los poderes regionales, puesto que ambos tenían sus propias raíces en la misma cultura política, aquélla liberal que se define como una cultura abierta no sólo a los nuevos actores sociales, que reivindicaban un mayor papel político, sino también a los otros que, refiriéndose a una matriz cultural ya no diferente, aquella católica, ven al nuevo orden liberal como una amenaza sino como una garantía.

Numerosos son los indicadores que nos dicen, a falta de estudios profundos, que el equilibrio en los años de la década de 1890 es de naturaleza temporal. A nivel de la esfera financiera encontramos una nueva tensión entre federación y estados determinada por la necesidad, considerada improrrogable, de abolir las aduanas internas y de crear las premisas para un único mercado nacional, así como había sido proyectado por los reformadores liberales del 1857, mientras, a nivel de la esfera política, encontramos una nueva tensión entre federación y estados, provocada por las reformas de las constituciones regionales ocurridas entre el 1891 y el 1894. Es muy probable que estas nuevas tensiones sean condicionadas por el nuevo contexto expansivo de la economía atlántica que influencia, sin determinarlos, los nuevos aspectos de la segunda parte del porfiriato.

Si recorremos la evolución de la primera tensión, aquella financiera, vemos que ella surge por la necesidad, considerada fundamental por el poder federal, de liberar la circulación de las mercancías de los vínculos aduanales impuestos por los estados. La libre circulación no era, sin embargo, un hecho exclusivamente económico puesto que era visto por los poderes regionales, así como ocurrió durante la Constituyente y en el parlamento en los años de la década de 1870, como una restricción "a la soberanía natural de los estados". Para alcanzar este objetivo, el estado federal debe proponer un intercambio: reducir los impuestos federales sobre el consumo del tabaco, de los alcoholes, de los tejidos, y de algunos productos de lujo y de semilujo, a cambio de la abolición de los impuestos regionales. Para alcanzar este objetivo, se recurre a un mecanismo extraconstitucional, o sea convocar a una reunión de los gobernadores de los estados creando así el precedente que ciertas materias escapaban a la competencia no sólo del poder federal sino también del congreso. El intercambio sancionado en 1892 y ratificado por una reforma constitucional en 1896, se traduce en una reducción de la esfera financiera federal puesto que le es impedido desarrollar uno de los principios esenciales de la fiscalidad liberal, los impuestos internos sobre los consumos. De este modo terminaba bloqueándose el proceso hacia la autonomía financiera del estado que habría constituído la premisa para la evolución del liberalismo de los notables y para la reformulación del federalismo.

Un fenómeno de freno paralelo acontece a nivel de la esfera política. Las reformas de las constituciones regionales, ocurridas entre 1891 y 1894 y sobre las cuales no se dispone de ningún estudio, transformaron profundamente los poderes regionales puesto que en primer lugar, bloquearon la posibilidad de los pueblos de erigirse en municipios y, en segundo lugar, tranformaron los cargos de los presidentes municipales, anteriormente electivos, en cargos de nominación por los jefes políticos. Estos últimos, a su vez, tienden a ser exclusivamente nombrados por los gobernadores y a asumir progresivamente aquellas características de arbitrariedad que encontramos descritas en numerosos ensayos y libros del período posrevolucionario. Se asiste ahora a una notable reducción de los márgenes de autonomía local que habían permitido al liberalismo triunfante dar vida a una articulación entre el poder federal y los poderes regionales, jugando sobre las luchas entre facciones regionales. Es probable que esta reducción relevante del poder local sea el resultado de un proceso que ve a los gobernadores buscar la expansión de su poder al interior de la región no logrando expandirse más extraterritorialmente. De esta manera, el espacio de libertad de los potenciales nuevos actores políticos desarrollados por efecto del crecimiento económico y la difusión de la instrucción pública, se reducirá notablemente. Las consecuencias de estos procesos locales y regionales son en algún modo medibles en la consolidación de los notables, en su progresiva transformación en poderes oligárquicos, tendencialmente cerrados, y en la parcial revalorización de los grupos dominantes económicos y sociales a los cuales el liberalismo triunfante había abierto nuevos espacios de enriquecimiento y de dominio social.

Este reforzamiento de los poderes regionales es observable a nivel de los estados, en modo particular a nivel de los gobernadores, y a nivel de la relación entre poder federal y poderes regionales. Por lo que se refiere a los estados, se observa una fuerte tendencia de los gobernadores a ser exponentes de los mayores grupos dominantes y a transformarse paralelamente o en un segundo momento, en ministros o parlamentarios. No obstante la mayor ósmosis entre poder regional y poder federal, los notables regionales antes que adquirir una dimensión nacional, tienden al contrario a utilizar las posiciones asumidas en el poder federal para reforzarse y, más precisamente, para excluir a las otras facciones de notables más débiles de la gestión del poder regional. Es quizás a partir de este reforzamiento regional que se pueden entender los cambios que intervienen en la preexistente articulación entre federación y estados.

En efecto, a partir de los años de la década de 1890 se visualiza una sustancial modificación referida a las designaciones electorales que comienzan a partir de las bien precisas reglas que fueron recíprocamente aceptadas tanto por el poder federal como por los poderes regionales. Las reglas del compromiso se refieren al derecho concedido a los gobernadores de disponer de lugares de suplentes a su discreción, en cambio de su lealtad a las decisiones del poder federal relativas a los nombramientos de los titulares. En la práctica el sistema funciona a través del envío por parte de los gobernadores, a solicitud del presidente, de una lista completa de los senadores y diputados suplentes y de los magistrados. Una lista similar les viene restituída en tiempo apropiado para organizar las elecciones, con los nombramientos de aquellos que deben resultar electos; también son dejados algunos espacios vacíos, relativos a los lugares de los suplentes, que el gobernador podrá otorgar a quién desee.

Aparentemente el sistema articula, mejor de cuanto había ocurrido entre los años 1870 y los años 1890, los intereses regionales con los intereses federales pero en la práctica termina por crear una partida a tres, y más precisamente entre parlamentarios, capaces de actuar independientemente en modo tal de obtener directamente del presidente la designación; los gobernadores, que a través de la propuesta de los suplentes garantizan la lealtad de los notables y evitan que el recambio sea dominado por la presidencia; y finalmente, la presidencia, que ve disminuído el trabajo de instrucción precedentemente desarrollado en estrecha vinculación con el secretario de gobernación, y establece una norma que se cristalizará no recogiendo nunca ninguna solicitud por parte del poder regional para la designación de un parlamentario titular. Esta nueva norma se acompaña de otra, también esa no escrita, según la cual el poder federal deja la mayor libertad a los poderes regionales para realizar, como mejor lo consideren, la designación y las elecciones regionales.

Así como había ocurrido para la esfera fiscal también la esfera política termina precisando el área de competencia de cada poder con el resultado de que la federación y los estados terminan casi neutralizándose y por lo tanto sin evolucionar. Se está ahora en presencia de un equilibrio estable pero inmóvil que representando la máxima expresión del liberalismo notabiliar mexicano, termina por negar los principios contenidos en el programa original: respeto de las autonomías locales, libertad natural y estado mínimo. Estas características que habían dado fuerza al liberalismo son progresivamente menguadas en el curso de los años 1890 y 1900, configurando un liberalismo inerte en el cual, aún respetando la forma, se tiende siempre más a impedir que los nuevos actores sociales asuman plenamente sus derechos políticos.

Estamos, así, de frente a una incapacidad del liberalismo para continuar desarrollando una política expansiva a través de la incorporación de los nuevos actores políticos y privilegiando casi exclusivamente a los actores ya existentes. En este sentido, un elemento relevante para comprender la inercia del liberalismo, es la lucha entre las facciones internas del gobierno federal: entre éstas, la de los "científicos" y la "militarista" que no casualmente, comienza a delinearse en los años de la década de 1890. Ambas facciones tienen un elemento en común constituído por la necesidad de garantizar la persistencia del sistema independientemente de la persona de Porfirio Díaz. Para los científicos, liberales fuertemente influenciados por el positivismo, la idea de preservar las conquistas liberales emerge con relativa claridad ya en la Convención de 1892, mientras emerge con menor claridad en la fracción militarista que se organiza en torno a la persona del general Bernardo Reyes. Las dos facciones están bien representadas en el estado federal puesto que mientras la facción científica, guiada por Ives Limantour, secretario de hacienda, tiene un mayor control sobre la esfera financiera, económica, y administrativa, la militar tiene en cambio un mayor control sobre la esfera política y militar. Ambos grupos aprovechándose de su respectivo poder, intentan extenderse a nivel regional y hacerse presentes con mayor fuerza al finalizar el mandato presidencial; a partir de 1904 cuando es creado el cargo de vicepresidente, buscan imponer un candidato que, justamente dada la edad de Díaz, pudiera sustituirlo en el cargo.

Las luchas entre facciones, estudiadas hasta ahora sin recurrir al rico archivo, muy poco explorado, de Porfirio Díaz, y con un ojo sobre todo dirigido a la Revolución, terminaron paralizando la acción del poder federal y con transformarse en simples luchas de poder. Así la inercia que habíamos ilustrado a nivel regional y a nivel de la relación entre federación y estados termina en la intervención del poder federal con fuerza creciente, cortándole la iniciativa política que había tenido en el período precedente, favoreciendo en consecuencia el empuje de los poderes regionales y paralizando la expansión del cuerpo político.

Se termina así con el desarrollo de un nuevo sector de excluidos de la política, representados por personas dotadas de formación universitaria y media, comerciantes y agricultores ricos, maestros y miembros de los grupos excluidos del gobierno, es decir de actores sociales a los cuales el liberalismo había logrado dar voz en las fases precedentes. Lo que ligaba al conjunto de estas figuras sociales es una oposición genérica e indiferenciada a la "política de conciliación" seguida por el régimen liberal a partir de los años de la década de 1890, reforzadas a partir del 1904, como consecuencia del aumento de la conflictividad entre científicos y militaristas: o sea una oposición a las políticas de compromiso con los poderes regionales, al inmovilismo en materia de instrucción pública, a los convenios con la iglesia, y al abandono del laicismo. En otras palabras, se está en presencia de una oposición que reivindica los principios liberales, principios que ven ahora traicionados por el régimen, y que encuentran su primera voz en los clubes liberales, creados en 1900 y reprimidos en 1903, y que terminaron finalmente ingresando en las filas antireeleccionistas que bajo el liderazgo de Francisco I. Madero impedirían que Porfirio Díaz fuera reelecto por enésima vez.

Nota bibliográfica

Esta reflexión se ha beneficiado además de numerosos estudios de los cuales nos limitaremos a recordar los que nos han ofrecido un mayor número de elementos y, por lo tanto, no ofrecemos aquí una bibliografía extensa.

Benjamin, Thomas, and William McNellie, eds. *Other Mexicos: Essays on Mexican Regional History, 1876–1911*. Albuquerque: University of New Mexico Press, 1984.

Benjamin, Thomas, and M. Ocasio Melendez. "Organizing the Memory of Modern Mexico: Porfirian Historiography in Perspective, 1880s–1980s." *Hispanic American Historical Review* 64, no. 2 (May 1984): 323–364.

Bernstein, Harry. *Modern and Contemporary Latin America*. New York: Russell and Russell, 1965.

Bertola, Elisabetta. "Classi dirigenti e progetto político nel Messico porfirista, 1876–1911." Tesis doctoral, Università di Torino, 1986.

Carmagnani, Marcello. *El estado mexicano y las políticas de presupuesto, 1883–1910*. México: El Colegio de México, en prensa.

————."El liberalismo, los impuestos internos y el Estado federal mexicano, 1857–1911". *Historia Mexicana* 38, no. 3 (enero-marzo 1989): 471–498.

————."La libertad, el poder y el estado en la segunda mitad del siglo XIX". *Historias* 15 (1986): 55–70.

————."Territorialidad y federalismo en la formación del Estado mexicano". En *Problemas de la formación del Estado y de la Nación en Hispanoamérica*, editado por Inge Buisson, Günter Kahle, Hans-Joachim König y Horst Pietschmann, 289–304. Köln, Wien: Böhlau Verlag, 1984.

Coatsworth, John. "El autoritarismo moderno en México". *Foro Internacional* 16 (1975): 205–232.

Cosío Villegas, Daniel. *La Constitución de 1857 y sus críticos*. México: Secretaría de Educación Pública, 1973.

González Navarro, Moisés. "Tipología del liberalismo mexicano". *Historia Mexicana* 32, no. 2 (octubre-diciembre 1982): 198–225.

Guerra, François-Xavier. *Le Mexique: De l'Ancien Régime à la Révolution*. 2 vols. Paris: L'Harmattan, 1985.

Hale, Charles. *The Mexican Liberalism in the Age of Mora, 1821–1853*. New Haven: Yale University Press, 1968.

————.*The Transformation of Liberalism in Late Nineteenth-Century Mexico*. Princeton: Princeton University Press, 1988.

Knight, Alan. *The Mexican Revolution*. 2 vols. Cambridge, England: Cambridge University Press, 1988.

Paz, Octavio. *El laberinto de la soledad*. México: Fondo de Cultura Económica, 1976.

Perry, Laurens Ballard. *Juárez and Díaz: Machine Politics in Mexico*. DeKalb: Northern Illinois University Press, 1978.

Reyes Heroles, Jesús. *El liberalismo mexicano*. 3 vols. México: Fondo de Cultura Económica, 1957–1961.

Vanderwood, Paul. *Disorder and Progress: Bandits, Police, and Mexican Development*. Lincoln: University of Nebraska Press, 1981.

Poderes y razones de las jefaturas políticas: Coahuila en el primer siglo de vida independiente

Romana Falcón

DURANTE EL PRIMER SIGLO DE VIDA del México independiente, los jefes políticos fueron personajes centrales en la organización del poder. En ellos descansó buena parte de los intentos por ir haciendo de México una nación integrada y un Estado moderno, pero siempre dentro de una estructura autoritaria.

A pesar de su importancia en la conformación y encauzamiento de las fuerzas políticas y militares, son aún muchas las lagunas que existen en torno a estos personajes. Conocerlos y entenderlos es una tarea complicada debido a las grandes diferencias que en el tiempo hubo en cuanto a sus atribuciones formales y a su actuación real. Por ello, es necesario adoptar enfoques comparativos a fin de arrojar luz sobre las características y la complejidad de esta institución.

A partir de la Constitución liberal de Cádiz de 1812, que las creó, y hasta la Constitución revolucionaria de 1917 que las abolió de manera definitiva, no puede hablarse de un proceso general evolutivo de las jefaturas políticas, sino de varios procesos debido a la gran diversidad de formas locales de la institución. Para empezar, la misma institución asumió diversas denominaciones: "gefes de departamento", "gefes de partido", "gefes de policía de departamento", jefes políticos, y prefectos políticos, entre otros. Además, sus atribuciones eran distintas, incluso cuando llevaban el mismo nombre.

La complejidad y diversidad de esta institución resalta al analizar su actuación en torno a uno de los problemas centrales del primer siglo de vida independiente: los procesos de dispersión y concentración del mando político y militar. En ocasiones, los jefes políticos eran lo que originalmente se quiso que fueran: brazos del ejecutivo para meter en cintura a quienes en las regiones manifestaban demasiada independencia. En otros momentos, esos personajes fueron lo contrario: celosos representantes de las élites regionales y de los intereses de las comunidades, baluartes de la autonomía local frente a las redes de poder tejidas en las capitales estatales o del país, y que buscaban concentrar el mando.

Lo intrincado de las jefaturas políticas—y de hecho de todo el sistema político en este primer y difícil tramo de la construcción del país—también reside en que, para entenderlas, a su autoridad formal hay que añadirle otra, de corte más antiguo, tradicional, y personalista: las formas de legitimidad clientelística, de las que los jefes políticos eran, a la vez, esclavos y beneficiarios.

El objetivo de estas páginas es adentrarse en uno de los aspectos centrales de las jefaturas políticas: la evolución de su marco legal en una misma región. El escenario será Coahuila—originalmente el Estado Libre de Coahuila y Texas—y el método consistirá en hacer un recorrido sintético por las principales atribuciones marcadas en las constituciones, leyes, y decretos que supuestamente debieron regir la acción cotidiana de los jefes políticos coahuilenses desde la formación de esta entidad en 1824, hasta su última Constitución que viera la luz durante la etapa porfirista: la de 1882. Este sería su último marco legal, ya que once años más tarde las jefaturas fueron, en principio, abolidas. El estudio se iniciará con un aspecto que está íntimamente ligado a la cuestión legal: las principales razones que justificaron el surgimiento y permanencia de las jefaturas.

El aspecto principal en torno al cual gira este trabajo se refiere al grado de continuidad o rompimiento que experimentó esta institución política en un período tan convulsionado como el primer siglo de vida del México independiente. Aun cuando tradicionalmente el porfiriato se ha visto como el corruptor de los principios de la era liberal—apreciación certera en muchos aspectos—la historiografía del México moderno ha mostrado las profundas raíces que la dictadura de Porfirio Díaz tiene en épocas anteriores, particularmente a partir de aquellos momentos en que los liberales lograron imponerse definitivamente en todo el territorio nacional por la superioridad de sus armas. La generación de la Reforma, ya victoriosa sobre enemigos internos y externos, pudo ir dibujando y dando vida al proyecto de país que quería.

Viendo esta continuidad desde el ángulo de las leyes que enmarcaron a los jefes políticos, no sorprende que en muchos estados, las normas legales que rigieron durante el porfiriato hubiesen visto la luz en la lucha de Reforma y los años del juarismo. Tal fue el caso de Coahuila en 1874 y el Estado de México en 1868. A lo largo de la era dominada por Porfirio Díaz, pocos fueron los cambios que en sus atribuciones conocieran los jefes políticos de Coahuila y de otros puntos del país.

Sin embargo, a esta primera apreciación sobre el marco formal del jefe político porfirista hay que añadirle—por lo menos en el caso de Coahuila— mayores antecedentes históricos. Las raíces legales de la institución muestran una profunda continuidad desde la independencia hasta el ocaso de la era porfiriana. Efectivamente, y adoptando el patrón legado por los liberales que forjaron la Constitución de Cádiz, las jefaturas—como tantas otras instituciones e ideas políticas—quedaron consagradas en la primera Constitución del Estado Libre de Coahuila y Texas de marzo de 1827. Esta hacía de los "gefes de policía de departamento" y sus subalternos, los "gefes de partido", funcionarios estratégicos en la estructura de poder como enlaces y organizadores del orden administrativo y militar. Tres meses más tarde, estos funcionarios ocuparon una posición central en el *Reglamento para el gobierno económico y político del Estado Libre de Coahuila y Tejas* documento que, en éste y otros campos, estaría llamado a ser el más influyente a lo largo del primer siglo de vida independiente en la entidad.

Los puntos medulares y muchos subalternos de este reglamento fueron recuperados—frecuentemente con una redacción idéntica—en la ley de 1874, que fue poco innovadora. Igualmente, y con un nivel aún mayor de generalidad, se preservaron en la constitución elaborada en 1882 bajo la gubernatura de Evaristo Madero. El reglamento de 1827 y la Constitución de 1882 marcarían los momentos de apogeo de las jefaturas políticas, y ello en tanto instrumentos centralizadores del poder, como por su alto grado de autonomía con respecto a los ayuntamientos y pueblos.

Ahora bien, esta profunda continuidad legislativa no implica la carencia de ciertos cambios sustantivos en la organización del mundo político. Resalta la creciente simplificación de la estructura jerárquica. Con el paso de los años, la cadena de mando formal se fue simplificando. En 1827, bajo el gobernador se encontraba el consejo de gobierno—formado por vicegobernador y consejeros—, seguido de los "gefes de departamento" y de partido. En la base de esta pirámide política se encontraban los ayuntamientos en los municipios y los alcaldes en los pueblos. A mediados de siglo, ya sólo sobrevivían el gobernador, los ayuntamientos y los alcaldes. La República restaurada volvió a agregar las jefaturas, jerarquía que heredó y utilizó el gobierno instaurado por Porfirio Díaz en 1876.

Otro cambio fundamental tuvo lugar en el difícil y variable balance de poder entre las jefaturas y los ayuntamientos. Cuando a mediados del siglo pasado fueron suprimidas temporalmente las jefaturas coahuilenses, sus atribuciones fueron a parar a manos del gobernador, y aún más, de los ayuntamientos. La ley de 1874 reinstaló las jefaturas junto con sus antiguas funciones, pero se cuidó de no eliminar de tajo toda la independencia lograda por los municipios. De ahí que dejara en sus manos la elección del jefe político. Pero ello no habría de durar.

La principal reforma que se dio al marco legal de las jefaturas políticas durante el porfiriato tuvo por objeto acentuar la centralización del mando en el Poder Ejecutivo. La Constitución de 1882 arrancó a los ayuntamientos la elección del jefe político, que pasó a ser designado por el gobernador y podía ser destituido por éste cuando así lo considerara conveniente.

La última modificación sustantiva a la institución tuvo lugar en 1893, cuando, en principio, se suprimieron las jefaturas políticas coahuilenses. Pero este proceso se puso en práctica de manera selectiva: por lo menos una siguió con vida, y otras resurgieron—en especial durante 1906 y 1907. Aunque a primera vista se podría suponer que la abolición de los jefes políticos de 1893 se tradujo en una mayor autonomía de los municipios, es importante señalar que en realidad ése no fue el caso, al menos al principio. En lugar de las jefaturas, la presidencia ejerció su control del proceso político coahuilense a través de una red de dominio tradicional y clientelística. En el centro de este entrelazamiento de amistades y clientes Díaz colocó al general Bernardo Reyes, su "procónsul" en el noreste del país, quien—ayudado por su propia corte de clientes y subordinados—guió, al menos por un tiempo, con mano férrea los destinos coahuilenses. Todo indica que Díaz intentó prolongar esta forma de control que, en el trasfondo, preservaba la presencia de los jefes políticos, aunque de manera informal, casi fantasmagórica.[1]

La emergencia: Razón de las jefaturas

Entre la primera y la última Constitución que tuviera Coahuila a lo largo del siglo diecinueve—la de 1827 y la de 1882—la estructuración del poder, al igual que en todo México, sufrió muchas vicisitudes. Particularmente ilustrativo para adentrarse en las razones que dieron vida y fuerza a las jefaturas políticas son aquellos acontecimientos que conmovieron a Coahuila a partir de la mitad del siglo.

1850 fue un año crucial en todo México. Rebeliones indígenas, efervescencia de los partidos políticos y constante inseguridad dibujaban una guerra civil latente que poco tardaría en desgarrar la precaria paz del joven país. Coahuila estuvo además marcada por conflictos constantes entre los diversos ramos del gobierno. Los "gefes de departamento" estuvieron, por momentos, en el centro del huracán. Como reflejo de la fragilidad que abatía a las autoridades en el campo, la incompetencia de ciertas "gefaturas" y su posición estratégica en las luchas faccionales, a principios de año, el Congreso local decretó dos formulaciones que restringían severamente las

---

[1]Romana Falcón, "La desaparición de los jefes políticos en Coahuila: Una paradoja porfirista", *Historia Mexicana* 37, no. 3 (enero-marzo 1988): 423–467.

atribuciones y excesos de estas agencias de gobierno. En primer lugar que, en caso de que los "gefes de departamento" se "hallasen impedidos", el gobierno del estado estaría obligado a elaborar las noticias de tranquilidad pública. Más lo importante fue que otorgó a los ciudadanos protección frente a una de las principales atribuciones de estos funcionarios: amparo frente a las resoluciones "injustas u opuestas a la Constitución y leyes" sobre ocursos de nulidad de elecciones que en ocasiones emitían las "gefaturas". En estos casos, la solución dependería directamente del gobierno del estado. La situación se consideró entonces lo suficientemente grave como para, en estos casos, "declarar responsabilidades" al "gefe político" en cuestión.[2]

Estas disposiciones no resolvieron los problemas sucitados por los "gefes de departamento" y los de partido. De ahí que, tan sólo cinco semanas más tarde, el Congreso suspendiera a todos los "gefes políticos de departamento y de partido", tomando como eje un decreto anterior que ya los había suspendido y, por tanto, derogando aquel que los reestableciera en marzo de 1833. Las amplias prerrogativas de estos personajes se repartieron entre la esfera de poder del gobernador y, de manera más importante, la de los municipios. Un lustro más tarde, el 31 de agosto de 1855, el *factotum* político y militar del noreste del país, Santiago Vidaurri, firmó desde Monterrey, en calidad de gobernador y comandante militar del estado de Coahuila, un decreto que se adhería a la propuesta descentralizadora de 1850 y mantenía la supresión de las prefecturas de distrito.

El argumento formal dado en 1855 para derogar esta institución hizo hincapié en que se trataba de un medio para disminuir los gastos públicos— llevados al extremo por "la desastrosa guerra de los indios bárbaros y pérdidas continuas de las cosechas"—aunado a que "por su escasa población y corto número de pueblos" no era requerida la acción de estos intermediarios del poder. Igual que en el decreto de 1850, en 1855 las prerrogativas fueron a parar a manos de los ayuntamientos.[3] Estos antecedentes dejaron secuela: durante la República restaurada y el porfiriato, frecuentemente se tomarían estos mismos argumentos para erigir y suprimir jefaturas según las necesidades políticas del Poder Ejecutivo.

Coahuila se mantendría sin jefaturas durante su anexión a Nuevo León forzada por Viduarri desde mediados de 1857. Esta situación duraría por espacio de siete años. En 1864, una vez que este poderoso caudillo desertara a Juárez y ofreciera su apoyo a los franceses, y después de que Saltillo sirviera a Juárez para establecer su gobierno en el exilio, Coahuila recuperó su independencia. La propuesta de permitir mayor libertad a los municipios se retuvo en la Constitución estatal de 1869, la cual no reinstaló jefaturas.

---

[2]Decreto del 25 de enero de 1850, dado por Santiago Rodríguez.
[3]Decreto de Santiago Vidaurri, 31 de agosto de 1855.

Pero la realidad, y las fuerzas centralizadoras fueron más fuertes que las leyes. Las condiciones de excepción que desgarraron a Coahuila fueron forzando, en poco tiempo, la reaparición de las "gefaturas políticas". Ello ponía al desnudo la necesidad que de ellas sintieron muchos gobernadores en momentos dramáticos. Efectivamente, mostraban amplias capacidades para ir apaciguando y deshaciendo toda suerte de crisis debidas a la guerra contra indios, contra invasores externos, en la lucha por el poder local, contra catástrofes naturales, hambrunas, enfermedades, y otros azotes de la sociedad.

Un caso típico de emergencia, que permite observar con claridad la gran utilidad que podían tener estos intermediarios del poder, fue la revuelta porfirista de La Noria de fines de 1871 que en Coahuila contó con el apoyo de lo que un observador externo calificó como toda la gente "inteligente, rica e influyente". Efectivamente, tras el oaxaqueño se pronunciaron en el noreste del país los dos grandes caciques regionales: Gerónimo Treviño, a la sazón gobernador de Nuevo León, y Francisco Naranjo, además de otros generales de peso como Anacleto Falcón, Andrés Viesca, Pedro Martínez, Emiliano Laing, y muchos notables más. Por espacio de varios meses—en especial de noviembre a marzo de 1872—el gobierno coahuilense encabezado por el general Victoriano Cepeda defendió al juarismo en varios y sangrientos combates.[4] Los encuentros y la zozobra fueron dejando una estela de muerte, horror, y hambre.

Inmediatamente, tanto gobernantes como rebeldes fueron uniendo los mandos político y militar, si bien en un principio meramente *de facto* que no *de jure*. El método que pareció más natural para lograr tal propósito consistió en revivir las jefaturas políticas, no obstante ser instituciones formalmente derogadas. En los breves momentos en que los pronunciados leales a Porfirio Díaz lograron controlar Saltillo, la capital estatal quedó bajo el mando del general Hipólito Charles, quien figuró como encargado de la "gefatura política y comandancia militar".[5] Por su lado, las autoridades formales también unieron ambas esferas de poder. Por ejemplo, las de Piedras Negras armaron y acuartelaron a los ciudadanos al tiempo que dejaron el poblado bajo régimen militar.[6] De hecho, la tendencia a unificar la fuerza

---

[4]José Cárdenas, *Biografía del señor general Victoriano Cepeda, con acopio de datos auténticos* (Saltillo: Oficina Tipográfica del Gobierno, 1903).

[5]Constancia de la orden expedida por la "Gefatura Política y Comandancia Militar del distrito de Saltillo", al mando de Hipólito Charles, dado a José Arispe y Ramos por la manta que dio la fábrica "La Aurora" para las fuerzas que entonces se organizaban, 24 de octubre de 1871 y 10 de abril de 1872, en Archivo Municipal de Saltillo (en adelante AMS), Fondo Jefatura Política (en adelante FJP), caja. 4, exp. 43, 1886.

[6]Cónsul en Piedras Negras a Assistant Secretary of State, 15 de octubre y 7 de noviembre de 1871, en National Archives of the United States, Washington, DC (en adelante NAW), Record Group (en adelante RG) 59, "Despatches from U.S. Consuls in Piedras Negras".

civil y la de las armas se dio desde el más alto nivel. El 8 de marzo de 1872 Juárez decretó el estado de sitio sobre Coahuila, así como que las fuerzas federales se encargaran del mando político y militar conforme la ley que había sido emitida en enero de 1860.[7]

Con la muerte de Juárez tres meses más tarde, en julio de 1872, y el ascenso de Sebastián Lerdo de Tejada a la presidencia, Coahuila siguió durante años, presa de intensa confrontación y desorganización política. Ello volvió a poner al desnudo la necesidad que de las jefaturas tenían los gobernadores en épocas de emergencia. En este período, además de los típicos abusos castrenses, se intensificaron las rebeliones indígenas, y los conflictos con estados vecinos. Fueron estas condiciones de excepción las que reabrieron, de hecho y de derecho, la vigencia de estas agencias itinerantes de gobierno.

El gobernador Cepeda no tardó en ser derrocado, en buena medida debido a sus intentos por someter el poder castrense al civil, precisamente por medio de las jefaturas políticas. A fines de agosto de 1872, Cepeda emitió un decreto que reorganizaba el mando militar y poniéndolo a las órdenes de las autoridades civiles dependientes del Poder Ejecutivo: redujo a únicamente dos las compañías militares que estarían en activo en Coahuila, y su permanencia la acortó a "sólo el tiempo necesario para perseguir y destruir gavillas de las que no se acogieron a la amnistía o de los salteadores y plagiarios". Es más, según el decreto de este gobernador juarista y lerdista, los jefes de las fuerzas militares estaban en la obligación de ir poniendo a sus compañías "a las inmediatas órdenes del gefe político respectivo". Ese mismo 31 de agosto de 1872, Cepeda expidió un decreto complementario erigiendo cuatro "gefaturas": en Monclova, Zaragoza, Parras, y Viesca. La recurrencia a estas instituciones sólo se intentaba como una medida temporal, determinada por la misma urgencia que las había hecho brotar: durarían sólo "el tiempo que el gobierno lo crea absolutamente necesario para el definitivo arreglo administrativo de sus distritos". Cuando cesasen en sus funciones, los presidentes de los ayuntamientos seguirían, como antes, entendiéndose directamente con el gobierno del estado.[8]

El intento no sólo le costó la gubernatura, sino que acarreó nuevos enfrentamientos armados. No pasaron ni ocho días de expedidos los decretos cuando el general Sóstenes Rocha, comandante militar de la zona, expidió un decreto destituyendo al general Victoriano Cepeda de ambos mandos—el político y el militar.[9] La oposición castrense confluyó con la de la legislatura, desembocando en un conflicto militar. A fines de septiembre, el

---

[7]Decreto expedido por Juárez, 8 de marzo de 1872.

[8]Ambos decretos expedidos por Victoriano Cepeda el 31 de agosto de 1872.

[9]Telegrama de Cepeda a Ministro de Guerra, 8 de septiembre de 1872, en Archivo Histórico de la Secretaría de la Defensa Nacional (en adelante AHSDN), exp. XI/481.4/9761.1.

gobernador Cepeda con unos 200 o 300 hombres, tuvo que huir de la capital del estado hacia Candela, donde se encontraba el gobernador nombrado por la legislatura—doctor Ismael Salas—con un número igual de combatientes. Se enfrentaron en una lucha a fondo, en la que Cepeda caería poco después.[10] Sin embargo, algunos indicadores hacen pensar que el proyecto de Cepeda por tomar las riendas de Coahuila a través de las jefaturas no se vino totalmente a pique. Aparentemente, algunas de estas recién creadas instituciones subsistieron algunos meses.

La derrota del lerdismo, no implicó el fin de las condiciones de emergencia. Entre la caída de Cepeda y la entrada del primer gobernador porfirista—es decir entre 1872 y 1876—nueve ejecutivos ocuparon el Palacio de Gobierno en Saltillo. Niguno logró consolidarse. Los grandes caudillos: Gerónimo Treviño, Francisco Naranjo, y otros generales prominentes como Anacleto Falcón, Andrés Viesca, e Hipólito Charles se mantuvieron en la oposición convirtiéndose en la punta de lanza del porfirismo en la región.

Dada esta turbulencia y la incapacidad para imponer un dominio, se volvió a recurrir a las jefaturas como organismos pacificadores y organizadores del poder. Se les revivió, mediante decreto en el mes de agosto de 1874, echando así un manto de legalidad a una situación que nunca había dejado por completo de existir. Quien decretó la medida fue el gobernador interino, licenciado Antonio García Carrillo, quien fuera ratificado por elecciones en noviembre de 1874. Durante su breve interinato, García Carrillo se preparó para ir logrando el control del poder disperso y fraccionado de Coahuila. Se basó en tres fundamentos: obtuvo facultades extraordinarias para integrar con libertad la composición de los ayuntamientos coahuilenses, para formar Cuerpos de Seguridad Pública durante el tiempo que considerara necesario, y, la piedra de toque: la reinstalación de las jefaturas políticas, ahora respaldadas por una ley orgánica.[11] Aparentemente esta medida legislativa fue diseñada con rapidez, dado que acabó por calcar muchas de las atribuciones que les habían sido otorgadas a las jefaturas en el primer reglamento de 1827. De hecho esta ley orgánica de las jefaturas de 1874, que mantuviera su vigencia durante el porfiriato, carecía de la clara organización y el detalle que caracterizara al documento original de 1827. De cualquier manera, a las situaciones de emergencia se les cubrió ya del manto de legitimidad otorgado por la ley.

[10]Cónsul en Piedras Negras a Assistant Secretary of State, 21 de octubre de 1873, en NAW, RG 59, "Despatches from U.S. Consuls in Piedras Negras".

[11]Decreto 172 del 10 de septiembre de 1873; decreto 183 del 15 de junio de 1874; decreto 107 del 19 de agosto de 1874; decreto 204 del 20 de agosto de 1874; decreto 241 del 24 de noviembre de 1874; citados en Cosme Garza García, *Prontuario de leyes y decretos del Estado de Coahuila de Zaragoza* (Saltillo: Oficina Tipográfica del Gobierno, 1902), 23 y 57.

Jefaturas, pueblos y municipios

Las jefaturas políticas fueron un gozne que permitía unir o por lo menos regular, dos esferas de poder frecuentemente en choque: las autonomías locales que siempre habían señoreado sobre los desiertos y las planices coahuilenses, y las autoridades estatales y nacionales que, hasta cierto punto, a lo largo de la extendida era porfiriana se fueron estabilizando, organizando, y fortaleciendo.

En principio, las jefaturas eran instrumentos del gobernador y del presidente para asegurar su presencia y, de ser posible, ir controlando lo que tenía lugar en las regiones y en los pueblos. Las amplias atribuciones que desde el inicio gozaron los "gefes de departamento" y más tarde jefes políticos explican muchos de los conflictos y tensiones entre éstas y funcionarios menores. Conservando lo estipulado en el reglamento de 1827, la primera función que marcaba la ley orgánica de 1874 a los jefes políticos era ser el eslabón de enlace entre el gobierno del estado y del país, por un lado, y las autoridades y pobladores de municipios y pueblos por el otro. Lo de menos era su deber de circular las órdenes y decretos superiores, lo importante era que deberían velar por su cumplimiento.

Cuando la relación política o administrativa fluía de abajo hacia arriba, las jefaturas también eran paso obligado: cualquier comunicación o queja que ayuntamientos o ciudadanos formulasen a autoridades superiores—como el Congreso y el ejecutivo—debía pasar primero por ella. Además, los jefes políticos estaban encargados de "toda providencia gubernamentiva sobre quejas, dudas, o reclamaciones de los pueblos y particulares".[12]

Además de esta fiscalización sobre el cumplimiento de las leyes, las jefaturas poseían otra atribución fundamental en la lucha política local: sus amplias facultades sobre elecciones. Según las previsiones de la ley de 1874—casi calcadas del reglamento del primer tramo de vida constitucional—tocaba a ellos "conocer" toda "duda" que surgiese en torno a la elección de ayuntamientos, aunque se hacía la previsión de que ello sólo sería para informar al gobierno y que éste resolviese en justicia. Además, debían velar por que los presidentes municipales celebrasen "las elecciones populares prevenidas en la constitución particular y general de la República" en las fechas debidas.[13]

---

[12]*Ley orgánica del artículo 78 bis de la constitución dado por el gobernador interino constitucional, 25 de agosto de . . . 1874*, art. 2, 3, 12, 29; *Constitución del Estado de Coahuila, dada el 21 de febrero de 1882*, art. 89, fracción cuatro. Según el art. 87 fracción veintidós los jefes políticos deberían cuidar que todas las oficinas públicas contasen con las colecciones de leyes indispensables para "el despacho de los negocios".

[13]*Ley orgánica . . . 1874*, art. 11 y 20; Coahuila y Tejas, *Reglamento para el gobierno económico y político del Estado Libre de Coahuila y Tejas, dado el 15 de junio de 1827* (Saltillo: Imprenta del gobierno, 1869), art. 24, 64. En la ley

Pocos aspectos de los jefes políticos son más fáciles de documentar que su interferencia sobre las elecciones y el abuso que constantemente hacían de sus atribuciones sobre éstas. La formación de planillas "que al centro puedan servir en caso ofrecido", la negociación previa con posibles candidatos a puestos de "elección popular", el cuidado de los comicios "para influir en el resultado del citado escrutinio" mediante todo tipo de presiones en el momento de la votación y el cómputo de votos, fueron algunas de las armas con las que, rutinariamente, Díaz y sus delegados impusieron o trataron de imponer su control sobre Coahuila.[14] Sobra decir que esta previsión daba pie a un amplísimo margen de poderío personal en manos de los jefes políticos y mantenía la esencia autoritaria y cerrada de las reglas que gobernaban el acceso al poder.

Pero, lo que tal vez sería el arma más poderosa en su relación con las autoridades locales, y que marcaba la fragilidad de la autonomía regional se entregó, desde 1827, a los "gefes de departamento": su facultad para "suspender con causa justificada a alguno o algunos de los miembros de los ayuntamientos . . . y comisarios y síndicos de los pueblos . . . cuando falten al cumplimiento de sus deberes". Esta facultad se mantuvo—en redacción idéntica—en la ley de 1874.[15] Esta importantísima fuente de poderío formal e informal fue usada y abusada con frecuencia, como cuando los ayuntamientos supuestamente electos cambiaban por completo su composición, ocupando los nuevos cargos, precisamente aquellos propuestos por la jefatura. Tal fue el caso, en 1876, del ayuntamiento de Sierra Mojada, que fue formado estrictamente con el personal que propuso la jefatura política.[16] Se trataría, sin duda, de una de las facultades que más marcaran la prepotencia de esta institución, razón del odio y recelo que se fue acumulando con el paso de los años.

Los jefes políticos también estaban íntimamente involucrados en toda junta popular que se celebrase, las cuales deberían preceder. La ley de 1882 mencionaba que en sus distritos presidirían "los Ayuntamientos y las juntas de instrucción pública cuando lo creyesen necesario a fin de proveer . . . al

---

porfirista se señalaba, menos explícitamente, su obligación de verificar las elecciones constitucionales "conforme a la ley". *Constitución . . . 1882*, art. 89, fracción seis.

[14]Ejemplos sobre la coyuntura de los años noventa puede verse en Romana Falcón, "Logros y limites de la centralización porfirista: Coahuila vista desde arriva", en *El dominio de las minorías: República restaurada y porfiriato*, editado por Anne Staples, Gustavo Verduzco, Carmen Blázquez Domínguez y Romana Falcón (México: El Colegio de México, 1989), 119–129.

[15]*Reglamento . . . 1827*, art. 63; *Ley orgánica . . . 1874*, art. 10.

[16]"Indice de correspondencia de la Secretaria de Gobernación con el Estado de Coahuila formulado en enero de 1880", en el Archivo General de la Nación (en adelante AGN), Gobernación, Acta del año 1876 en la caja 1.

bien y a las necesidades de los pueblos".[17] Según las normas legales de 1827 y de 1874, debían practicar visitas por lo menos una vez al año a los pueblos de su jurisdicción, e informar al gobierno donde era conveniente establecer nuevos ayuntamientos. Precisamente, uno de los puntos de mayor debate y disputa a lo largo del siglo diecinueve—y en particular durante el porfiriato—fue el anhelo de los pueblos y de poderosas facciones locales de lograr su reconocimiento político y económico por medio de la erección y preservación de un ayuntamiento. Fue uno de los termómetros más sensibles en la contradicción entre fuerzas centrípetas y concentradoras del poder, y en él los jefes políticos desempeñaron un papel fundamental.[18]

Otra de las fricciones entre ayuntamientos y jefaturas radicaba en los poderes que éstas tenían sobre el manejo de los fondos municipales. Una vez más, ello databa del reglamento de 1827, y se conservó en las leyes de la República restaurada y del porfiriato. Las jefaturas estaban encargadas de "velar sobre la buena inversión de los fondos municipales de los pueblos, examinando las cuentas que de sus ingresos y egresos deberían" aquéllas presentarles anualmente.

Estas instituciones podían tomar la iniciativa: tenían la facultad de proponer al gobierno "los arbitrios que estimen convenientes para obras de utilidad común o conservación o reparación" en los municipios. En caso de que el Congreso aprobase sus propuestas, los fondos ingresarían a los ayuntamientos y sería el jefe político el encargado de "hacer la inversión". Más importante era la posición estratégica que ocupaban las jefaturas cada vez que los municipios o pueblos quisiesen emprender "gastos extraordinarios" de sus fondos. En estos casos, los jefes políticos no sólo eran el conducto obligado a instancias superiores, sino que además debían "exponer su juicio" al respecto.[19]

En otro orden de cosas, las jefaturas redondeaban su dominio sobre el mundo político y sobre la sociedad dada su obligación de vigilar tanto a la población, como a funcionarios subalternos de todo ramo y órden. Según un artículo del reglamento de 1827 calcado en 1874, estaban en la obligación de "informar al gobierno con datos justificados sobre las infracciones que advierta en su Distrito, de las constituciones general de la República y particular del Estado; y de las leyes que arreglen el estado civil . . . y lo

---

[17]*Ley orgánica . . . 1874*, art. 21; y *Constitución . . . 1882*, art. 108 y 87 fracción veintiocho.

[18]*Ley orgánica . . . 1874*, art. 9 y 14; *Reglamento . . . 1827*, art. 62. En esos años, frecuentemente se decidió en Saltillo cuales municipios deberían erigirse y cuales derogarse.

[19]*Ley orgánica . . . 1874*, art. 5 6, 13; en cuanto a la ley de 1827; *Reglamento . . . 1827*, art. 36, 37, 58, 59, 60.

mismo harán sobre los abusos que noten en la administración de justicia, y la de las rentas públicas".[20]

Otro aspecto, particularmente relevante durante la República restaurada, fue el poner en práctica las diversas leyes de Reforma. En un clima álgido por la reciente derrota de la Iglesia en el campo político y militar, la ley coahuilense de 1874, marcaba que los jefes políticos debían cuidar de manera especial las tareas y oficinas del estado civil y "de que tengan su más cabal cumplimiento las leyes relativas", dándoles también facultades en la celebración de matrimonios civiles y divorcio.[21]

Una exposición de los difíciles nexos entre jefaturas, municipios, y pueblos no puede dejar de hacer hincapié en la gran modificación que en la estructura política formal significaron los varios momentos en que las jefaturas coahuilenses fueron eliminados. Un decreto de mayo de 1833 se encargó de reestablecer las "gefaturas de departamento" y de partido que antes habían sido derogadas. En 1850 y 1855 volvieron a emitirse decretos que acababan con estos eslabones formales del poder. Por lo menos desde la óptica formal—habría que averiguar qué tantas y tan profundas fueron las modificaciones en la realidad—, la suspensión de "gefaturas" de mayo de 1850 dio un giro en favor de las autoridades municipales y de los pueblos, que obtuvieron muchas de las facultades propias de esta institución. Ahora habría una relación directa entre gobernador y autoridades nacionales por un lado, con autoridades municipales y de los pueblos, por el otro. El gobernador—quien según el decreto de mediados de siglo asumió ciertas funciones de los jefes políticos—sería el encargado de velar por el cumplimiento de las leyes por parte de los ayuntamientos, y de supervisar la inversión de fondos municipales. El ejecutivo quedaba con la capacidad directa de suspender a miembros del ayuntamiento, así como comisarios y síndicos de los pueblos; de conocer las "dudas" electorales; y de cuidar la debida erección de ayuntamientos. Por su lado, las autoridades municipales mantendrían una comunicación directa con el gobierno estatal. Los presidentes municipales propondrían al gobierno estatal los arbitrios convenientes para obras de utilidad pública, circularían órdenes a los alcaldes de los pueblos, podrían conceder o negar licencias a los menores para contraer matrimonio, tendrían facultades de allanamiento o cateo, y se encargarían de defender a la población de enfermedades endémicas, de mantener la debida sanidad y cuidar que nadie se apropiase de tierras sin título legítimo.[22] Sin embargo, sólo se trató de un paréntesis. Como se vio, para la república restaurada las leyes coahuilenses volvieron a imponer las viejas

[20]*Reglamento . . . 1827*, art. 76; *Ley orgánica . . . 1874*, art. 22.
[21]*Ley orgánica . . . 1874*, art. 15 y 16.
[22]*Reglamento . . . 1827*; Decreto del 3 de mayo de 1850 dado por el gobernador Santiago Rodríguez.

tendencias de intermediación y centralización del poder, en las que las jefaturas constituían nódulos vitales.

Por otro lado, no todas las funciones de las jefaturas giraban en torno al control político. Estas instituciones también tuvieron como misión ciertas ocupaciones "sociales" del Estado, así como el encargo de ir haciendo más metódico y eficiente el ramo de gobierno. Debían cuidar porque en todos los pueblos, congregaciones, ranchos, y haciendas hubiese escuelas de primeras letras, casas de beneficiencia, así como consistoriales y cárceles en las cabeceras de los distritos.[23] Para desempeñar adecuadamente su cargo, estaban obligados a pedir a todas las oficinas y empleados, las noticias e informes que considerasen necesarios, lo que convirtieron en una constante en sus labores, legando mucha de la valiosa información estadística, social, y económica que produjera el porfiriato.[24] Asímismo, debían velar porque en sus distritos no se propagaran enfermedades contagiosas o endémicas— terribles azotes que en esos años diezmaban a la población—propiciando el establecimiento de juntas municipales de salubridad y el cumplimiento de las campañas de vacunación.[25]

De cualquier manera, a lo largo del siglo las múltiples e importantes atribuciones legales que los jefes políticos tenían sobre los ayuntamientos y pueblos en torno a calificar y celebrar elecciones; derogar y crear ayuntamientos; supervisar, opinar y permitir erogaciones económicas de éstos, dieron un basamento sólido a su acción como brazo del gobernador y del presidente para controlar los diversos rincones del territorio coahuilense. Además, estas facultades brindaron a los jefes políticos, casi de manera automática, una base de dominio personal sobre autoridades menores y sobre la sociedad coahuilense en su conjunto. Precisamente el carácter de sus facultades, que llegaba a requerir el parecer personal del jefe político, tendió puentes entre el mundo legal y su mando personal y clientelístico. Por último muchas de estas funciones y acciones eran fundamentales para mantener limitado a una pequeña cúpula el acceso al poder, con lo que consagraban el carácter autoritario del sistema. De todo ello surge la fama y el odio que llegaron a acumular.

Elección *versus* designación

Uno de los termómetros más sensibles de la agria relación entre jefaturas y ayuntamientos fueron los vaivenes legales que por instantes intentaron compensar la sujeción municipal otorgando a los municipios

---

[23]*Ley orgánica . . . 1874*, art. 4; *Constitución . . . 1882*, art. 108, y 87 fracción veintidos.
[24]*Constitución . . . 1882*, art. 108, 87 fracción dieciocho.
[25]*Ley orgánica . . . 1874*, art. 23, 24.

facultades en la selección de jefes políticos. La Constitución original de Coahuila, de marzo de 1827, dejó el camino libre para dos tendencias; aquella centralizadora donde los "gefes de departamento" dependerían únicamente del Poder Ejecutivo, y otra, más abierta, en la que los ayuntamientos y otras instancias de gobierno influirían en elección y permanencia de éstos. Esta Constitución señalaba que sería el gobernador quien "a propuesta en terna del consejo, apoyada en informes de los ayuntamientos" nombraría a los "gefes de departamento", excepto el de la capital. Aun cuando estos funcionarios estarían "sujetos inmediatamente" al gobernador, su permanencia no sólo dependía de él, sino que tenían un tiempo limitado para ejercer el cargo—cuatro años—que podrían prorrogarse mediante "las mismas formalidades". En cuanto a los "gefes de partido", serían electos por el gobernador de una terna propuesta por los de departamento. En el cargo durarían según el criterio del "gefe de departamento".[26]

En 1874, el ambiente político que prevalecía en los distritos coahuilenses debió haber sido bastante hostil a la reeinstalación formal de las jefaturas, ya que para entonces los coahuilenses contaban con una experiencia—ciertamente contradictoria e interrumpida—de casi un cuarto de siglo, sin ellas. Debe recordarse que tan sólo dos años antes había caído el gobernador Cepeda, en buena medida por su intento por someter el poder castrense a la autoridad de las jefaturas. De ahí, que se intentara suavizar la reinstalación de esta institución, llevando al extremo ciertos poderes consagrados en la Constitución de 1827. En la Ley Orgánica de la República Restaurada, los jefes políticos quedaron electos, de manera directa, y "en sesión pública", por los ayuntamientos. Sería un mecanismo directo: simplemente, los ayuntamientos remitirían el acta al gobierno estatal quien se limitaría a hacer el cómputo y el nombramiento respectivo. Se trataba de una previsión que estaba en la lógica de la época, y que también se dio en otros estados. Además, fue de los pocos puntos originales con respecto al reglamento de 1827.

El nombramiento no era el único balance entre ayuntamientos y jefaturas que marcara la ley de 1874. En caso de "faltas absolutas" por parte de los jefes políticos—quienes "excediéndose en sus facultades cometan alguna violación de las garantías individuales" consignadas en la Constitución nacional o la coahuilense—serían multados y hasta destituídos. En este caso, los ayuntamientos procederían a una nueva elección. Una cortapisa legal más, tendiente a evitar su entronización caciquil, era que los

---

[26]*Constitución del Estado de Coahuila y Tejas, dada el 11 de marzo de . . . 1827*, art. 147 y siguientes. Al no pronunciarse respecto a estos puntos, el reglamento de 1827 adoptaba tácitamente aquello ya previsto en la constitución.

jefes políticos sólo durarían en sus funciones dos años, y no podrían ser reelectos en el período sucesivo.[27]

No cabe duda de que la legislación de la República restaurada intentaba aportar un marco de acción política más cuidadoso y descentralizado en la distribución de poderes. Pero en la vida real, la creación de jefaturas políticas, su permanencia y la designación de su titular siguió en consonancia directa con las preocupaciones y decisiones de los gobernadores y no, como la ley marcaba, por un período de tiempo definido y bajo una elección libre y directa por parte de los ayuntamientos del distrito.

El ejemplo perfecto tuvo lugar en 1876, ante la situación de emergencia creada por la rebelión que encabezara Porfirio Díaz, cuando los gobernadores coahuilenses simplemente designaron a sus "gefes políticos", haciendo caso omiso de la facultad legal que sobre ellos tenían los ayuntamientos. Tal fue, precisamente, el caso de Hipólito Charles, eventualmente el primer gobernador porfirista, y quien al ir dominando los territorios coahuilenses fue nombrando a generales para ocupar las "gefaturas políticas", como ocurrió en Monclova y Río Grande. Una vez caído Lerdo de Tejada, el general Charles, al ocupar el Palacio de Gobierno de Saltillo, procedió a designar "a patriotas enérgicos, sensatos y amantes del orden" como jefes políticos de los distritos de Centro, Parras, y Viesca. Contrario a lo que marcaba la ley, éstos duraban lo que el gobernador consideraba necesario. Dejar como letra muerta la ley de 1874, que supuestamente seguía en vigor, mostraba el desdén por la ley que en buena medida marcó al régimen de Díaz.

Al inicio del gobierno porfirista, en Coahuila era aún clara la hostilidad hacia las jefaturas. En febrero de 1877, y formalmente con el fin de no gravar más al erario y considerando la región pacificada, el gobernador Charles suprimió las jefaturas del Centro, Monclova, y Río Grande. Se inició entonces una verdadera "danza" de jefaturas que habría de durar gran parte del porfiriato, en la que estas instituciones eran creadas y derogadas de un plumazo, según las necesidades políticas sentidas en el Palacio de Gobierno de Saltillo.

De las condiciones extraordinarias nació la urgencia y la costumbre. En enero de 1879, y en contra de la ley vigente, Charles establecía una nueva jefatura política en el distrito de Río Grande, que duraría en sus funciones el término que á juicio del Ejecutivo sea necesario, para consolidar la seguridad individual en aquel Distrito, y poner a salvo la seguridad de sus habitantes contra las agresiones interiores y exteriores de los indios bárbaros, de los bandidos y filibusteros que invaden el territorio del Estado.[28]

Estos pasos, sustentados en la necesidad y la costumbre más que en la ley, traían aparejada su cuota de fricciones. Charles mencionó ante el

---

[27]*Ley orgánica . . . 1874*, art. 33, 34, 35, y transitorio.
[28]Decreto 330 emitido por el gobernador Hipólito Charles, 20 de enero de 1879.

Congreso, cuando rindió su informe de 1878, que se había visto necesitado a instalar jefaturas "a pesar de no ser partidario" de ellas y hacía hincapié en que las iría derogando en cuanto se hiciesen innecesarias.[29] No era cuestión de temperamento. Hasta antes de la Constitución de 1882, y por diversas necesidades, todos los gobernadores simplemente crearon jefaturas por el tiempo que consideraban necesario y nombraban en el cargo a quien creyesen pertinente.[30]

Así cuando, en 1882 el gobernador Evaristo Madero promulgó una nueva Constitución que volvía a colocar a los jefes políticos directamente bajo la esfera administrativa y personal del gobernador, no hizo más que envolver en un manto de legalidad lo que ya sucedía en la realidad. En la nueva Constitución se acabó toda pretensión de equilibrio con los ayuntamientos: en vez de que fuesen electos por los municipios, y que duraran un tiempo determinado en su cargo, ahora serían nombrados directamente por el Ejecutivo "de acuerdo con el Congreso o Diputación Permanente". Incluso se acabó con el plazo supuestamente fijo que fungirían los jefes políticos, para adaptarlo a las necesidades que el gobernador tuviera en cada caso.[31] Previniendo la posibilidad de que los postulados de la Constitución resultaran insuficientes en decretos posteriores—como el del 12 de septiembre de 1884—, el Congreso volvió a "autorizar" al Ejecutivo a establecer las jefaturas que "juzgase necesarias . . . cuya duración será la que estimare conveniente".[32]

En suma, las frecuentes situaciones de emergencia fueron acabando, en la realidad, con uno de los pocos equilibrios entre jefaturas y ayuntamientos: los poderes que marcaba la ley de 1874, que dejaba en manos de los ayuntamientos la elección de los "gefes políticos" y su sustitución cuando hubiesen cometido faltas graves. También se acabó con la previsión de que estos personajes sólo durarían un tiempo determinado en el cargo, mismo que no sería renovable de manera inmediata. Las necesidades de los gobernadores y la fuerza de la costumbre derribaron todas estas cortapisas a su poderío informal y entronización caciquil.

---

[29]Coahuila, *Memoria sobre el estado en que se hallan los diversos ramos de la administración pública, que el ejecutivo del Estado presenta al 6° Congreso Constitucional* (Saltillo: Tipografía del Gobierno, 1878), 141.

[30]Un botón más de muestra, tuvo lugar en diciembre de 1880, unos días antes de que Evaristo Madero tomase el poder, cuando Encarnación Dávila estableció una jefatura política en el distrito de Viesca "cuya duración será mientras el ejecutivo la juzgue necesaria", y nombrando para el cargo a Carlos González. *Periódico Oficial*, 10 de diciembre de 1880.

[31]*Constitución . . . 1882.*

[32]Decreto sin número aparecido en el *Periódico Oficial*, 12 de septiembre de 1884.

Quietud y armas

El dominio que amasaron los jefes políticos en el primer siglo de vida independiente de Coahuila no puede explicarse sin revisar sus prerrogativas sobre el poder de las armas. Desde 1827, una de sus principales obligaciones era cuidar "de la tranquilidad pública, del buen orden, de la seguridad de las personas y bienes de los habitantes". Cada mes deberían remitir al gobierno estatal noticias sobre dicha quietud.

En los primeros años, particularmente difíciles, de la vida del estado de Coahuila y Texas, mantener el territorio en paz fue una de las preocupaciones medulares de los jefes políticos, aun cuando sus esfuerzos no siempre se vieron coronados. Durante esas primeras décadas, estas vastas planicies fueron testigos de una lucha tenaz que, por un tiempo largo, nadie logró ganar: aquella entre quienes se veían a sí mismos como la punta de lanza de la civilización—coahuil-texanos y colonos, éstos últimos básicamente de origen norteamericano—en contra de una multiplicidad de pequeñísimas bandas de indios seminómadas que intentaban reclamar la soberanía de minúsculas parcelas territoriales.[33] Con el paso del tiempo, se sumarían otras razones a las batallas que se libraban en Coahuila: la separación de Texas, la lucha contra los Estados Unidos, las múltiples guerras intestinas que desgarraron el país y el estado. Como resultado, los ariscos e indómitos coahuilenses—y con ellos los "gefes de departamento"— vivieron acostumbrados a mantener empuñado el fusil.

Al igual que había sucedido con las prerrogativas propiamente políticas, la reforma de mediados de siglo que eliminó a las jefaturas políticas entregó a los presidentes municipales lo que en ocasiones se convertía en la más importante de las funciones: "Cuidar en los pueblos de sus territorios de la tranquilidad pública . . ., del buen orden, de la seguridad de las personas y bienes de los habitantes"; además de que serían también estos funcionarios de los municipios quienes inspeccionarían los auxilios requeridos por las tropas en los pueblos, y remitirían directamente al gobierno coahuilense noticias sobre el estado de quietud pública.[34] Pero todo ello fue un paréntesis breve y trunco: al ser reinstalados los jefes políticos en 1874, volvieron a asumir sus funciones de garantizar la tranquilidad pública. Este cuidado que debían tener sobre la paz del territorio también fue retomado por la Constitución maderista de 1882, que resultó ser la más explícita en este campo, al señalar el deber de esta institución en "protejer la seguridad de las personas, bienes y

---

[33]Romana Falcón, "El Estado incapaz: Lucha entre naciones. Poder, territorios 'salvajes' y gefes de departamento" en *El mundo rural mexicano a través de los siglos: Homenaje a François Chevalier*, compilado por Ricardo Avila y Carlos Martínez Assad (Guadalajara: Universidad de Guadalajara, en prensa); *Reglamento . . . 1827*, art. 54 y 61.

[34]Decreto del 3 de mayo de 1850 dado por el gobernador Santiago Rodríguez.

derechos de los individuos, y al efecto mantener el orden, paz, y tranquilidad pública, . . . haciendo respetar las garantías individuales".[35]

Para cumplir con esta obligación, estaban respaldados. Siguiendo el reglamento de 1827, los jefes políticos de la República restaurada, así como los del porfiriato, podrían requerir de los comandantes militares "el auxilio de tropa armada que necesiten para establecer la tranquilidad pública y la seguridad de los caminos". Más importante aún, sobre la milicia cívica del departamento tendrían "la inspección y mando que el reglamento les señale".

No era letra muerta. En la práctica, y desde los primeros años del estado de Coahuila y Texas, los "gefes de departamento" hacían uso de sus prerrogativas sobre los cuerpos armados. Uno de los puntos donde más se notaban estos poderes era en relación a las milicias cívicas, a las que mantenían bajo un estrecho control, supervisando el sorteo por el cual eran electos sus miembros, cuidando que quienes hubiesen sido sorteados pero no pasasen a servicio activo pagasen una cuota, buscando condiciones menos difíciles para los milicianos, ayudando a coordinar sus campañas bélicas, llevándoles armas y municiones, e incluso financiando parte de las campañas y asegurando ayuda médica a los milicianos enfermos.[36] Según la ley de 1874, los "gefes políticos" tendrían facultades análogas sobre la guardia nacional.[37] La Constitución maderista insistió en que estos funcionarios podrían en "el distrito de su demarcación, con inmediata sujección a las órdenes del ejecutivo" disponer de las fuerzas de policía y de las de la seguridad pública del estado.[38]

Sin embargo, en la práctica no era siempre clara la delimitación entre el mando civil del militar, dando pie a confusiones y fricciones entre las esferas de poder. En ocasiones eran los propios gobernadores quienes creaban y ponían a las órdenes de los jefes políticos fuerzas militares organizadas. Tal fue el caso al inicio del porfiriato, de la jefatura de Río Grande, cuando el gobernador Charles formó un cuerpo armado directamente bajo el mando del jefe político "con el fin de cuidar de la tranquilidad en aquella lejana comarca a donde apenas alcanza la acción del gobierno".[39]

Más común fue la utilización del poder armado con fines políticos por parte de las jefaturas y, el reverso de la medalla: de interferencias en la lucha por el poder ejercidas por los comandantes de las zonas militares. Entre otros botones de muestra, se pueden apuntar eventos que tuvieron lugar durante la difícil gubernatura maderista. Unos meses después de expedida la Constitución estatal, el general en jefe de la segunda y tercera zonas militares con sede en Monterrey se quejó con la Secretaría de Gobernación de

---

[35]*Constitución . . . 1882*, art. 89, 2 y 108.
[36]Falcón, "El Estado incapaz"; *Reglamento . . . 1827*, art. 71.
[37]*Ley orgánica . . . 1874*, art. 18, 25.
[38]*Constitución . . . 1882*, art. 108 y 87.
[39]*Reseña, . . . 1877*, 5–7.

la actitud de los jefes políticos de Matamoros y San Pedro que, según señalaba, estaban exigiendo "armas a los vecinos de sus municipios" con motivo de las próximas elecciones, lo que había ocasionado un clima de violencia. El general mandaba preguntar al secretario de Gobernación que actitud tomar: "asegurando sin temor a equivocarme, que puedo impedir que nadie se mueva en estos contornos, aún las mismas autoridades si así se me ordena; pero de otro modo, tendré que estar presenciando como hasta ahora, con la autoridad de Lerdo, sus procedimientos de violencia sin poderlos impedir por lo encubierto que viene con visos de legalidad".[40]

Frecuentemente, los jefes políticos abusaban de sus poderes en torno a puntos tan sensibles como la "cuota de sangre", es decir la incorporación de ciertos miembros de la comunidad al ejército, milicias, y guardia. Un caso típico tuvo lugar en las primeras fases del porfiriato. Según se quejó el cónsul norteamericano en Piedras Negras, un antiguo soldado norteamericano arrestado por orden del juez de Piedras Negras fue enviado a los cuarteles del 31° regimiento y hecho soldado. Nunca se le dijo ni por qué se le arrestó. Según dicho cónsul, las autoridades mexicanas sólo alegaron que la detención había sido ordenada por el jefe político y que sólo él tenía las atribuciones para darle de baja en el ejército. A pesar de las quejas elevadas por el consulado ante este "acto injusto, y contrario a las leyes mexicanas", el jefe político simplemente se negó a liberarlo.[41]

Intimamente ligado con el mantenimiento del orden y la tranquilidad, estaban las atribuciones de las jefaturas en el ramo judicial. Desde el reglamento de 1827—y al igual que el gobernador—los "gefes de departamento" tenían facultades para dar orden por escrito "cuando la seguridad pública lo requiera para el allanamiento o cateo" de casas y para reducir a prisión a personas entregándolas al juez competente, arrestándolos y poniendo por escrito el motivo de la prisión. Esta facultad, que fue conservada en redacción idéntica en la ley de la República restaurada, se convirtió, sin duda, en otro de los puntos que propiciaran graves abusos por parte de esos funcionarios.[42] Por si esto fuera poco, la ley los facultaba para imponer multas a "los individuos que los desobedezcan o faltan al respeto, castigando correccionalmente por las mismas faltas con hasta quince días de arresto según las circunstancias, a los incapaces de soportar multas".[43]

Otra atribución legal que fácilmente alimentaba el dominio personal y clientelístico de los jefes políticos fue la ley sobre la vagancia que castigaba

---

[40]Oficio del general en jefe de la segunda y tercera zonas militares a Secretaría de Gobernación, 6 de enero de 1883, en AGN, Gobernación, legajo 1240, exp. 2, 1878.
[41]Consul a Assistant Secretary of State, 15 de agosto de 1880, en NAW, RG 59, "Despatches from the Consul in Piedras Negras".
[42]*Reglamento . . . 1827*, art. 19 y 72; *Ley orgánica . . . 1874*, art. 19.
[43]*Reglamento . . . 1827*, art. 70; *Ley orgánica . . . 1874*, art. 17.

a "los que no tienen oficio" o no trabajaban habitualmente en él, imponiendo penas que iban de medio año a dos años trabajando en obras públicas o igual servicio de cárcel.[44] Fue otra fuente de abusos constantes—para meter a alguien en la cárcel y para obtener mano de obra gratuita—por parte de jueces, miembros del ayuntamiento y jefes políticos, que contaban así con un arma que fomentaba su poder personal y discrecional.

Minas, tierras y agua

Llama la atención la excesiva parquedad con que las leyes coahuilenses permitieron a los jefes políticos ingerencia sobre la estructura de la propiedad. En otros puntos de la República, como los estados de México e Hidalgo, estos funcionarios desempeñaban funciones vitales en la posesión y distribución de tierras y aguas de los pueblos y municipios.[45] Esta disparidad era reflejo de historias y geografías contrastantes: mientras para el Estado de México el centro del debate era la tierra y la lucha que por aquélla había entre particulares y numerosas y poderosas comunidades campesinas cuya sobrevivencia e identidad dependían de la conservación de sus terrenos, en Coahuila la escasa población y el lento avance que la empresa colonizadora había tenido sobre estas áridas planicies hacía que existiesen pocas comunidades campesinas del tipo de las que habitaban el centro del país. En Coahuila, los indios—muchos de ellos semierrantes—ocuparon otro lugar en la historia. Desde la etapa colonial y los inicios de la vida independiente habían entrado en una conflagración a fondo con quienes se sentían portadores de la "civilización". Sólo con muy pocos grupos indígenas se había logrado establecer verdaderos tratados de paz y, de ahí, asentamientos estables. Además, en Coahuila los terrenos eran frecuentemente áridos—el agua era un bien más escaso y valioso—y objeto de menos disputas por esta población escasa y relativamente más homogénea que la de los valles del altiplano central. Por todo esto, la reglamentación de jefaturas políticas tenía en ambas entidades un peso muy diferente con respecto a la propiedad.

A pesar de las reducidas atribuciones de los jefes políticos coahilenses sobre las normas que maracaban la propiedad, el reglamento de 1827 les señalaba el deber de cuidar que "ningún individuo se apropie de terreno alguno sin título legítimo", atribución que sería calcada en la ley de 1874. También era importante que las "gefaturas" fueran el conducto por medio del

---

[44]*Ley orgánica . . . 1874*, art. 8 que hace referencia al decreto 186 del 16 de julio de 1874.

[45]Romana Falcón, "Jefes políticos y rebeliones campesinas: Uso y abuso del poder en el Estado de México," ed. Jaime E. Rodríguez O., *Patterns of Contention in Mexican History* (Wilmington, DE: Scholarly Resources, 1992), 243–273.

cual el gobierno estatal recibía las cuentas relativas al ramo de "propios y arbitrios, ordinarios y extraordinarios que tengan o se decreten en beneficio de departamentos, partidos y municipalidades".[46]

Sería por medio de decretos como se ampliarían las atribuciones de los jefes políticos coahuilenses en torno a la posesión de tierras, agua y subsuelo. Como en todo México, aquí fue claro, desde tempranas épocas, el interés por ir reduciendo los bienes de "los pueblos que antes se llamaban de indios" a lo que el reglamento de 1827 denominó la "absoluta propiedad individual y que de ellas puedan hacer el uso que mejor les parezca, vendiéndolas o enajenándolas como quisieran, sean vecinos de su pueblo o fuera de él, sin necesitar licencia de nadie". Desde el inicio se señaló a los ayuntamientos como las autoridades medulares de esta gran empresa transformadora del tejido social coahuilense. En 1834, dado que muchos pueblos "de naturales" aún no habían "perfeccionado el repartimiento de las tierras y aguas", y dado el cúmulo de infracciones y dificultades que "más que de la ignorancia se han derivado de la malicia de algunos . . . interesados en que dicho repartimiento no se verifique", las autoridades dieron a los ayuntamientos un mes para llevar a cabo la anhelada consolidación de la propiedad privada. En estas ocasiones conflictivas—y ello recuerda la posición central de los jefes políticos del Estado de México como conciliadores de las disputas agrarias—aquellos agraviados por la transformación de los bienes comunes en bienes privados tendrían quince días a partir del reparto para recurrir al "gefe de departamento" a presentarle su querella. Se trataba de modificaciones expeditas: éste contaba con sólo otros quince días para "determinar gubernativamente y sin recurso" dichas quejas.[47]

Una multiplicidad de decretos en torno a casos particulares—más que una legislación *ad hoc* que contuviese atribuciones nuevas o más precisas en torno a la propiedad—mantuvo y en ocasiones amplió la ingerencia de las jefaturas en torno a la posesión de tierras, aguas, y productos del subsuelo. Desde el instante mismo en que en 1874 se reinstaló esta institución, fue evidente el interés del gobernador coahuilense por servirse activamente de ella para ir regulando los cambios en la tenencia de la tierra. Así, el mismo día en que se decretó la ley orgánica de las jefaturas políticas, el 19 de agosto de 1874, se expidió un decreto que forzaba la privatización inmediata de las tierras y aguas de la antigua comunidad de San Esteban. La junta que habría de conocer los informes verbales y los documentos de quienes se sentían con derecho a obtener parte de estas propiedades en dominio individual estaría integrada por tres vecinos, un procurador, el presidente del ayuntamiento y el "gefe político" quien, además, presidiría dicha junta. Esta tendría todas las

---

[46]*Reglamento . . . 1827*, art. 83; *Ley orgánica . . . 1874*, art. 28.
[47]*Reglamento . . . 1827*, art. 137, 138, 139, 140; decreto del 25 de abril de 1834 dado por el gobernador Francisco Vidaurri, exposición de motivos y art. 2.

obligaciones y todos los derechos para llevar a cabo el reparto de tierras y aguas.[48]

Este tipo de poderes específicos dados a ciertos jefes políticos, solía ser de primera importancia para muchas comunidades coahuilenses. Ejemplo de esto fue el repartimiento de tierras y aguas que tuvo lugar en la congregación del Remolino, cuyos terrenos comunes empezaron a privatizarse en 1871. Tres años más tarde, en septiembre de 1874—y tan sólo un mes después de reinstaladas las jefaturas políticas—el gobernador encomendó al "gefe político" de Río Grande distribuir estas tierras, debidamente medidas, entre los habitantes, sin costo y sin gravamen. Dicho funcionario efectivamente inició la privatización pero, retirándose "a otros puntos de su distrito" encomenó la tarea al agrimensor y a ciertos ciudadanos. Cuatro años más tarde, "todas las diligencas esta[ban] suspensas desde aquella fecha". Dado que quienes se hacían cargo de la "gefatura" aún no lograban completar este proceso, los afectados solicitaron al nuevo gobernador, el porfirista Hipólito Charles, que transfiriese las atribuciones dadas en aquel decreto al jefe político a manos del presidente del ayuntamiento, como único medio para proseguir con dicha subdivisión. Alegaban que, de mantenerse trunco dicho proyecto, seguirían sujetos a grandes males: "nadie se atreve a radicarse entre nosotros porque no hay un medio seguro para asegurar la propiedad que se adquiera, ni puede adquirirse legalmente, causándonos este malestar perjuicios incalculables . . . juzgamos necesario que el gobierno . . . nos proteja y ampare disponiendo que el decreto y reglamento [originales] sean cumplidos en todas sus partes a fin de que cese la incertidumbre en que vivimos".[49]

La costumbre hizo que perduraran este tipo de decretos específicos que otorgaban a las jefaturas políticas facultades sobre los bienes de la sociedad coahuilense. Durante el porfiriato, por ejemplo, era frecuente que esta institución recibiese las denuncias de minas y tierras baldías, procedimiento mediante el cual los denunciantes iniciaban los trámites formales para llegar a poseer los bienes denunciados.

Conclusiones

Cabe señalar una primera paradoja. A mayor cuidado en precisar y organizar las normas legales, menor poder real parecieron tener los "gefes de departamento" y jefes políticos. Al empezar a tomar forma el estado de Coahuila y Texas, y a pesar de que fue entonces cuando se contó con la

---

[48]Decreto 205, del 19 de agosto de 1874 expedido por Antonio García Carrillo.

[49]Vecinos de la Congregación del Remolino al gobernador, 9 de septiembre de 1878, reproducido en *Memoria . . . 1878*, 3 y ss.

legislación más precisa y comprensiva sobre cómo y cuándo deberían actuar estos funcionarios, la realidad les impuso grandes limitaciones a su dominio y capacidad de mando. En cambio, durante el porfiriato, estaban respaldados por un marco constitucional menos detallado y estructurado. No obstante, los jefes políticos conocieron una verdadera época dorada.

En segundo lugar, pareciera que, por encima de ciertas de las grandes controversias políticas e ideológicas que conmovieron al país y a Coahuila durante el primer siglo de vida independiente, desde la óptica de este trabajo resalta la profundidad de las raíces históricas: la enorme continuidad—en muchas ocasiones un verdadero calco de puntos legales ya antes consignados—entre los documentos legales del recién creado Estado Libre de Coahuila y Texas, y aquellos que supuestamente guiaron a Coahuila hasta fines del siglo diecinueve.

Paradójicamente, y por lo menos desde el punto de vista formal, la dictadura encabezada por Díaz también está ligada con poderosos impulsos descentralizadores de mediados de siglo. En ambos momentos se optó por derogar a las jefaturas y gobernar sin intermediarios entre el Poder Ejecutivo y los municipios y pueblos coahuilenses. Entre 1850 y 1874, y a partir de 1893 las jefaturas, en principio, se suprimieron. Es importante señalar que, en los años noventa, la derogación de estos fantásticos instrumentos de centralización si bien permitió crear un nuevo equilibrio entre facciones, también sirvió para afianzar e incluso extender el mando de la Federación. Falta analizar si esta misma paradoja tuvo lugar durante la Reforma de mediados de siglo y en los años postreros del porfiriato.

Interesa también señalar la manera tan puntual como las leyes sobre esta institución reflejaron, tanto en sus funciones como en su relación con otras autoridades, las necesidades y la historia de cada entidad de la República. Los jefes políticos de Coahuila tenían, sobre todo, atribuciones de corte político, en segundo lugar militar, y sólo en tercer lugar sobre la propiedad. No siempre fue así. Los del Estado de México—donde hacía siglos un número grande de comunidades campesinas se disputaban palmo a palmo el terreno, entre sí y contra gente venida de fuera—gozaban de muchas mayores prerrogativas en la distribución de la propiedad así como en la contención, solución, represión de los frecuentes movimientos campesinos que ahí se suscitaban.

Es fácil comprobar cómo las jefaturas coahuilenses estaban básicamente moldeadas por los acontecimientos inmediatos, por la lucha por el poder. La autoridad derivada de las normas legales venía en un plano secundario. Independientemente del marco legal, el factor primario en la vida de las jefaturas y en su funcionamiento eran las situaciones de emergencia, que tan frecuentemente desgarraron la tranquilidad de estas planicies y estos desiertos a lo largo del siglo diecinueve. La creación, permanencia y funciones de las jefaturas coahuilenses respondieron, así, a francas emergencias como las dificultades para controlar a los indios, la necesidad de los gobernadores por intentar someter a las facciones y camarillas dentro de Coahuila, las guerras civiles e internacionales, así como los álgidos problemas limítrofes con otros estados. No era raro que se crearan jefaturas, aun cuando se suponía que estaban abolidas, o que se les designase formas y atribuciones fuera de la ley que supuestamente las regía. El correr de los años no parece haber variado la tentación en que se veían los gobernadores de utilizar estos eslabones políticos como su resorte primario frente a situaciones críticas. Eran estas necesidades estrictamente derivadas de la lucha por dominar, las que decidían la vida y suerte de las jefaturas políticas, muy por encima del marco legal.

Al estudiar el marco legal que regía a los "gefes de departamento" y a los jefes políticos, no es posible ni comprobar ni falsear la idea, manejada comunmente en la historiografía política sobre el período, de que con el correr de los años, Díaz logró ir acentuando el dominio que ejercía desde el Palacio Nacional. En este ejemplo particular, y probablemente en otros aspectos de la evolución legal del joven país, desde el inicio es clara la tendencia hacia la concentración y centralización del poder—entre otros mecanismos mediante los poderosos "gefes de departamento". Además, como también muestra el caso de Coahuila, los jefes políticos no siempre eran indispensables. Si realmente se logró imponer un mayor control desde las capitales de los estados y de la República, el crédito debe darse tanto a la revolución en las comunicaciones, a los avances en la integración del mercado, a la mayor eficacia del aparato de gobierno, a la mayor estabilidad política y a la consecución de métodos menos brutales en la disputa política, como a la insistencia en recurrir a los muy antiguos lazos de dominio personales y clientelísticos.

Por último, es indispensable hacer hincapié en dos consecuencias implícitas en el aparato legal y que son de la mayor importancia. Leyendo entre líneas las prerrogativas formales de esta institución, deduciendo las consecuencias que acarrearían en la práctica, queda claro que muchas de sus facultades se convertían, casi de manera automática, en exceso de autoridad, en savia que nutría sus relaciones clientelísticas y los nexos personales de dominio que estos personajes establecían.

Particularmente notables en este sentido fueron sus prerrogativas para calificar elecciones y para crear municipios, así como "suspender con causa justificada" a ayuntamientos, alcaldes y síndicos; aquellas que les daban atribuciones en torno a la leva así como su obligación de reportar a autoridades de cualquier ramo y a particulares que violasen algún precepto de la Constitución federal o coahuilense.

Otros puntos legales unían aún más estrechamente el dominio formal con el poder personal, pues para poner en práctica la ley, incluso se requería el o la calificación del jefe político. Ejemplo de ello era la clasificación de "vago", o el ser alguien que hubiese "desobedecido" o "faltado el respeto" a la autoridad del jefe político, casos en los que a los infractores se les podían imponer varios castigos, incluso corporales; sus capacidades para ordenar cateos y arrestos en caso de que estuviese en juego "la seguridad pública", o bien el "juicio" que deberían emitir sobre las solicitudes de gastos extraordinarios de los municipios, a fin de que dichas erogaciones pudiesen ser aprobadas. Sin duda todos estos nexos entre facultades formales y el mando personal y clientelístico de los jefes políticos dan cuenta del profundo odio que incubaron.

La otra derivación implícita en las prerrogativas formales que respaldaban esta institución era su capacidad para reducir a la mínima expresión la fuerza de opositores, grupos políticos y de cualquiera de los nódulos que componían el tejido de la sociedad coahuilense. La maquinaria de la jefaturas conformaba, casi de manera natural, una estructura autoritaria del juego político que restringía la participación y hacía mofa de las libertades consagradas en la ley.

Baste mencionar su control sobre todos los pasos que incidían en la celebración de elecciones supuestamente democráticas, su capacidad para suspender autoridades de rango inferior, su deber de mantener la tranquilidad pública, de velar por el cumplimiento de las órdenes e informar sobre cualquier infractor a las leyes, su colocación como paso obligado para cualquier comunicación o queja formulada por algún grupo político o clase social, municipio o pueblo; su presidencia obligada de toda "junta popular" y de juntas municipales a las que asistieran, su capacidad para decidir cuando deberían erigirse los ayuntamientos y para canalizar y vigilar sus fondos, sus prerrogativas en torno a la leva y los auxilios obligados a las tropas, su capacidad para ordenar cateos y arrestos y el cuidado que deberían tener sobre la propiedad privada. Todo ello permitiría fácilmente anular el contenido de aquellos procedimientos e instituciones en principio destinadas a abrir el juego político a grupos de presión, facciones, partidos, sectores e individuos, así como a transmitir demandas desde la base hacia la cúspide de la pirámide. Sin los jefes políticos no se explica la falta de flexibilidad y cerrazón del sistema. El abuso del poder que los caracterizó mantuvo las modalidades autoritarias, cerradas y antidemocráticas del régimen.

Las jefaturas políticas eran el gozne entre esferas de poder: la política y aquella derivada de las armas; la del Poder Ejecutivo de los estados y del país *vis-à-vis* la de los municipios, pueblos, y regiones; la de los propietarios y la de los desheredados y aquellos en vías de expropiación. Eran la llave de paso que regulaba la tensión entre quienes luchaban por la autonomía de las regiones y quienes tendían redes de dominio desde lo alto de la cúspide política. En ocasiones, podían ser firmes baluartes de los anhelos de libertad y descentralización para las regiones; en otras, lo contrario.

En cierto sentido, esta institución ayudó a ir centralizando el poder antes desparramado en los territorios y en manos de los caudillos, los caciques y los jefes de facciones; también ayudó a ir integrando un país en que las decisiones del centro se fueron imponiendo por todos sus rincones. Pero es sólo una cara de la realidad. A fin de cuentas, lo que más quedó grabado fueron sus abusos, los mismos que minaron la legitimidad del sistema, acentuaron los profundos rasgos de exclusión y autoritarismo político, hicieron una mofa de las elecciones y la libertad política, y contribuyeron de manera significativa al ocaso del antiguo régimen y al advenimiento del revolucionario.

Images of a Polity

President Benito Juárez

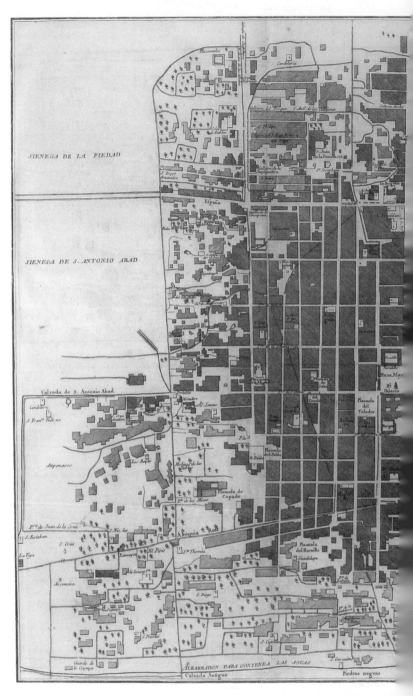

Mexico City, 1770s:

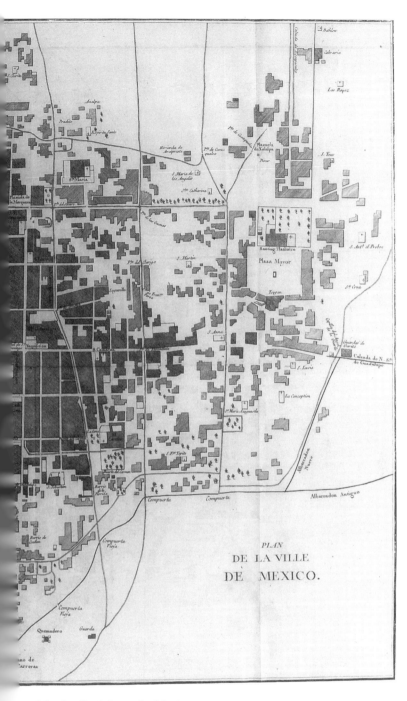

PLAN
DE LA VILLE
DE MEXICO.

Map by José Antonio Alzate

Heroes of Independence on cigar rings

José Joaquín Fernández de Lizardi

Emperor Agustín de Iturbide

President Guadalupe Victoria

President Vicente Guerrero

Great Liberals on cigar rings

Juárez, Hidalgo, and Díaz

President Benito Juárez

President Porfirio Díaz

Minister José Ives Limantour

Leona Vicario

Andrés Quintana Roo

José María Fagoaga

Francisco Manuel Sánchez de Tagle

Servando Teresa de Mier

José Miguel Ramos Arizpe

Lucas Alamán

Valentín Gómez Farías

COSTUMES MEXICAINS.
Regidor.
Membre de la Municipalité de Mexico. (nouveau costume.)

Mexico City councilman

"$36,000 and what one can . . .": Presidential aspirants

El gigante GOLIAT y el pastór DAVID.

"The Giant Goliath and the Shepherd David":
Mexico and the United States, 1847

EL PUEBLO

FORJANDO LA PATRIA.

El Primer Jefe del Ejército Constitucionalista, ins-pirado en los más altos ideales, convocó al pueblo mexica-no a elecciones de diputados a un Congreso Constituyente, que discutiera, modificara o aprobara las reformas pro-puestas por aquel alto funcionario, a la Constitución polí-tica de 1857, para adecuar ese Código fundamental a las necesidades de la Patria y a los ideales de la Revolución.

De todos los ámbitos del país llegaron al lugar de cita los elegidos del pueblo, y tras de algunas sesiones borras-cosas, con serenidad y patriotismo dignos de elogio, están cumpliendo honradamente la tarea, llena de responsabili-dades, que el pueblo les ha encomendado.

Dentro de muy pocos días, México tendrá de nuevo una Constitución liberal, que será la base del restableci-miento de las instituciones democráticas.

Ante una actividad tan alta, las pasiones enmudecen, los egoísmos mueren y quedan solo en pie el amor a la

Patria y el deseo de que ésta se levante libre, rica y fuer-te entre todas las naciones civilizadas del universo.

Los que han calumniado al Constitucionalismo, ta-chándolo de pretender instalar en el Poder una nueva dic-tadura; los enemigos de las libertades públicas, que en sue-lo extranjero han estado calumniando al caudillo de nues-tra causa, asegurando que pretendía revestirse con el manto de los tiranos, tendrán que enmudecer al contem-plar la obra de reconstrucción nacional, que firmemente se está llevando a cabo.

El señor Carranza, no solo cumple honrada y fielmen-te los deseos del pueblo, sino que deja a éste en completa libertad, como bien se ha demostrado en las sesiones del Congreso Constituyente, de manifestar por medio de sus representantes su voluntad soberana. y él es el primero en respetarla.

No quedará ya pretexto alguno al extranjero para in-miscuirse en forma alguna en nuestros asuntos interiores

bajo el fútil pretexto de que no se ha restablecido en Mé-xico el régimen constitucional.

Desde el otro lado del río Bravo, la fuerte nación que puebla esa región de raza diferente a la nuestra, tendrá que contemplar con respeto, cómo, de lo que allí se creía era el caos, surge libre y fuerte la Patria Mexicana, por cuya soberanía estamos todos dispuestos a dar hasta la última gota de nuestra sangre.

Nuestro aguerrido Ejército, entre tanto, cumpliendo la más sagrada de las misiones, mientras por un lado bate con bizarría a las últimas huestes de la reacción vencida, por el otro hace guardia de honor en derredor del Congre-so Constituyente digno del respeto y la alabanza de todos los que se precian de buenos mexicanos y defenderá con denuedo, de las perturbaciones que pudieran interrumpir sus altas tareas, a aquel Cuerpo Legislativo, que está, ante la admiración de propios y extraños, "FORJANDO LA PATRIA."

HERIBERTO BARRON.

Mexico and the United States, 1917

Los que te subieron, te bajaran.

"Those who elevated you will also bring you down"

National Democratic Convention, 1911

Candidates Francisco Madero and Francisco Vázquez Gómez, 1910?

"The Triumph of Democracy":
A pro-Madero demonstration

The New Angel: A political
interpretation of the
Independence monument, 1918

Aspirants to the presidential chair,
1920

Meeting of the Evolutionary Libertarian Party of Mexico, 1925

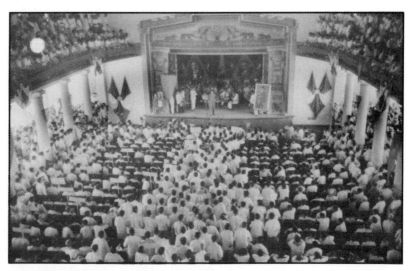

Campesino meeting in Mérida, Yucatán, 1932

September 16, 1942: Act of National Unity. The living presidents—Plutarco Elías Calles, Manuel Avila Camacho, Lázaro Cárdenas, and Emilio Portes Gil—support Mexico's declaration of war against the Axis powers.

PARA DIALOGAR CON EL GOBIERNO SE SOLICITAN TRADUCTORES DEL LENGUAJE DE LOS TANQUES.

Mexico City, 1968: Student protest symbols

1982: Miguel de la Madrid Hurtado taking the oath of office.
Outgoing President José López Portillo looks on.

March 1990: President Carlos Salinas de Gortari, members of his cabinet, and Director Leonor Ortiz Monasterio commemorating the bicentennial of the Archivo General de la Nación

II
The Twentieth Century

La encrucijada de 1929: Caudillismo versus institucionalización

Alvaro Matute Aguirre

Marco historiográfico-político

LA EXPLICACION HISTORIOGRAFICA y sociológica de la realidad política mexicana con base en las categorías weberianas de los tipos de dominación racional, tradicional o carismática parece darse antes de que se haya divulgado en el medio mexicano la sociología de Max Weber. Inclusive, puede afirmarse que la intuición de algunos periodistas e historiadores locales antecede a los sociólogos y politólogos que tratan de explicar dicha realidad a partir del empleo de los tipos de dominación weberianos.[1] En efecto, por lo menos en 1919, el entonces joven escritor metido a periodista político, Martín Luis Guzmán, describió con claridad el problema de la dominación carismática sin utilizar conceptos tan graves y sí en cambio, con sencillez y penetración. Escribió entonces Guzmán:

> A diferencia de lo que ocurre en otras partes, las campañas electorales mexicanas no equivalen a la lucha entre dos o más formas de entender el bien colectivo—la mera administración de los asuntos de la República—; se reducen a la lucha entre el interés de dos o más personas, o dos o más grupos de personas, consideradas en sí mismas y como tales. En los países dotados de verdaderos partidos políticos, la figura del hombre destinado a encarnar el programa partidista no supone más que un problema incidental de última hora. En México, privado de agrupaciones políticas verdaderas y, lo que es aún más grave, de ideas políticas nacionales y locales susceptibles de una clasificación útil para

[1] Véase Max Weber, *Economía y sociedad; Esbozo de sociología comprensiva*, 2 vols. (México: Fondo de Cultura Económica, 1964), especialmente cap. 9, 2:695–889.

la vida, toda disyuntiva electoral es un problema del personalismo mesiánico. Los partidos políticos que realmente han existido en México, a despecho de nombres impersonales—exceptuada la época de la Reforma y de los constituyentes—, fueron siempre personalistas, o en eso desembocaron cuando tuvieron origen en una revolución. En lo que va de esta centuria [Guzmán escribe en 1919] nuestros partidos políticos verdaderos han sido—hablando tan sólo de las elecciones presidenciales—el porfirista, el reyista, el maderista, el huertista, el carrancista, el gonzalista, el obregonista, etcétera.[2]

Con este párrafo ciertamente se puede pecar de exageración si se busca un weberianismo, lo cual, por otra parte, no es objeto de este trabajo. Sin embargo, expresa de manera fiel la preocupación de algunos analistas de la realidad política en el sentido de advertir una falta de evolución hacia un sistema institucionalizado que superara el tradicionalismo de las personalidades mesiánicas. También es cierto que Martín Luis Guzmán no tomaba en cuenta la realidad social nacional que propiciaba el personalismo, realidad agudizada por los hechos de armas recientemente acaecidos en México, que habían dado lugar a una cultura política muy ligada a la experiencia militar. No es que hubiera realmente un militarismo mexicano[3] sino que el mando militar creó una suerte de clientelismo en el cual las masas participantes en la lucha armada debían obediencia a sus dirigentes y éstos ejercían el mando de manera autoritaria, como en las campañas castrenses. Pero pese a esta situación, que se dio a escala nacional con presidentes como Obregón y en escala regional o estatal con muchos de los jefes de operaciones militares desde el gobierno de Carranza, el origen civil de los nuevos militares impidió que se desarrollara en México un militarismo típico, como el que floreció en otras naciones latinoamericanas. O si se quiere, un militarismo muy matizado. Pero el punto en discusión es la relación entre el personalismo electoral, que tanto molestaba a Martín Luis Guzmán, y esta suerte de ejercicio político a cargo de los neo-militares emergentes del movimiento revolucionario. La cultura política mexicana surgida de la revolución armada sustentaba el caudillismo o personalismo que impedía el juego político altamente desarrollado que describía Guzmán en su artículo.

[2]Martín Luis Guzmán, "Orígenes del Partido de la Revolución", en *La querella de México, a orillas del Hudson y otras páginas (Obras completas)*, 2 vols. (México: Fondo de Cultura Económica, 1984), 1:143. Originalmente publicado en *El Heraldo de México*, 29–30 de abril de 1919.
[3]Como el que vio en 1919 Vicente Blasco Ibáñez, *El militarismo mejicano. Estudios publicados en los principales diarios de los Estados Unidos* (Valencia: Sociedad Editorial Prometeo, [1920]); o como lo viera, a mi juicio de manera errónea recientemente, Edwin Lieuwen, *Mexican Militarism: The Political Rise and Fall of the Revolutionary Army, 1910–1940* (Albuquerque: University of New Mexico Press, 1968).

Once años más tarde, un modesto historiador, que apenas iniciaba su larga y fructífera carrera, Luis Chávez Orozco, publicó un par de artículos en los que explicaba y describía el origen y la mecánica de la autocracia porfirista.[4] Los dos artículos de *Contemporáneos* constituyen uno de los análisis más lúcidos de la época porfirista que se hayan hecho. Su desconocimiento se debe, acaso, a que fueron publicados en una revista literaria cuyo universo de lectores no fue muy amplio y que su autor no los reeditara posteriormente. Chávez Orozco lleva a cabo un buen ejercicio de síntesis histórica con apoyo, aunque no explícito, en la obra de Molina Enríquez, y desde luego en bibliografía de la época. Si bien ofrece limitaciones como el hacer un contraste demasiado extremo entre las figuras de Benito Juárez y Porfirio Díaz, apoyando la primera en un concepto demasiado oficialista, con respecto a la segunda, realiza un examen notable por cuanto a la explicación del caudillismo. Las primeras páginas del primer artículo ofrecen un ensayo penetrante acerca de las razones de ser del caudillaje porfirista.

Para empezar, plantea con claridad que el clientelismo se creó en el momento en que fue reducido en un 75 por ciento el número de los efectivos del ejército. Para Chávez Orozco esto propició que toda la gente que combatió en las guerras de Reforma e intervención y que en un momento se quedó sin pertenencia al ejército organizado estuviera en espera del caudillo que la llamara. En parte es aceptable esa explicación, sin embargo, Porfirio Díaz, al triunfar, no la reincorporó al ejército del que la había expulsado el presidente Juárez. No obstante, puede funcionar el hecho como el de un enorme contingente que esperaba se le hiciera justicia. Pero en esto no consiste la aportación principal de Chávez Orozco. El valor radica en la descripción de los mecanismos de como opera un caudillo en sus etapas ascendente y consolidada en el poder. Antes de hacerlo, conviene ver de cerca algunos de sus juicios.

"No se ha estudiado aun, en México,—dice Chávez Orozco—la psicología del caudillo, con ser un país de caudillaje".[5] Llama la atención sobre la ausencia de biografías de Iturbide, Santa Anna, y Porfirio Díaz.

El día que tal estudio salga a la luz se facilitará mucho la tarea del historiógrafo. Entonces podrán comprenderse muchos acontecimientos ahora inexplicables. Esta será la manera de encontrar la relación lógica que haga menos caprichosa nuestra historia. Porque es en México donde se halla la mejor prueba aparente de la tesis del individualismo histórico. Es aquí donde el individuo llega a asumir en determinado momento el carácter trascendental más bien definido como factor en la

---

[4]Luis Chávez Orozco, "Orígenes de la autocracia de Porfirio Díaz", *Contemporáneas* 21 (febrero de 1930): 153–182; y "El mecanismo de la autocracia de Porfirio Díaz", *Contemporáneas* 36 (mayo de 1931): 144–164.
[5]Chávez Orozco, "Orígenes", 158.

evolución de un pueblo. De seguro no hay nación en el mundo que, como México, sea capaz de moldearse más fácilmente entre las manos de una personalidad vigorosa. En México se requiere un Cuauhtémoc para desatar el impulso combativo de un pueblo que quiere expeler al invasor. Sin Juárez la defensa nacional no hubiera alcanzado proporciones épicas.[6]

Ciertamente Chávez Orozco se deja llevar por el nacionalismo imperante en la época tendiente a peculiarizar como propias características fácilmente atribuibles a cualquiera otra latitud, sobre todo si se piensa en la Europa coetánea donde se desarrollaban personalidades como las de Stalin, Hitler, y Mussolini, y poco tiempo más tarde Franco y Oliveira Salazar. El premarxista Chávez Orozco no sospecharía que en una historia de la época escrita muchos años más tarde se omitiría el nombre del caudillo que la hizo significativa.[7] Sin embargo, lo rescatable es la insistencia en el factor caudillista, que desarrolla el profesor Chávez Orozco en los artículos que se comentan y que constituyen una aportación muy importante al subrayar aspectos psicológicos—como la teatralidad de Díaz para ganarse la confianza popular—y sociológicos, como su empleo clarísimo y acertado de conceptos como caudillo, para referirse a Díaz, y cacique, para denotar a Manuel Lozada.

La relación entre masa y caudillo, así como la conducta política del pueblo es otro aspecto que conviene ilustrar con una transcripción extensa del trabajo de don Luis:

En México, aunque parezca paradógico, [*sic*] la única manifestación de civismo activo está en la revolución. Es con la revolución como la voluntad de los únicos que la tienen o son capaces de imponerla, se patentiza. Somos incapaces de ir a la casilla electoral a manifestar, con el voto, nuestra voluntad, pero sí sabemos empuñar el rifle e imponerla. En realidad quien se lanza a la revuelta por simpatía a un caudillo ejerce una función de la misma naturaleza que quien se dirige a una casilla y en ella deposita pacíficamente su voto. Uno y otro manifiestan sus propias voluntades: aquél en forma estruendosa; éste, de manera callada, discreta, civilizada, en fin.

Y agrega:

Esto podría explicarse porque el caudillo se diferencia del candidato en que el primero, por las circunstancias que intervienen en su creación y por la naturaleza psicológica de los que tienen sus ojos puestos en él, obra movido por la convicción de que él y sólo él, que se ve deificado

[6]Ibid., 158–159.
[7]Margarita Carbó en colaboración con Andrea Sánchez, "La oligarquía", en *México: Un pueblo en la historia*, 3 vols., coord. Enrique Semo (México: Alianza Editorial Mexicana, 1988), 3:11–131.

por el fanatismo de que es objeto, es merecedor del poder. Sus partidarios comparten esta convicción que, por tener sus raíces en el sentimiento, es ciega. En una lucha de candidatos, verdaderamente democrática, los partidarios discuten, razonan más o menos apasionadamente, pero ninguno sería capaz de ofrecer su vida por el triunfo. Y es que la creencia en los merecimientos del candidato no llega a constituirse en la convicción ciega, dogmática, casi religiosa, que experimentan los fanáticos de una personalidad consagrada en un momento de hiperestesia nacional. Esto hace que el caudillo y los que siguen su bandera obren con la decisión ciega de quien se siente inspirado por una divinidad, arrollándolo todo, con la crueldad de un cruzado, hasta realizar su objeto.[8]

Luis Chávez Orozco escribió las líneas anteriores en 1930, después de la experiencia posrevolucionaria, con el recuerdo muy fresco del obregonismo y de la campaña electoral de 1929, y, sobre todo, con el eco resonante de las palabras de Plutarco Elías Calles en el mensaje presidencial de 1928, pronunciado antes de que pasaran dos meses del asesinato de Obregón. Aunque muy conocidas, permítaseme reproducir esas palabras: "Pero la misma circunstancia de que quizá por primera vez en la historia se enfrenta México con una situación en la que la nota dominante es la falta de *caudillos*, debe permitirnos, va a permitirnos orientar definitivamente la política por rumbos de una verdadera vía institucional, procurar pasar, de una vez por todas, de la condición histórica de *país de un hombre* a la de *nación de instituciones y leyes*".[9]

Calles agrega adelante, casi al final del Informe, las palabras que a continuación reproducimos: "Se presenta . . . la oportunidad, quizás única en muchos años . . . de hacer un decidido y firme y definitivo intento para pasar de la categoría de pueblo y de gobiernos de *caudillos*, a la más alta y más respetada y más productiva y más pacífica y civilizada condición de pueblo de *instituciones* y de leyes".[10]

El presidente Calles coincidía con lo que años antes exigía y lamentaba Martín Luis Guzmán y un año después, Chávez Orozco también expresaba. Sin entrar al contenido político del mensaje, lo que ahora conviene destacar es que el presidente de la República era particularmente claro en sus conceptos. Caudillismo e institucionalización se presentaban como antítesis y cada una de las palabras estaba dotada de un significado preciso.

[8]Chávez Orozco, "Orígenes", 160–161.
[9]*Los presidentes de México ante la nación. Informes, mensajes, manifiestos, de 1821 a 1966* (México: Cámara de Diputados, 1966), 3:805. Las cursivas son mías.
[10]Ibid., 807.

El primer saldo de la revolución

El primer gobierno constitucional, es decir, el encabezado por Venustiano Carranza (1 de mayo de 1917–21 de mayo de 1920) se enfrentó a una serie de tendencias centrífugas de parte de grupos revolucionarios y contrarrevolucionarios que dio lugar a una interesante pugna entre el gobierno federal, caudillos revolucionarios, gobernadores, grupos locales, jefes de operaciones militares y enemigos abiertos del nuevo régimen en la cual estaba en juego la consolidación del nuevo Estado mexicano emergido de la revolución y de la Constitución de 1917.[11]

Una rápida revisión de la situación arroja los siguientes resultados: entre los gobernadores que habían formado una base autónoma de poder se encuentra el coronel Esteban Cantú, del Territorio Norte de Baja California, quien había servido al maderismo, al huertismo, a la Convención y finalmente al constitucionalismo. En realidad decir *había servido* es un eufemismo. Realmente, ni el huertismo, ni la Convención ni don Venustiano estuvieron interesados en eliminar a Cantú, dado que su área geográfica les quedaba muy lejana y no ofrecía ningún antagonismo hacia ellos. Entretanto, Cantú consolidó una base propia de poder que ejerció hasta el último minuto, es decir, hasta que las fuerzas comandadas por Abelardo Rodríguez, al triunfo de la rebelión de Agua Prieta, lo expulsaron del territorio mexicano.[12] Esteban Cantú ilustra muy bien la tendencia centrífuga del poder, ya que supo estar congraciado con el centro, sin perder un ápice su autonomía local. La relación Carranza-Cantú fue positiva en la medida en que ninguno hizo nada contra el otro. En términos generales, el gobierno de Cantú resultó benéfico para la localidad. El grupo menos beneficiado fue el de los chinos, a los cuales, si bien se les explotó, al mismo tiempo se les toleró.

Caso distinto fue el de los jefes de operaciones militares. Lejos de analizar la trayectoria de cada uno de ellos, conviene retomar los que pueden ser los casos más representativos, es decir, los de aquellos jefes a los que Carranza otorgó confianza y que se ostentaron como máximos detentadores del poder en la región en la que les tocó ejercerlo. Uno de ellos el Manuel M. Diéguez, de Jalisco. El general Diéguez fue comandante militar de su estado y se convirtió después en gobernador constitucional del mismo. No obstante ello, y dada la amplia red de intereses que generó, Carranza se vio precisado a utilizar sus servicios militares fuera de su zona de origen (aunque no se debe olvidar que Diéguez surgió como revolucionario en

---

[11]Sobre este particular, cfr. Alvaro Matute Aguirre, "Las dificultades del nuevo Estado (1917–1920)" (Tesis doctoral, Universidad Nacional Autónoma de México, 1990).

[12]Vid Alvaro Matute Aguirre, *La carrera del caudillo* (Historia de la Revolución Mexicana, vol. 8) (México: El Colegio de México, 1980), 150–154.

Cananea) y así lo movió a combatir a Peláez en la Huasteca y a los villistas en el Norte (a él le tocó detener y juzgar a Felipe Angeles) y al final le encomendó la difícil tarea de contener a los aguaprietistas, cosa que no pudo lograr, al quedar inmovilizado antes de entrar en acción. No obstante su alejamiento de Jalisco, los gobernadores interinos le eran fieles y su zona de influencia se extendía a Colima y Nayarit, a través de comandantes de confianza, como el general Juan José Ríos.

Francisco Murguía—quien guardaba una enorme rivalidad con Diéguez—se hizo fuerte sobre todo durante su comandancia en el Norte, con sede en Chihuahua. Le tocaba a él combatir a Villa, y lo hizo en repetidas ocasiones. Sin embargo, aprovechó esos combates para fortalecerse política y económicamente, provocando diversos conflictos con el gobierno local y con las fuerzas de Defensa Social de Chihuahua, durante los años 1917 y 1918, hasta que fue sustituido por Diéguez.

Otros divisionarios constitucionalistas que ejercieron un poder inmoderado fueron Cesáreo Castro, Benjamín Hill, Pablo González, y, sobre todo, Salvador Alvarado, primero en Yucatán y después en todo el Sureste. Ciertamente, Alvarado gozaba de una importantes cobertura ideológica que no tenían los demás y logró avances muy importantes desde el punto de vista económico y reivindicativo popular, pero también destacó como elemento de poder regional.

Los comandantes militares dependían del gobierno federal y le debían total obediencia, pero en su ámbito propio se comportaban como señores de horca y cuchillo. Ello le acarreó al gobierno federal un gran deterioro de su imagen, puso en tela de juicio su legitimidad y generó una animadversión que supieron captar enemigos presentes y futuros.

Por otra parte, los comandantes militares tenían una razón de ser. Había grupos armados reales en combate abierto con el gobierno de Carranza. De origen revolucionario, quienes más destacaron fueron el ya mencionado Francisco Villa, en los estados de Chihuahua y Durango, con incursiones eventuales a La Laguna, en Coahuila, y Emiliano Zapata en el Sur. En una proporción mucho menor, puede mencionarse a algunos "rebeldes primitivos" a los cuales es difícil conceptuar a la manera de Hobsbawm y resulta más prudente dejarlos en "rebeldes". Ellos son, entre otros, José Inés Chávez García, Jesús Cíntora, y Pedro Zamora, de Michoacán y Jalisco respectivamente. Si bien tuvieron un origen revolucionario en la medida en que estuvieron asociados al villismo, en realidad operaban por sí solos y en su conducta depredatoria se pueden encontrar muy pocos elementos "revolucionarios".[13]

---

[13]Sobre Chávez García, vid Javier Garcíadiego Dantán, "Revolución constitucionalista y contrarrevolución (Movimientos reaccionarios en México, 1914–1920)" (Tesis doctoral, El Colegio de México, 1981), 39–94.

Los otros elementos rebeldes al régimen han sido debidamente catalogados de contrarrevolucionarios en la medida en que se manifestaron de manera abierta contra la legislación recientemente sancionada. Ellos son, entre otros, Manuel Peláez, señor de la Huasteca, Félix Díaz, a quien se sumaron algunos antiguos federales y que comandaba a los rebeldes anteriores que carecían de organización, Tiburcio Fernández Ruiz y Alberto Pineda, en tierras bajas y altas de Chiapas, respectivamente, los soberanistas oaxaqueños Guillermo Meixueiro y José Inés Dávila y el atinadamente calificado por Javier Garciadiego de "Camaleón victorioso", Juan Andres Almazán.[14]

El control territorial del nuevo Estado era precario, ya que había zonas enajenadas a su soberanía. La más acusada era la zapatista, ya que el estado de Morelos les pertenecía casi absolutamente. Sin embargo, la llamada política de pacificación desarrollada por el gobierno de Carranza fue avanzando de manera positiva y, si bien no eliminó a sus ememigos, sí les causó mermas significativas: Zapata sucumbió, los soberanistas casi se desarticularon al morir Dávila, Félix Díaz vio caer a Aureliano Blanquet y a Gaudencio de la Llave. Otros seguían en pie de lucha, pero lo importante es que al no estar unidos entre sí el nuevo Estado fue avanzando. Carranza dejó establecidas las bases, mas quienes lograron dar un paso hacia adelante fueron los rebeldes de Agua Prieta. En términos demasiado simplificadores, puede afirmarse que el apoyo popular logrado por Alvaro Obregón como candidato a la presidencia de la República fue obtenido gracias a la impopularidad del gobierno generada por varios factores: desde los años constitucionalistas, por el ejercicio inmoderado de la autoridad cometido por los ejércitos que ocupaban las plazas, por los momentos de hambre que se sintieron hasta 1918, por la antipatía ganada por los jefes de operaciones militares y la simpatía de la que gozaban muchos de los rebeldes (otros, como Zamora y Chávez generaban terror). En suma, Obregón captó simpatías y negoció con los rebeldes de manera de unificar en lo posible a todos los elementos dispersos y hacerse del apoyo de la casi totalidad de los elementos armados del país. De esa manera se sentaron en la misma mesa Genovevo de la O, Pablo González, Manuel Peláez, los soberanistas sobrevivientes, los mapaches de Fernández Ruiz y muchos otros. Después vendrían reajustes y habría nuevas eliminaciones físicas o por destierro. El caso es que durante el gobierno provisional de Adolfo de la Huerta se consolidó lo que pretendió hacer el de Carranza y nunca logró. De la Huerta

[14]Garcíadiego, "Revolución constitucionalista y contrarrevolución". Para Chiapas, vid también Antonio García de León, *Resistencia y utopía*, 2 vols. (México: Ediciones Era, 1985); para Oaxaca, Francisco José Ruiz Cervantes, *La revolución en Oaxaca: El movimiento de la Soberanía (1915–1920)* (México: Fondo de Cultura Económica, 1986).

entregó a Obregón un país más unificado, prácticamente sin rebeldes y con un dominio territorial calificable de pleno.

Partidos y caudillos

Dentro de un horizonte dominado por una experiencia bélica reciente, la normalización institucional de la vida política no es posible de inmediato. La figura aglutinante, a la que la masa otorgaba el carisma, era la única que posibilitaría el tránsito hacia una práctica política fundada en instituciones. Es el momento del personalismo a que aludía Martín Luis Guzmán en sus textos, escritos al calor de la campaña electoral de 1919–1920. Obregón habría de desempeñar el papel de vínculo entre la dominación carismática y la posterior burocrática, fungiendo como elemento tradicional que impulsaría la modernización o que, de no hacerlo la tradición se establecería de manera definitiva en una dictadura, al modo porfiriano. Tocó a José de León Toral definir los destinos de la estructura política del México de buena parte del siglo veinte, sin proponérselo.

El México de los años veinte ofrecía un panorama múltiple en el cual tenían cabida, de manera simultánea, caudillos, caciques, partidos, instituciones, es decir, formas y contenidos políticos plurales, contradictorios o antitéticos, que expresaban a una sociedad que acababa de ser sacudida por una revolución que postulaba reivindicaciones políticas, económicas y sociales, un México que expresaba afanes modernizadores y conservaba atavismos tradicionales, al igual que el México de la Reforma y el México de la actual posmodernidad. ¿Visión cíclica o circular de la historia? Tal vez sí, si se tiene en cuenta la repetición de constantes y variables a través de los siglos.

Uno de los problemas de la historia mexicana, tal vez de la latinoamericana, es la oscilación entre los conceptos y su contenido, entre los tipos ideales y las realidades, entre el ser y el deber ser. De ahí a que cuando se habla de partidos se hayan dicho cosas tan contradictorias como que antes de 1929, con el Partido Nacional Revolucionario (PNR), no había habido partidos políticos. En un extremo opuesto, se aceptaría que cualquier agrupación así denominada, sería un partido aunque su membrecía fuera mínima y sus programas confusos. Pero ese no es el punto controvertible. Esto radica en que el partido ideal o el modelo de partido sería la institución que dirigiría los actos de un gobierno emanado de él. En ese sentido, si nos ponemos hegelianos, diríamos que el espíritu absoluto no se ha posado en nuestros organismos políticos y ni el trinomio PNR-Partido Revolucionario Mexicano (PRM)-Partido Revolucionario Institucional (PRI) ha sido un partido político, sino apenas una agencia electoral. Aunque, como se verá más adelante, la primera parte del trinomio sí tuvo ciertos perfiles partidistas.

Volviendo a los años veinte, la política oscilaba entre los extremos de la tradición y los de la modernidad. En el más radical de los primeros se encontraba una infinidad de caciques a lo largo y ancho del país; como tránsito entre la dominación más tradicional hacia la moderna, y con todos los agregados distintivos entre caciques y caudillos se encontraban los caudillos, en medio de los cuales destacaba uno, el general Obregón, a la sazón presidente de la República. Y girando las manecillas del reloj modernizante hacia adelante, algunas agrupaciones que ostentaban el nombre de partidos y que, dentro de ellas, se podía encontrar una amplia gama en cuanto a su categorización, desde algunos muy claros hasta otros dueños de enorme confusión. Los había regionales y nacionales, de derechas e izquierdas, corporativos e ideológicos, con fuerza política real y apenas existentes entre los ideales y la semiclandestinidad. Baste mencionar a algunos: Partido Liberal Constitucionalista (pro-caudillista), Partido Laborista, Partido Nacional Agrario (corporatistas), Partido Nacional Cooperatista (también de alguna manera corporatista), Partido Socialista del Sureste (ideológico y regional), Partido Comunista Mexicano (ideológico y minoritario), en fin, Partido Fascista (igualmente ideológico y muy minoritario). Entre ellos los hubo de repercusiones internacionales, como los dos últimos, de expresión concreta, el Socialista del Sureste y su epígono Fronterizo de Tamaulipas, de coyunturas nacionales: Laborista, Agrario, Cooperatista, y Liberal Constitucionalista. Ahora bien, qué representaban en la vida política real estos partidos. Los regionales, y sobre todo el del Sureste, una relación estrecha entre una expresión caciquil y otra de vanguardia, y el ejercicio del poder en Yucatán, asociado al del hombre fuerte de la entidad, Felipe Carrillo Puerto.[15] Los partidos Comunista y Fascista, una vida muy estrecha y limitada a un universo partidista muy estrecho, aunque el del Comunista, mucho más amplio que el del Fascista. Por lo que toca a los de carácter nacional-coyuntural, los cuatro, pero sobre todo el Cooperatista y el Laborista, tenían una gran fuerza en las cámaras y poco a poco habían servido para levantar la fuerza política de sus respectivos líderes, Jorge Prieto Laurens y Luis N. Morones. Con estos partidos, además del Nacional Agrario, se puede percibir un adelanto o progreso en la vida política local, ya que al no haber un partido del gobierno—por razones caudillistas—ellos expresaban sus puntos de vista de manera más partidista, aunque hubiera ligas entre los partidos y algunos de los más altos funcionarios del gobierno, como Plutarco Elías Calles y Adolfo de la Huerta. El debate cameral era más libre y enconado y si bien no había una

[15]Vid Gilbert M. Joseph, "El caciquismo y la Revolución: Carrillo Puerto en Yucatán", en *Caudillos y campesinos en la Revolución mexicana*, comp. D. A. Brading (México: Fondo de Cultura Económica, 1985), 239–276.

oposición hacia el caudillo, el juego político entre ellos era abierto y enérgico.

La limitante era hacia arriba, hacia la cúspide de la pirámide del poder, en suma, hacia el general Obregón. Todos los partidos le debían lealtad, porque con los tres sectores que representaban había sido obsequioso, aunque ciertamente con los obreros parecía a veces que el pacto entraba en peligro de ruptura. No así con campesinos, dada la aceleración del reparto de tierras y sus expresiones populistas para congraciarse con las clases medias que aglutinaba el Cooperatista. En fin, ninguno tenía adversidad hacia el presidente y, a la vez, a ninguno le debía el presidente haberlo llevado a la silla. Como se sabe, Obregón se autopostuló y después aceptó el apoyo de los partidos, de las asociaciones, de los grupos. Su base electoral era el Centro Director Obregonista, que coordinaba los trabajos de los partidarios. Dicho Centro, una vez conseguido el objetivo, se desintegró.[16]

Sin embargo, la vida partidista funcionaba sólo en la normalidad cotidiana. Cuando se aproximó el momento de la sucesión presidencial, en el otoño de 1923, todo se vino abajo. La imposición de la candidatura de Calles, objetada por los delahuertistas, si bien tuvo repercusiones partidistas, no fue protagonizada por los partidos sino por el partidarismo hacia las personas. La situación del "personalismo electoral" de Guzmán se hizo presente nuevamente. La recurrencia a las sucesiones presidenciales conflictivas aparecía otra vez.

Cabe precisar aquí como entra en juego el papel del carisma, no como dominación, sino como elemento que pone en juego al electorado. Ni Calles ni De la Huerta eran propiamente unos caudillos típicos y sus arrestos carismáticos eran muy limitados, si no es que carecían por completo de ellos. Sin embargo, entra en juego una especie de activación del clientelismo con respecto a la nueva figura, con la cual la conducta política de los partidarios entra en perfecta consonancia con lo que describe Chávez Orozco. El candidato presidencial recibe una unción carismática que lo hace ser la figura central. En el caso de 1923–1924, buena parte del país se excindió en dos sectores de partidarios que, ante la postergación de uno de los posibles candidatos, se prefirió tomar las armas antes de ir a las urnas.

La rebelión delahuertista fue muy costosa en todos los sentidos posibles. Se gastó en ella un presupuesto que había servido para educar, se perdieron muchas vidas, y se reentronizó el caudillismo transitorio hacia el dominio tradicional. El retroceso político fue enorme. El sistema político imperante no toleró una posible disidencia electoral y ni siquiera la posibilidad de ejercer un fraude con las boletas y con ello derrotar a De la Huerta. Para Obregón fue la oportunidad de establecer nuevas reglas del juego político que lo llevarían a no abandonar el poder. La suerte quedó

---

[16]Véase mi libro citado *La carrera del caudillo*, passim.

echada. El Partido Cooperatista, que se manifestó partidario de don Adolfo, se extinguió. El Laborista, en cambio, capitalizó el vacío que dejaba el primero, pero Obregón no dejó que un partido solo conjuntara la mayor fuerza política. No obstante, Morones ocupó el lugar que había dejado vacante Prieto Laurens y, si se quiere, aun uno mayor. No sólo llegó a ser secretario en el gabinete callista, sino un factor político de alto peso, sólo relegado a planos menores por las altas figuras militares, asociadas con el obregonismo.

El caudillo fue abandonando paulatinamente toda esa carga valorativa positiva que le otorgan las caracterizaciones de González Navarro y Díaz Díaz.[17] En 1926 se llevó a cabo la reforma constitucional que permitía la reelección para un período no inmediato, en 1927 sucumbieron de manera violenta dos candidatos de oposición a Obregón, Serrano y Gómez, y, en fin, en 1928 se consumó la victoria electoral de Obregón como candidato único a la presidencia de la República. El dominio tradicional se hacía cada vez más presente. La vida partidista había experimentado un retroceso innegable.

La encrucijada de 1929

La muerte de Obregón fue la solución drástica y violenta a esa situación. Había conculcado la mitad del lema maderista con el cual se calzaban los oficios de gobierno. Calles tuvo la suficiente lucidez para darse cuenta que el ejercicio del dominio tradicional podía tener epílogos letales y apeló al que quiso llevar a cabo Venustiano Carranza un decenio antes, en el intento frustrado que éste realizara de implantar lo que después se conocería como "maximato", es decir, el dominio político pleno, por encima de la figura presidencial.

El instrumento político de Calles fue el partido. En 1929 se fundó el que habría de gobernar a México en los años sucesivos,[18] y del cual se ha

---

[17]Cfr. Moisés González Navarro, *La Confederación Nacional Campesina: Un grupo de presión en la reforma agraria mexicana* (México: B. Costa Amic Editor, 1968), y Fernando Díaz Díaz, *Caudillos y caciques: Antonio López de Santa Anna y Juan Alvarez* (México: El Colegio de México, 1972). La introducción de éste, apoyada en aquél, caracteriza al caudillo frente al cacique de acuerdo con lo siguiente: a) mentalidad urbana en el caudillo, rural en el cacique; b) proyección nacional del primero, regional en el segundo; c) lucha por el cambio social en el caudillo, defensa del statu quo en el cacique, programa en el caudillo, jacquerie en el cacique; y d) tránsito de la dominación carismática a la legal en el primero y de la dominación carismática a la tradicional en el segundo.

[18]Sobre sus orígenes, véase Alejandra Lajous, *Los orígenes del partido único en México* (México: Universidad Nacional Autónoma de México, Instituto de Investigaciones Históricas, 1979). Para una trayectoria más larga, Luis Javier Garrido, *El partido de la revolución institucionalizada, medio siglo de poder político en México: La formación del nuevo Estado (1928–1945)* (México: Siglo

expresado que no ha funcionado como verdadero partido, sino como agencia electoral del gobierno. Como señalé líneas arriba, esta afirmación requiere cierto matiz, dado que en su etapa PNR, y particularmente en el llamado maximato, hasta 1935, fungió más como partido que en épocas posteriores, en el sentido de que fue instrumento de orientación gubernamental. Ciertamente, esto último también puede y debe ser matizado. En realidad quien ejercía el poder era el propio Jefe Máximo, pero lo hacía valiéndose del PNR, en muchos de sus casos, tratando de dar la imagen de la vigencia institucional por encima del ejercicio del poder por "hombres fuertes". Ciertamente Calles ya no era un caudillo en el mismo sentido en que lo fue Obregón, y por eso tuvo que inventar un organismo político que, tras distintas transformaciones, ejercería un largo dominio, aunque, en realidad, esta es otra cuestión para matizar. Después de lo que Lázaro Cardenas llevó a cabo, es decir, con la liquidación del maximato por el presidencialismo, en realidad supeditó el partido al gobierno y no éste a aquél.[19]

En cuanto a los trabajos electorales el PNR inició sus días con una campaña electoral de gran envergadura. Tuvo frente a sí a un candidato de arrestos caudilliles, José Vasconcelos, quien tenía como escuela política la iniciada por Madero en 1910 y mucho de lo que fue la campaña electoral obregonista de 1919–1920, durante la cual, si bien se encontraba en el exilio, estuvo atento y colaboró con ella desde la prensa.[20] Es decir, Vasconcelos se proclamó candidato presidencial y después recibió el apoyo del Partido Antirreeleccionista de Vito Alessio Robles y de manera simultánea el de clubes, asociaciones y partidos menores.[21] Vasconcelos, huelga decirlo, era, ante todo una personalidad ampliamente conocida desde su ejercicio como secretario de Educación Pública y poseía los arrestos necesarios para opacar al candidato del partido oficial, Pascual Ortiz Rubio, quien había vivido ocho años fuera del país. Si se observa con detalle la campaña vasconcelista es fácil advertir, no sólo con base en documentos periodísticos o en correspondencia, sino incluso con fotografías que muestran plazas llenas de partidarios asistentes a mítines, que no hay relación entre eso y las escasas cifras que le concede el cómputo oficial de los votos a su favor. Si el historiador no puede afirmar de manera contundente que se celebró en 1929 un enorme fraude electoral, tampoco

---

XXI Editores, 1982), y Carmen Nava Nava, *La ideología del Partido de la Revolución Mexicana* (Jiquilpan: Centro de Estudios de la Revolución Mexicana "Lázaro Cárdenas", A.C., 1984).

[19]Tzvi Medin, *Ideología y praxis política de Lázaro Cárdenas* (México: Siglo XXI Editores, 1972), 63–73.

[20]*La caída de Carranza: De la dictadura a la libertad*, pról. de José Vasconcelos (México: [s. e.], 1920).

[21]John Skirius, *José Vasconcelos y la cruzada de 1929* (México: Siglo XXI Editores, 1978).

puede ser tan ingenuo como para aceptar como ciertas cifras tan reducidas.[22] Una explicación puede ser aquella que apela al enorme clientelismo desarrollado por el PNR entre la población rural dominada por una enorme red caciquil que haya llevado a la masa a votar por Ortiz Rubio. Otra es que, con base en lo anterior, además, los partidarios de Vasconcelos, aunque más activos, eran de las clases medias, por consiguiente minoritarios en el México de 1929. Sin embargo, quienes se inclinan por la consumación de un fraude electoral, y que se expresan así a partir del propio Vasconcelos, están mucho más cerca de la verdad que los otros exégetas.

Ya con Ortiz Rubio en el poder, el partido fue utilizado por Plutarco Elías Calles para dominar la timidez presidencial, la cual, al fracasar sus intentos de independencia, optó por la retirada. Calles necesitaba un presidente totalmente fiel a su dictado. Más adelante, en 1934, con la elaboración del Plan Sexenal, se asistió al umbral de la posible conducta partidista del PNR, al darle un programa al candidato presidencial. Si bien en su ejercicio como primer mandatario, Cárdenas siguió los lineamientos del Plan, él fue quien impuso su política al partido y no a la inversa. Seis años más tarde, al elaborarse el Segundo Plan Sexenal, parecería que el PRM ejercería una presión partidista sobre el nuevo presidente, pero el ejercicio del poder de Manuel Avila Camacho pone en evidencia que el Plan no fue adoptado por él en su política. De entonces a la fecha, el partido oficial se destaca como agencia electoral más que como verdadero partido político. Mientras que Obregón acabó temporalmente con la no reelección la herencia de Calles consistió en conculcar el "sufragio efectivo".

La figuras carismáticas y los procesos electorales

La figura caudillista no quedó erradicada del todo. El experimento de Calles no fue tan absoluto como para ser tajante en la afirmación de que a partir de 1929 se pasó de la era de los caudillos a la de las instituciones. La cultura política no cambia de manera tan vertiginosa como para que quienes fueran a las urnas antepusieran el partido a la persona. Ciertamente, la propaganda electoral ha hecho mucho para "carismatizar" a los candidatos oficiales y ha habido algunos que han aportado cualidades propias a ese proceso, mientras que otros no han logrado ejercer magnetismo sobre las masas. Lo que se ha repetido sexenalmente es la reactivación del clientelismo para garantizar votantes, aunque en ciertas épocas, eso ha propiciado o la indiferencia de parte de la oposición, como en 1958 y en 1964, cuando salvo la presencia de los candidatos del Partido Acción Nacional (PAN), parecía que había un solo aspirante a la presidencia. Esto, a

[22]Vid Lajous, *Los orígenes del partido*, 65–79.

su vez, trajo como consecuencia la ausencia de votantes en un abstencionismo creciente en 1970 y 1976, que pudo ser disminuido en 1982, aunque dejando todavía porcentajes amplios de ciudadanos que no acudieron a las casillas. Anteriormente había habido candidatos herederos del caudillismo carismático de figuras de oposición como Madero, Obregón, y Vasconcelos. Estos fueron Juan Andrew Almazán, Ezequiel Padilla, Miguel Henríquez Guzmán, y, recientemente, Cuauhtémoc Cárdenas Solórzano.

Hay un factor común entre estos cuatro candidatos derrotados y lo que en su momento fueron Obregón y Vasconcelos—y aún el propio Madero—y esto es que son personas que se fueron a la oposición después de haber servido dentro del gobierno. Es decir, aspiraron a la presidencia desde fuera de la candidatura oficial, pero sin tener un origen desconocido o sospechoso para el votante. Fuesen sus posiciones más a la izquierda o a la derecha de los candidatos oficiales, el electorado les otorgaba confianza en la medida en que no se les podía imputar que fueran inexpertos en materia gubernativa. Muchos fueron secretarios de los gabinetes presidenciales, gobernadores, jefes de operaciones militares, en fin, personas que detentaron ser elementos que "garantizaban la continuidad de la Revolución Mexicana" o elementos discordantes dentro de la "familia revolucionaria" como se refiriera a ellos el viejo evolucionista Jorge Vera Estañol.[23] En fin, entre otras cosas, ello les hizo ganar simpatizantes y, desde luego votos, que, como en el caso de la elección de 1929, es difícil aceptar en la versión oficial de los cómputos.

La cultura propicia al caudillismo, la cultura que requiere del carisma como elemento motivador para hacer que la base votante acuda a las casillas está presente y se ha manifestado en diversas ocasiones. Incluso la toma de armas, si bien se ha inhibido, no ha estado ausente, como en 1952, en la Alameda Central de la ciudad de México, lo cual remite a las represiones de vasconcelistas en la avenida Juárez en 1929. La institucionalización callista no sustituyó al personalismo, por lo menos hasta 1952. El abstencionismo electoral, muy grande en las elecciones federales que sólo renueven la cámara de diputados, también ha demostrado que los partidos por sí solos no han sido un elemento ni aglutinante ni suficientemente politizador. De ésto sólo el futuro inmediato puede dar una respuesta eficiente, dado que las elecciones de 1988 combinaban la renovación de dos poderes y ello siempre garantiza una votación más elevada. No obstante, si se parte de la base de que es la sociedad la que genera las conductas políticas, la de finales del siglo veinte debe manifestarse de manera muy distinta a la que apenas emergía de la fase armada de la Revolución y que conocía sus primeros asentamientos en la década de los veinte.

[23]Jorge Vera Estañol, *Historia de la Revolución mexicana: Orígenes y resultados* (México: Editorial Porrúa, 1957), 651–760.

Conclusiones

El análisis de la conducta política de gobernantes y gobernados, de los cuadros que detentan el poder en relación con la sociedad que los genera y soporta es fundamental para conocer los grados de avance, estancamiento y retroceso de la sociedad misma. La contribución de las tipologías weberianas ha sido de una utilidad sumamente enriquecedora para el caso, así como las apreciaciones que, sin tener una base metodológica formal, el buen uso de la intuición política e historiográfica permitió llegar a niveles de mucha profundidad.

La utilización de esas herramientas de trabajo permite cotejar cómo han surgido elementos de progreso y retroceso a partir de un mismo horizonte político. En el caso particular de este estudio, la herencia de los revolucionarios sonorenses es paradójica. Por una parte, un caudillo que tiende al cambio se convierte en anteproyecto de dictador; por la otra, el que supuestamente haría avanzar la práctica política institucionalizada incurre en poner freno a los elementos progresistas para mantener una estructura de dominio definitivamente tradicional. En última instancia la inteligencia de Calles radicó en saber sacrificar la individualidad en aras de mantener el dominio, pero el papel de las figuras carismáticas no ha cesado de funcionar en la sociedad mexicana del siglo veinte. A diez años de que éste concluya, la realidad histórica será la encargada de convalidar las hipótesis que pretenden elaborar diagnósticos sobre ella.

El Estado nacionalista, su referente histórico

Alicia Hernández Chávez

EL ESTADO NACIONAL concebido bajo referentes históricos precisos es hoy obsoleto y por lo mismo está en crisis. Concretamente, uno de los retos de la modernización del país se ubica precisamente en deslindar al Estado de su contenido nacionalista de las décadas precedentes y reformular un pacto político económico bajo nuevos parámetros internos e internacionales. El propósito de mi ensayo es ubicar en su contexto histórico la forma particular del Estado nacionalista mexicano que se configura de 1934 a 1940.[1]

Los dos grandes momentos políticos del México contemporáneo son la revolución mexicana y el gobierno de Lázaro Cárdenas (1934–1940). El cardenismo, al incorporar procesos, prácticas políticas y actores sociales excluídos del proyecto político estatal que se perfiló a partir del inicio del siglo XX marcó con tinta indeleble la historia del país por casi medio siglo. El cardenismo se desenvolvió bajo circunstancias complejas siendo sus antecedentes básicos, determinadas formas del proyecto liberal del siglo XIX, la revolución de 1910-1920 y la crisis mundial que se desata en 1929.

La forma del Estado nacionalista mexicano de los años treinta tiene tanto características comunes a otros países latinoamericanos, como diferencias. Común a todos estos países es la situación provocada por la depresión de 1929 que se refleja como una crisis en el sector externo por la limitación al acceso de capital y la consiguiente contracción de las importaciones y exportaciones. En los diversos países se recurre o intensifica la intervención del Estado en su economía acompañado de reformas político-sociales importantes. No obstante, hay diferencias fundamentales entre México y América Latina que deben destacarse. La

---

[1]Este ensayo se sustenta en un libro de próxima publicación: Alicia Hernández Chávez, *Lázaro Cárdenas and the Mexican Political System* (University of California Press).

revolución mexicana, si bien no se propuso romper la dominación capitalista sobre los medios de producción, sí desarticuló a la oligarquía terrateniente y a las familias empresariales ligadas a los Científicos.[2] En esa medida cumplió con uno de sus cometidos: abrió nuevas oportunidades para grupos populares, clases medias y estratos de la burguesía que con dificultades accedían anteriormente a los mecanismos de representación político-económicos del grupo porfirista.

La Gran Guerra generó un auge mercantil y demanda de ciertos productos como carne, cueros, algodón, guayule, azúcar, tabaco, así como en el sector del petróleo y minerales. Fue la reactivación de ciertos sectores de la producción, el auge comercializador el que aceleró el desplazamiento de capitales del área agrícola hacia la inversión en sectores en ese momento más dinámicos. El estímulo económico que generó la economía de guerra y la cercanía de México con el mercado norteamericano propiciaron la rearticulación de los nuevos empresarios políticos con los hombres de negocios del régimen previo.[3] En esta medida rápidamente se facilitó un pacto, no una ruptura, entre nuevos y antiguos capitalistas, explicable en buena medida porque los primeros estaban en puestos públicos con poder y los segundos contaban con capital y empresas.

La posición geopolítica de México frente a Estados Unidos de Norteamérica fue básica, pues a diferencia de países sudamericanos como Brasil,[4] que quedaron relativamente aislados en esos años, México alimentó la demanda del mercado norteamericano que a su vez reestructuraba su economía en función de las necesidades de la guerra europea. Por esta situación los sectores ya mencionados de la economía mexicana crecieron— pese a la guerra interna—hasta mediados de la década de los años veinte. Con ese auge que tiene lugar de 1915 a 1921, motivado por la Gran Guerra, los países aliados crearon el War Trade Board y el Enemy Trading List con la finalidad de establecer un bloqueo económico en contra de Alemania y sus aliados. En el caso particular de México la "filial" norteamericana del War Trade Board se valió de dicho organismo para desplazar al capital europeo y vincular la economía mexicana de manera prioritaria con la norteamericana. Es decir, se rompió el esquema porfiriano de inversión múltiple, capital inglés, francés, alemán o norteamericano y se instauró la tendencia, que

[2]Cf. Alicia Hernández Chávez, "Militares y negocios en la Revolución mexicana", en *Historia Mexicana* 34, no. 2 (octubre-diciembre 1984), (134), 181–212.

[3]Ibid.

[4]Steven C. Topik, *The Political Economy of the Brazilian State, 1889-1930* (Austin: University of Texas Press, 1987). Por ejemplo en Brasil, a pesar del impacto de la Gran Guerra, no se modificó la función hegemónica del sector cafetalero. El autor muestra que durante esa década, el sector militar brasileño tuvo un papel activo en la promoción de políticas nacionalistas, de defensa nacional, de industrialización.

prevalece hasta hoy día, de interrelación casi absoluta de la economía mexicana con la norteamericana; situación que por otra parte no se vive de manera tan radical en otros países latinoamericanos.

Finalmente cabe destacar otras diferencias importantes entre México y América Latina. El Estado mexicano cobra rasgos específicos en la nueva Constitución Federal de 1917: un carácter patrimonial con derecho de intervención y dirección sobre los bienes materiales de la nación, mandato constitucional que cobraría su máxima expresión en los años treinta. La facultad de intervenir y dirigir la vida económica y social de la República echó raíz en terreno cultivado por la década de revolución que aceleró la transformación de la sociedad mexicana. Por una parte, con la revolución mexicana se derrotó y disolvió un ejército profesional y éste fue sustituido por un ejército de ciudadanos en armas. Las fuerzas armadas, una vez más, se moldearon sobre una base popular y electiva según el modelo de la Guardia Nacional del siglo anterior. Estas características del nuevo ejército fortalecieron el arraigo territorial y la representación política de las élites regionales y de los pueblos cuya expresión o participación política fue fundamentalmente civil y no militar.[5] En suma, se interrumpe el proceso de constitución de un ejército profesional y se recupera la continuidad histórica de los poderes y formas de representación de tipo notabiliario del siglo XIX. La ausencia de un ejército profesional como grupo de presión política dejó amplio espacio a la consolidación del nuevo Estado mexicano.

Asimismo, con la revolución irrumpe, de forma violenta, un proceso de organización obrera y campesina que lleva al nuevo Estado en gestación a pactar y establecer alianzas entre nuevos actores agrarios y obreros, concediendo prebendas a sus representantes y reformas sociales en ambos sectores al grado de incluirlos en la forma histórica que se va conformando del Estado y gobierno de México. Dichas reformas son viables por una relativa prosperidad económica en buena medida atribuible a cierta redistribución de los recursos y a la recién encontrada libertad política de los nuevos actores sociales.

Hacia finales de la década de 1930, es básicamente la depresión del mercado norteamericano la que altera la capacidad del país para crecer por efectos de la dinámica de su mercado. En lo político, el Estado enfrenta serias dificultades para reestructurar el nuevo mercado político de tal forma que incluya cabalmente las demandas de las clases medias urbanas y rurales.

---

[5]Alicia Hernández Chávez, "La Revolución mexicana, lucha y desenlace", en *Iberoamérica: Una comunidad*, 2 vols. (Madrid: Ediciones de Cultura Hispánica, 1989), 1:759–771; idem, "Origen y ocaso del ejército porfiriano", *Historia Mexicana* 39, no. 1 (julio-septiembre, 1989), (153), 257–296; idem, "La Guardia Nacional y movilización política de los pueblos", en *Patterns of Contention in Mexican History*, ed. Jaime E. Rodríguez O. (Wilmington, DE: Scholarly Resources, 1992), 207–225.

Testimonio de ello son la Cristiada y la Cruzada vasconcelista. La primera como movimiento rural armado de corte mesiánico incorpora segmentos medios de pueblos y villas y agricultores (1926 a 1929). La segunda es formada por la ciudadanía de centros urbanos que busca formas democráticas de participación vía la elección presidencial de 1929. Ambos movimientos son reprimidos y sus militantes exiliados o muertos. La evidencia brutal es que el Estado mexicano posrevolucionario se sustenta en bases sociales aún inestables, que las reformas económicas son raquíticas y que básicamente un puñado de políticos y empresarios, estrechamente vinculados entre sí, gozan de la riqueza nacional.

Samuel Ramos afirma en 1934 que "el mexicano ha cancelado el futuro de su conciencia", la frustración se conjuga con la crisis económica. El movimiento obrero pierde su capacidad de expresarse a través de movimientos huelguísticos y se reducen sus prebendas políticas y beneficios económicos. Al mismo tiempo sus cúpulas, bajo la batuta de Luis N. Morones—dirigente sindical de la Confederación Revolucionaria de Obreros desde su fundación en 1918—, optan por una colaboración con el gobierno ejerciendo mayor control sobre sus bases sindicales y suprimiendo todo movimiento huelguístico. Esto da cabida a que durante el periodo más agudo de la crisis (1930–1931) se escinda la central y proliferen un buen número de organizaciones obreras al margen de ella y en oposición a la política del gobierno. Las principales son la Confederación Sindical Unitaria Mexicana, de influencia comunista, la Confederación General de Obreros y Campesinos de México (CGOCM), que se escinde de la CROM, bajo la dirección de Lombardo Toledano, la Confederación General de Trabajadores (CGT), las Cámaras del Trabajo etc. En síntesis, el desmoronamiento de la CROM— sector de apoyo de los gobiernos sonorenses—y la multiplicidad de organizaciones obreras fuera del control gubernamental anuncian ya lo endeble de la base política del Estado. También la crisis interior de la familia revolucionaria se manifiesta en los continuos cambios de gabinete: cuatro cambios presidenciales en cinco años.

Lázaro Cárdenas asume la presidencia de la República bajo estas condiciones. El problema que se plantea para el nuevo presidente es cómo, con quién y hacia dónde reestructurar la economía y con base en ello hacer un nuevo pacto social. Contrario a lo que sostiene la historiografía tradicional, el gobierno de Lázaro Cárdenas no fue solamente la respuesta a las presiones externas e internas, fue desde el comienzo una política distinta. Al inicio de su gobierno, el presidente toma tres medidas que no son visibles para los analistas políticos. La primera es cambiar las comandancias de zona militar para romper los vínculos entre gobernadores callistas y comandantes militares afines. De 1935 a 1936 se remueven catorce gobernadores vía el recurso legal de declarar desaparecidos los poderes por perturbación del orden interno violentando de manera drástica el pacto federal.[6] De esta forma se elimina la posibilidad de una coalición entre comandantes de zona militar con gobernadores y la viabilidad de un golpe de Estado. De manera simultánea se suprime la inamovilidad de los magistrados de la Suprema Corte de Justicia y se hace coincidir su periodo con los seis años de su gobierno. La designación de los nuevos magistrados se lleva a cabo con base en personas que "interpretarán cabalmente la política revolucionaria del nuevo Gobierno".

También de manera absolutamente confidencial, en los primeros tres meses de gobierno, se inicia el estudio del proyecto e iniciativa de reforma al artículo 27 de la Constitución, con la instrucción de "reformular el proyecto nacional para darle un nuevo significado al pacto federal". El instrumento legal básico fue la ley de expropiación por causa de utilidad pública. La urgencia por reglamentar el párrafo 8 del artículo 27 constitucional obedeció a que "no existía una ley federal de expropiación por causa de utilidad pública, lo que significa un hueco de enorme trascendencia ante las exigencias modernas de interés colectivo, que impide al gobierno federal hacer frente de una manera rápida, legal y precisa a casos de emergencia que reclaman en un momento dado una intervención decidida del poder público ante la salvación del interés muchas veces de carácter nacional".[7]

El giro fue radical. La reforma legal transformó a la nación en un ente superior por encima de los intereses individuales o de grupo. Es decir, se reformuló el pacto federal en el sentido de que el Estado, en nombre de la nación, además de estar facultado para regular el interés de los Estados federados, adquirió el derecho de intervenir y dirigir el interés y bienestar general de la sociedad. La mutación constitucional fue fundamental, del estatismo se pasó al Estado nacionalista.

El siguiente paso fue proceder de inmediato a una profunda reestructuración económica en nombre de la nación. Se contempló—desde 1935—en la agenda política la expropiación del sector petrolero, eléctrico, de comunicaciones y el agrario. Cada reforma se implementó sustentada legalmente y sancionada por la Suprema Corte y por supuesto arropada de grandes movilizaciones cuya finalidad fue reactivar la identidad de los actores sociales con la nación. La primera fue la reforma agraria, con la cual se expropió en nombre de la nación las tierras de agricultura comercial, y se entregaron en posesión al ejidatario reservándose el Estado su derecho de propiedad. Por decreto, en dos años se repartieron veinte millones de hectáreas a aproximadamente un millón de cabezas de familia. No sólo se expropia la tierra sino también la agroindustria ligada a ella. Se creó así una clientela política cautiva del Estado a nivel nacional. En 1937 se nacionalizan

[6]Alicia Hernández Chávez, *La mecánica cardenista* (vol. 16, *Historia de la Revolución Mexicana*) (México: El Colegio de México, 1979).
[7]Archivo Francisco J. Múgica: Jiquilpan, Michoacán, s/c año 1935.

los ferrocarriles y al año siguiente el petróleo. En la agenda de ese último año, el 1938, se proponía la expropiación eléctrica, que se suspendió.[8]

Cabe aquí hacer énfasis en un proceso que se refuerza con cada una de las reformas. En la medida en que el manejo y dirección de las expropiaciones se induce a partir de la Presidencia deja poco margen de autonomía a los dos poderes de la unión y a los mismos actores sociales. Los poderes de la unión de hecho ceden su autonomía frente a un proyecto "nacional" fortaleciendo así el poder presidencial al transferirle la representación y dirección del interés de la nación. El proceso simultáneo del bien nacional y del reforzamiento del poder ejecutivo es esencial para la comprensión del régimen presidencial mexicano.

El plan sexenal del gobierno de Cárdenas contempló desde su inicio, por lo ya expuesto, la expropiación directa de ramas económicas altamente concentradas y de peso estratégico para la conducción económica del país. Justamente fue por ello que se promulgó la ley de expropiación y se amplió su contenido al introducir una nueva concepción jurídica de la propiedad, la del interés social. A partir de esta mutación en la función y naturaleza del Estado, y hasta hoy día, tiene éste la facultad para intervenir con rapidez si la propiedad fecunda no se explota, si algún agente de la producción rompe el equilibrio, o en general en toda acción de dirección que garantice el bienestar de la sociedad.

El plan se concibió como modelo para avanzar e inclusive acelerar el desarrollo económico y social del país y no se propuso abolir el predominio capitalista sobre la economía mexicana o mucho menos entregar "los medios de producción de los obreros". El principio económico fue fortalecer y expandir el mercado interno y crear las condiciones para un desarrollo industrial. El concepto básico fue un sistema de economía mixta donde el Estado ocuparía un sitio estratégico como rector de la economía, redistribuyendo el ingreso y buscando un equilibrio sociopolítico. Más aún, en áreas económicas determinadas, el Estado funcionó como propietario de los medios de producción.

El supuesto básico del plan nacional[9] fue la intervención directa del Estado en el área centralizada de la economía: energéticos: electricidad y petróleo, comunicaciones y sector financiero. Se consideró que la minería requería de mayor centralización y se propuso un plan de reorganización previo, dirigido a su futura nacionalización. La distribución de bienes de consumo se ordenaría vía el control o administración de las vías férreas y de comités reguladores del mercado de subsistencias. La industria en manos privadas nacionales y extranjeras se dejaría libre a condición de que no lesionara el interés de la sociedad en su conjunto.

[8]La nacionalización de la industria eléctrica se lleva a cabo hasta 1960.
[9]Archivo Francisco J. Múgica: s/c año 1935.

Las miles de empresas de pequeño capital: industria, manufactura en pequeño, artesanado, comerciantes, cooperativas, pequeños propietarios de tierras, debían abandonarse a la iniciativa privada y la libre competencia. La idea fue que con el apoyo estatal se organizara un sistema de cooperativas de trabajadores: los obreros en las fábricas, en las minas y entre los agricultores. Teóricamente, se supuso que el uso del alto poder interventor del Estado aumentaría el ritmo de su proceso de transformación económica.

Hasta hoy día se suele caracterizar el periodo de gobierno de Lázaro Cárdenas como fundamentalmente agrarista. Considero que si bien la política ejidal fue un aspecto esencial del cardenismo, el plan de acción del gobierno se basó sustancialmente en el fortalecimiento de un mercado interno y en el desarrollo industrial de la agroindustria y manufactura.

Con la reforma agraria y el reparto masivo[10] de las tierras de agricultura comercial del país se cumplieron diversos propósitos. En lo económico, la expropiación de los latifundios potencialmente más productivos del país desplazó capitales del campo hacia la industria, desviando tendencialmente su inversión hacia áreas más dinámicas de la economía. Con esa medida, liberó al sector industrial del arrastre negativo del sector agrícola. A la vez, con el reparto agrario se creó un mercado de consumo de aproximadamente un millón de familias, nada menos que un tercio de la población total del país. La oligarquía terrateniente no opuso mayor resistencia al reparto agrario masivo que se efectuó de 1936 a 1937 por dos motivos básicos. El primero, porque no existía un sector militar como en Brasil o Argentina en quien apoyarse. El segundo, porque ante un mercado internacional inestable y deprimido la mejor alternativa fue acelerar la tendencia de reinvertir en las áreas de industria y comercio nacionales que en sí eran atractivas por la nueva demanda interna del mercado mexicano.

La intención económica corrió a la par con la política. Con el reparto agrario se creó una clientela cautiva: el ejidatario. Así se estabilizó o nulificó políticamente al sector social más volátil. Es decir, se liberó al Estado del arrastre político negativo del sector potencialmente más peligroso, el campesino, y se consolidó una base sólida de apoyo que le brindó invaluables márgenes de autonomía estatal.

El rasgo distintivo de este periodo fue la intervención estatal, cuya magnitud y calidad se centró en áreas estratégicas mediante reformas y cambios estructurales encaminados directamente a la creación, ampliación y reconversión de infraestructura física e institucional, inclusive participando en actividades productivas directas. Sobresale de esta intervención su función

[10]El reparto agrario afectó cerca de dieciocho millones, cuatrocientas mil hectáreas, y benefició a más de un millón de jefes de familia. Los ejidatarios constituían el 41.8 por ciento de la población dedicada a la agricultura y poseían 47 por ciento de las tierras de cultivo. Cf. Hernández Chávez, *La mecánica cardenista*, 178.

como agente fortalecedor del crecimiento económico que tiene lugar en la conformación de un nuevo modelo de desarrollo endógeno. Se inicia el abandono del esquema primario exportador, y el eje de la acumulación se desplaza hacia el sector agroindustrial y de manufacturas. Es decir, tiene lugar un proceso de cambios sustantivos en la estructura productiva, cuya demanda responde cada vez más a factores internos.

El soporte principal de la política gubernamental quedó conformado por cuatro áreas importantes: el uso del gasto público como instrumento para la formación de capital, la creación de instituciones financieras y bancarias, la política de expropiaciones y la reforma agraria.

La nueva política económica se alejó de la asignación de los recursos de la hacienda pública a partir de equilibrios presupuestales; es decir, las finanzas públicas no se usaron para la estabilización, como el periodo anterior, sino para el crecimiento. El gasto público y los mayores financiamientos del sistema bancario, sobre todo el estatal, apoyados en una expansión del mercado interno, se convirtieron en los impulsores del crecimiento. El gobierno, con aumentos considerables en el gasto y la inversión pública, buscó la movilización plena de los recursos económicos existentes; consolidar su obra en comunicaciones, en áreas de agricultura comercial, en energéticos, y en las áreas financieras y sociales. Lo anterior refuerza el abandono del esquema primario exportador, dado que el motor del crecimiento ya no se va a localizar, en forma exclusiva y determinante, en la inversión extranjera, o en la deuda externa, como tampoco en las exportaciones tradicionales; es decir en factores externos que están fuera del control de la política económica gubernamental.

La existencia de un creciente gasto público se manifiesta a partir de 1936, cuando los gastos totales del gobierno superan sus ingresos.[11] En el periodo 1936 a 1940 los déficits de la hacienda pública se convierten en las constantes. En cuanto a la estructura del gasto según su función, si bien en términos absolutos se dirigió principalmente hacia las áreas administrativas y, dentro de éstas, a la defensa nacional, su comportamiento relativo indica que los rubros que obtuvieron un comportamiento más dinámico fueron los económicos y los de beneficio social. La participación de los primeros pasó de 23 por ciento en 1934 a 28 por ciento en 1940, mientras que los sociales lo hicieron de 14 por ciento a 18 por ciento en los mismos años. Los gastos administrativos disminuyeron del 60 por ciento al 50 por ciento. Asimismo las tasas reales de crecimiento medias anuales para los tres rubros refuerzan

[11]El análisis económico se realizó a partir de *Estadísticas históricas de México* (México: INEGI-SPP-INAH, 1985); Enrique Cárdenas, *La industrialización mexicana durante la Gran Depresión* (México: El Colegio de México, 1987); y María Elena Cordero, "Estructura monetaria y financiera de México, 1932–1940," *Revista Mexicana de Sociología* 41, núm. 3 (julio-septiembre 1979): 729–768.

la idea anterior ya que, de acuerdo al mismo orden, fueron de 11.6, 11.8 y 4.6 por ciento, respectivamente. La tasa de crecimiento promedio real de los egresos totales del gobierno federal fue de 7.71 por ciento entre 1934 y 1940, es decir, su crecimiento fue más dinámico que el del Producto Interno Bruto (PIB). Aun más, el componente del gasto público que mostró un mayor dinamismo fue la inversión federal según su destino con una tasa promedio de 11.6 por ciento en el mismo periodo, convirtiéndose en instrumento principal de la formación bruta de capital mediante un amplio programa de obras públicas. Así, dentro de las actividades básicas de desarrollo, el rubro de comunicaciones y transportes ocupó las tres cuartas partes de la inversión federal total (68 por ciento en 1935 y 52 por ciento en 1940). Esto indica la clara intención del gobierno de integrar más al país y ampliar el mercado interno. La inversión destinada al fomento agropecuario también recibió un impulso si observamos que de representar el 10 por ciento de la inversión total en 1930, pasó a participar con 22 por ciento en 1935 y 16 por ciento en 1940. El rubro de fomento industrial aparece tan sólo a finales de la década de 1930, debido a que gran parte de ese gasto se incluía dentro de los gastos corrientes de regulación, control y administración y no en el rubro propiamente de inversión. La reciente formación del sector paraestatal industrial tampoco permite registrar a nivel estadístico su impacto. Por lo mismo, es a partir de la expropiación y regulación de ramas industriales fundamentales (petróleo, electricidad y minería) que el fomento industrial aparece como una partida separada que adquiere una acelerada importancia en los dos últimos años de gobierno de Cárdenas.

Las fuentes de ingresos del gobierno federal

Las fuentes de ingreso del gobierno para financiar sus gastos e inversiones se obtuvieron de recursos internos, básicamente fiscales y de la deuda pública. La política impositiva tuvo por objetivo una mayor equidad de la carga tributaria. En este sentido, buscó la disminución de los impuestos indirectos y el aumento de los directos y la eliminación de las exenciones fiscales de que gozaban muchas empresas. El aumento de los impuestos directos obedecía a un sentido de mayor equidad fiscal que afectara en modo directo y efectivo el capital y "lograr que su difusión coincida con la verdadera capacidad económica de los contribuyentes".[12] A la minería se le fijaron cuotas progresivas en relación con el aumento en sus cotizaciones y se elevaron los impuestos al petróleo. Fue bajo este criterio que el impuesto

---

[12]México, *Publicación Oficial de la Secretaría Particular de la Presidencia, Informe de gobierno 1935.*

sobre la renta se convirtió en el tercero en importancia por el monto aportado a los ingresos totales. Los impuestos más importantes fueron aquellos que gravaban la explotación de los recursos naturales, el comercio exterior y la renta. Sin embargo, los ingresos públicos totales no sufrieron cambios trascendentales: en 1934 los ingresos públicos federales representaban 7.1 por ciento del PIB y en 1940 el 7.0 por ciento. Los impuestos a la exportación, de ser insignificantes en 1934, pasaron a representar en 1939 y 1940 una proporción que superaba el 11 por ciento de los ingresos totales que se explican por las devaluaciones de 1938 y 1939 que generaron un incremento sensible en las exportaciones que fueron acompañadas por un beneficio importante, por lo que el gobierno decidió establecer un impuesto (12 por ciento) sobre el valor de los productos que se exportaban, con la intención de gravar la ganancia extraordinaria que habían obtenido los exportadores.

El resultado inmediato de los aspectos antes mencionados se refleja directamente en el crecimiento económico del país. Para ello se toman como indicadores la evolución del PIB, en términos reales, y el empleo. La evolución del PIB, aunque si bien es insuficiente por sí solo para dar cuenta de la especificidad del crecimiento económico y el cambio estructural, lo puede ilustrar como una primera aproximación. El PIB en pesos de 1950 experimentó una expansión prácticamente ininterrumpida conforme avanzaba el sexenio con tasas de crecimiento anuales positivas y logrando una tasa real de crecimiento promedio anual del 4.5 por ciento en el periodo de 1934–1940 (superior a la del periodo 1925–1933), la cual es superior a la de la población, de modo que la tasa de crecimiento promedio del PIB *per capita* en términos constantes fue de 2.8 por ciento para el mismo periodo. Por su parte el empleo total observó una tasa de crecimiento acumulada de 13.4 por ciento entre 1930 y 1940, es decir, su tasa de crecimiento promedio fue de 1.3 por ciento. En general, estos datos contrastan sensiblemente con el comportamiento irregular del crecimiento económico del periodo 1920–1934.

Podemos distinguir en el periodo cardenista dos subperiodos de crecimiento en la actividad económica: uno relativamente estable y elevado, que va de 1933 a 1936, y otro inestable y lento, de 1937 a 1940. El primero podría explicarse por el crecimiento sin precedentes del gasto del sector público y del financiamiento interno a las inversiones públicas, y al alza de la demanda mundial de metales a partir de 1935. El segundo periodo probablemente lo explica el retiro de capitales de finales de 1937, la expropiación petrolera y la caída de la producción del sector agropecuario que se tradujo en una disminución de las exportaciones petroleras y agrícolas. Sin embargo, lo importante en este periodo como ya se dijo, es que la economía mexicana entra en una senda de crecimiento menos inestable, cuya dinámica depende cada vez más de factores internos y los gastos efectivos del gobierno impulsan este crecimiento con una importante participación en la inversión.

En suma, la actuación del Estado como un agente económico autónomo le proporciona recursos esenciales para liberar a sectores nacionales de su supeditación al sector extranjero. La estabilización e inclusive reactivación del sector agrícola comparadas con el crecimiento del sector industrial y agroindustrial sugieren que las reformas fueron exitosas.

Las tendencias económicas—explicadas *in vacuo* de las reformas políticas—carecen de sentido histórico porque hacen caso omiso de lo esencial y duradero del éxito del cardenismo. La creación de las condiciones de estabilidad del sistema político mexicano permitieron avanzar y desarrollar vínculos potencialmente expansivos en las áreas de energéticos, minería, electricidad y comunicaciones con una fuerte asociación entre capitalismo de Estado y burguesía nacional. Políticamente y bajo un referente distinto—el de la nación—se fortaleció un Estado y un presidencialismo cuyo poder fue omnímodo. Es decir, se configuró bajo una dimensión nacionalista un sistema político-económico formalmente estructurado de manera corporativa sustentada sobre dos cuerpos: el obrero y el ejidal, que canceló la participación ciudadana, liquidó una alternativa socialista o social-demócrata a la inglesa o francesa y anuló una militancia comunista. El modelo político contenía en su seno el potencial de un Estado y poder ejecutivo tendencialmente conservador y autoritario que comenzaría a mostrar sus profundas limitaciones para representar a los amplios sectores sociales que crecieron al margen y excluidos del sistema político. Testimonio de sus limitaciones son los años 1957–1958 con el movimiento magisterial y ferrocarrilero, y el de 1968 con el movimiento estudiantil. En las elecciones nacionales y estatales subsecuentes el Estado nacionalista ha perdido su significado y sentido histórico, lo que obliga hoy día a una redefinición político-económica del sistema político mexicano.

La política en el México rural de los años cincuenta

Arturo Sánchez Gutiérrez

LA HISTORIA DEL MEXICO RURAL sigue siendo un tema poco socorrido en la literatura política del país. La gran variedad de culturas, costumbres políticas, formas de organización y liderazgos que se presentan a lo largo de la República, ofrecen un reto inmenso al historiador que intente explicar la lógica que guió el desarrollo político de las diversas regiones que componen México. Este trabajo es un primer intento de explorar las características de ese México durante el período 1950 a 1960.

Los años cincuenta marcaron el inicio de una nueva etapa en la historia política de México. Durante el gobierno de Adolfo Ruiz Cortines (1952–1958), se acabaron de definir algunas características de la política mexicana en el marco de un sistema que luchaba por consolidarse después de cuarenta años de revolución.

Habían quedado atrás los años de la lucha armada y el tormentoso proceso de institucionalización. También había terminado la Segunda Guerra Mundial y sus efectos benéficos para la economía mexicana. Para cuando Ruiz Cortines asumió la presidencia, se percibía una nueva paz en el país, apoyada por la austeridad y sobriedad del nuevo gobierno. Los estudiosos de este período (1948–1958)[1] lo han descrito como una etapa de

NOTA DEL AUTOR: Parte de este trabajo fue elaborado en el Center for U.S.-Mexican Studies de la Universidad de California, San Diego, al que deseo expresar mi mayor gratitud por el apoyo que me brindó.

[1]Entre los principales estudios de este período destacan: Howard F. Cline, *Mexico: Revolution to Evolution, 1940–1960* (London: Oxford University Press, 1962); Víctor M. Durnad Ponte, *Las derrotas obreras, 1946–1952* (México: UNAM, Instituto de Investigaciones Sociales, 1984); Luis Medina, *Civilismo y modernización del autoritarismo*, vol. 20, *Historia de la Revolución mexicana* (México: El Colegio de México, 1979); Olga Pellicer de Brody y Esteban Mancilla, *El entendimiento con los Estados Unidos y la gestación del*

"afianzamiento" de la estabilidad política, o como una época en la que se consolidaron las estructuras y formas políticas derivadas del largo proceso post-revolucionario. Algunos autores tomaron como premisa la estabilidad alcanzada y centraron sus análisis en el crecimiento económico y en el tránsito hacia el desarrollo estabilizador. Ciertamente, para 1950 el crecimiento económico era un elemento más de la realidad que se utilizaba en el discurso político para ratificar los logros de la Revolución. A pesar del proceso inflacionario y de la devaluación de 1948, y a pesar de la corrupción alemanista, el paso hacia la industrialización permitía ver a México avanzar por el camino de la modernidad.

Sin embargo, durante ese período surgieron nuevos enfrentamientos entre los grupos políticos que se habían derivado del proceso revolucionario. Al inicio de la década, algunos cardenistas como el general Miguel Henríquez Guzmán y Vicente Lombardo Toledano, buscaban reestablecer el proyecto político desarrollado durante los años treinta. Por su parte, el alemanismo buscaba mantener su influencia después de 1952, ya fuera mediante la imposición de un candidato abiertamente alemanista, como Fernando Casas Alemán, o extendiendo el período presidencial debido a la emergencia planteada por Estados Unidos ante el conflicto en Corea. A pesar de los excesos alemanistas, Miguel Alemán era visto como el presidente modernizador que había traído industrialización y crecimiento económico a México.

Estos enfrentamientos tendrían su máxima expresión en el proceso electoral de 1952, con la campaña henriquista y con la violenta represión a los partidarios del General Henríquez y con el rotundo fracaso del recién formado Partido Popular, liderado por Vicente Lombardo Toledano. En el México rural, sin embargo, la problemática nacional era vista con un enfoque distinto. Para la política en los estados de la República, cardenismo y alemanisno representaban la lucha por el poder entre dos grupos defensores de proyectos y políticas que no necesariamente correspondían a sus problemas particulares. Además, los logros de la modernidad tenían un efecto distinto en el campo y en las grandes ciudades.

En las grandes ciudades, los efectos de la modernidad se expresaban en el crecimiento urbano, en la creciente demanda de trabajo para la industria y en una sólida imagen de progreso que se derivaba de las grandes obras de infraestructura, carreteras, presas, y monumentos que construyó la administración de Miguel Alemán. En otro nivel, la construcción de la

---

desarrollo estabilizador, vol. 23, _Historia de la Revolución mexicana_ (México: El Colegio de México, 1978); José Luis Reyna y Raúl Trejo Delabre, _De Adolfo Ruiz Cortines a Adolfo López Mateos (1952–1964)_ (México: Siglo XXI, 1984); Peter Smith, "México since 1946", en _The Cambridge History of Latin America_, 8 vols., ed. Leslie Bethel (Cambridge, England: Cambridge University Press, 1984–1991), 7:83–157.

monumental Ciudad Universitaria en los aún lejanos terrenos del Pedregal de San Angel, simbolizaba el crecimiento de la sociedad, de sus proyecciones educativas, de su prestigio cultural, y de la centralización en la ciudad de México de las principales actividades del país.

Para los mexicanos de las grandes ciudades, particularmente de la ciudad de México, los años cincuenta llegaron con el desarrollo de la televisión, que sorprendió a muchos nacidos durante los intensos años del cardenismo. Para ellos, la República Mexicana era el "cuerno de la abundancia" que tenía todo lo necesario para ingresar en la era moderna. En parte tenían razón, se trataba de un México joven de 27 millones de habitantes de los cuales el Distrito Federal sólo tenía 3 millones. Un mexicano que nacía en 1950 tenía una esperanza de vida de cincuenta años y la población económicamente activa del país era de 8.5 millones.[2]

En el México rural la modernidad de los cincuenta no había permeado la vida de los mexicanos de la misma manera que en las ciudades. Ciertamente, el desarrollismo de Miguel Alemán y los cambios que experimentó la sociedad mexicana en el período 1946-1958 habían generado un incremento de la productividad en las actividades agrícolas del país, pero el proyecto gubernamental se encaminaba cada vez más al desarrollo industrial mientras, los estados mantenían una organización social, económica y política orientada a la agricultura.

Los cambios en el México rural

Es difícil evaluar el impacto directo en el sistema político mexicano que tuvieron los cambios sociales experimentados en el país durante el período 1940-1960. Lo cierto es que durante ese lapso se desarrollaron formas más centralizadoras del ejercicio del poder.

El cuadro 1 muestra datos estadísticos que indican sólo algunos de los cambios más importantes ocurridos en el período. Entre 1940 y 1960 la población mexicana casi se duplicó, y especialmente durante los años cincuenta el analfabetismo se redujo sustancialmente. La urbanización del país avanzó considerablemente debido al crecimiento de la población y la fuerte migración del campo a las principales ciudades de la República.

---

[2]Ver Luis Unikel, "El proceso de urbanización", en *El perfil de México en 1980*, ed. Manuel Bravo Jímenez et al., vol. 2 (México: Siglo XXI, 1970).

Cuadro 1 Evolución de la sociedad mexicana (1910-1960)

	1910	1940	1950	1960
Población	15,160,369	19,653,552	25,769,554	34,923,129
Pobl. Rural (%)	88.24%	80.03%	72.08%	63.50%
Pobl. Urbana (%)	11.76%	19.97%	27.92%	36.50%
Analfabetismo (%)	–	58.00%	42.50%	37.80%
Pobl. Eco. Act. (%)	–	29.79%	32.37%	32.22%

Fuentes: Luis Unikel y James W. Wilkie.[3]

En el nivel regional los cambios de la sociedad fueron también de grandes magnitudes. Los estados más urbanos, más alfabetizados y más productivos, continuaron su desarrollo, mientras que los estados más pobres mantuvieron su carácter rural y tardaron más en incorporarse al desarrollo basado en la industria. En términos del crecimiento poblacional, sólo entre 1950 y 1960 la población del Distrito Federal se incrementó 59.6 por ciento. Durante el mismo período, nueve entidades de la República incrementaron su población en más de 40 por ciento.[4] Por otra parte, la población de estados como Tlaxcala, Oaxaca, Puebla, Durango, Yucatán e Hidalgo, creció sólo entre 16 y 21 por ciento, muy por debajo de la media nacional que fue de 37.68 por ciento.

El crecimiento de la población impactó fuertemente el nivel de urbanización de los estados de la República, pero México seguía siendo un país profundamente rural. En 1950, más del 70 por ciento de la población nacional vivía en localidades de menos de 15,000 habitantes. Sólo Baja California, Aguascalientes, Nuevo León, Tamaulipas, Coahuila y Chihuahua contaban con una población rural menor del 70 por ciento, pero mayor del 35 por ciento. El Distrito Federal ya era el principal centro urbano del país y su población rural no llegaba al 5 por ciento.[5]

Por lo que toca al aspecto educativo, el nivel de analfabetismo se redujo sustancialmente en el período 1940–1960, a pesar del gran crecimiento poblacional. Mientras que a nivel nacional el porcentaje de analfabetos era de 58 por ciento en 1940, para 1960 había decrecido a 37.8 por ciento. Los estados con población menos analfabeta en 1940 son los mismos de 1960,

[3]El cuadro fue compuesto con datos recopilados por Luis Unikel, El desarrollo urbano de México (México: El Colegio de México, 1976), y James W. Wilkie, The Mexican Revolution: Federal Expenditure and Social Change since 1910 (Berkeley and Los Angeles: University of California Press, 1970).

[4]Ellos fueron: Baja California, Quintana Roo, Sonora, Colima, Nuevo León, Chihuahua, Tamaulipas, Morelos, y el Distrito Federal.

[5]Cf. México, Dirección General de Estadística, Censo General de Población, 1950 y 1960, Secretaría de Industria y Comercio.

pero redujeron su porcentaje, de entre 21 y 39 por ciento a un total entre 16 y 25 por ciento.[6]

Finalmente, para 1960 los estados con más alto Producto Interno Bruto (PIB) per capita en el país eran: Nuevo León, Baja California, Sonora, Coahuila, Chihuahua, Veracruz, Sinaloa, y Tamaulipas, mientras que Oaxaca, Tlaxcala, Michoacán, Zacatecas, Chiapas, Hidalgo, y Querétaro ocupaban los últimos lugares.[7]

Una conclusión que se desprende de los datos mencionados se refiere a la heterogeneidad que caracterizaba al país antes, durante, y después de la década de los cincuenta. Desde entonces existía una clara diferencia entre el norte y los demás estados de la República. En 1960, Baja California, Sonora, Chihuahua, Coahuila, Nuevo León y Tamaulipas eran los estados con población más urbana, con mayor índice de alfabetismo, y con mayor PIB per capita. Sólo el Distrito Federal se equiparaba a estos estados. Por otro lado, Guerrero, Chiapas, Oaxaca, Hidalgo, Tlaxcala, y Querétaro eran en 1960 los estados más rurales, con mayor población analfabeta y con menor PIB per cápita.

Los cambios socioeconómicos que vivían de manera desigual los estados de la República Mexicana, tuvieron diversos impactos políticos a lo largo del país. La heterogeneidad que caracterizaba México se reflejaba en un complejo sistema de formas de hacer política y de tomar decisiones que contrastaba con la imagen de estabilidad y homogeneidad que se difundía desde el centro del país. En el nivel nacional, los cincuenta se caracterizaban por la adopción de un nuevo modelo económico denominado "desarrollo estabilizador", diseñado por el gobierno de Ruiz Cortines después de la devaluación de 1954. También en el nivel nacional, los avances políticos se definían a partir de la reforma electoral del mismo 1954. Estos eran los dos factores claves para el proceso que José Luis Reyna y Olga Pellicer llaman "el afianzamiento de la estabilidad política".[8]

Sin embargo, en el nivel del México rural, la vida política no se expresaba a partir de una supuesta "estabilidad", sino de otro tipo de lucha. Económicamente, el desarrollo dependía cada vez más de los recursos provenientes de la federación y de los proyectos estatales o regionales impulsados por el centro. Por ello, la relación estado-federación, con mucho

---

[6]Estos estados eran: Baja California, Nuevo León, Coahuila, Baja California Sur, Tamaulipas, Sonora, Chihuahua, y el Distrito Federal. Con excepción del Distrito Federal, son fundamentalmente los estados del norte de la República en la frontera con los Estados Unidos. Los estados cuyo nivel de analfabetismo rebasaba el 50 por ciento, aún en 1960 eran: Guerrero, Chiapas, Oaxaca, Querétaro e Hidalgo. Vid Wilkie, *The Mexican Revolution*, 208–209.

[7]Vid Unikel, *El desarrollo urbano*, 179.

[8]Olga Pellicer de Brody y José Luis Reyna, *El afianzamiento de la estabilidad política*, vol. 22, *Historia de la Revolución mexicana* (México: El Colegio de México, 1978).

equiparable a la relación gobernador-presidente, era cada vez más importante en el diseño de proyectos desarrollistas locales.

Desde el punto de vista político, los puestos de poder en las regiones del país eran vistos como etapas de ascenso a mejores posiciones en la política nacional y no necesariamente en función de las necesidades locales. El verdadero poder en las localidades radicaba en la capacidad de los jefes o caciques[9] regionales, o en su defecto, de los grupos políticos locales, para desarrollar políticas autonómas del poder central. En la medida en que estos líderes fueran capaces de controlar los principales factores de poder en sus localidades y al mismo tiempo imponer su propio proyecto o, incluso, su ideología, adquirían mayor prestigio político y serían más o menos poderosos con relación al poder central.[10] Por ello, la estabilidad en los estados aún estaba determinada por los siguientes factores:

a) La presencia o ausencia de un líder político que centralizara la toma de decisiones en un estado, que ejerciera un determinado control sobre las organizaciones sociales de la entidad, o que por lo menos funcionara como elemento orquestador de la lucha política en la región.[11]

b) El nivel de organización de instituciones políticas como el Partido Revolucionario Institucional (PRI) y los partidos de oposición que efectivamente representaran, electoral o informalmente, a sectores mayoritarios de la población.[12]

c) El nivel de legitimidad alcanzado por los gobernadores en su elección como candidatos del PRI, durante el proceso electoral y durante su actuación gubernamental.

[9]Por jefes políticos locales o regionales se entienden aquellos personajes que ejercían un poder de facto en las localidades, con mayor o menor influencia en las instituciones políticas formales, y con la capacidad para dominar las relaciones de poder en la región. Frecuentemente se hace referencia a ellos con el término "cacique", u "hombres fuertes", sin que se establezca una diferencia sustancial en el tipo de liderazgo que ejercían.

[10]Carlos Martínez Assad realiza un excelente análisis sobre la importancia de las fuerzas políticas regionales y su influencia en la política nacional en "Ayer y hoy: La problemática regional en México", *Revista Mexicana de Sociología* 45, no. 1 (enero-marzo 1983): 221–232.

[11]La influencia de estos líderes debe también combinarse con la presencia de jefes militares ex-revolucionarios, que podían formar parte del equipo político de los llamados caciques. Véase Arturo Sánchez Gutiérrez, "Los militares en la década de los cincuenta", *Revista Mexicana de Sociología* 50, no. 3 (julio-septiembre 1988): 269–293.

[12]Aunque electoralmente el PRI mantuviera su hegemonía en todos los estados de la República, a un mayor nivel de organización y unidad del PRI en un estado, correspondió una mayor legitimidad de la actuación gubernamental. Sin embargo, el grado de organización del PRI en cada estado variaba mucho aún en los años cincuenta.

Las situaciones que se presentaban en los estados eran muy diversas. Algunas entidades como Chihuahua, Baja California y a veces Yucatán y Sonora, destacaban desde entonces como lugares electoralmente conflictivos para el PRI.[13] En otros estados el partido del gobierno tenía plenamente establecido su dominio electoral, pero sufría importantes divisiones internas durante los procesos de selección de sus candidatos a las gubernaturas de los estados. Estas divisiones se manifestaban en la formación de diversos comités políticos locales que buscaban la candidatura del PRI para su grupo, en contra de las disposiciones del centro o de otro grupo local. Tal era el caso en Chiapas, Hidalgo, Campeche, o Guerrero.

Una situación política diferente se vivía en estados como San Luis Potosí, Michoacán, Puebla, Nayarit, Tamaulipas, y Zacatecas. En estas localidades el poder político estaba determinado, en mayor o menor medida, por la influencia de algún prominente revolucionario, jefe o cacique político. En estos casos, los triunfos electorales estaban prácticamente garantizados para el PRI, pero la relación del gobierno local con la federación era muy compleja, ya que el partido estaba dominado regionalmente por el jefe o cacique político. Al mismo tiempo, la influencia del líder limitaba las aspiraciones políticas de otros grupos y frecuentemente se generaban en el PRI importantes divisiones internas en las fechas cercanas a los procesos electorales.[14] Este tipo de líderes y las autoridades apoyadas por ellos, pretendían representar los orígenes revolucionarios del gobierno y frecuentemente contaban con apoyo y prestigio popular.

Desde el punto de vista del gobierno federal, para principios de los años cincuenta, la estabilidad política era vista cada vez más como la capacidad de eliminar los conflictos en los estados de la República. Por fortalecer el sistema se entendía en muchos casos el desplazar a jefes políticos o caciques regionales para establecer un gobierno más vinculado con el centro, en especial con el presidente de la República y con el PRI. No importaba que para ello se fortalecieran también las líneas del centralismo político. De

[13]En 1956, los resultados de las elecciones para gobernador en Chihuahua generaron fuertes protestas por parte del Partido Acción Nacional (PAN). El candidato panista, Luis H. Alvarez, acusaba al gobierno y al PRI de haber cometido serios fraudes durante la elección (Archivo General de la Nación [en adelante AGN], FRC, 544.2/24 Elecciones en Chihuahua). Asimismo, durante el proceso electoral para elegir gobernador de Baja California en 1959, el PAN se quejó y mostró pruebas, de haber sido violentamente reprimido durante la elección por fuerzas del gobernador Braulio Maldonado. Ver. Carlos Ortega, *Democracia dirigida con ametralladoras* (El Paso: La Prensa, 1961).

[14]La presencia de un líder como Gonzalo N. Santos en San Luis Potosí, o Leobardo Reynoso en Zacatecas, impedía que grupos locales no vinculados al cacique lograran algún ascenso político. Para estos grupos la lucha por el poder sólo podía ser en el interior del partido o desde la oposición. Evidentemente en períodos electorales, las pugnas se acrecentaban.

hecho, esta actitud continuaba la tendencia hacia el centralismo que se había profundizado durante el porfiriato y que la Revolución no había detenido. Después de la Revolución, la unificación y centralización del poder se expresó en la fuerza política de los presidentes caudillos (Obregón y Calles). La centralización del poder encontró una justificación en la necesidad de pacificar el país al final de la lucha armada, y de controlar las fuerzas políticas regionales que la misma Revolución había generado. Incluso movimientos regionales progresistas, como el de Tomás Garrido Canabal en Tabasco, o el del Coronel Adalberto Tejeda en Veracruz, fueron desarticulados por el Estado en aras de mantener la linea de la Revolución.

La tabla 1 muestra un listado de los principales líderes regionales que tenían poder durante los gobiernos de Miguel Alemán y Adolfo Ruiz Cortines.

Tabla 1 *Principales jefes o líderes regionales, 1946–1958*

Estado	Jefe o Líder
Baja California	Abelardo L. Rodríguez
	Rodolfo Sánchez Taboada
Campeche	Carlos Sansores Pérez
Hidalgo	Javier Rojo Gómez
Michoacán	Lázaro Cárdenas
Nayarit	Gilberto Flores Muñoz
Puebla	Familia Avila Camacho
Quintana Roo	Margarito Ramírez
San Luis Potosí	Gonzalo N. Santos
Tamaulipas	Emilio Portes Gil
	Marte R. Gómez
Zacatecas	Leobardo Reynoso

El origen del poder y la forma de ejercerlo de estos líderes regionales era muy diversa. Rodolfo Sánchez Taboada y Carlos Sansores Pérez orientaron su carrera al ascenso en la política nacional, por lo que aprovecharon la gubernatura en sus estados, Baja California y Campeche, para hacerse con la fuerza que los proyectaría a mejores posiciones en la política nacional.[15]

[15] Aunque originario de Puebla, el General Sánchez Taboada fue gobernador del Territorio de Baja California Norte durante el período 1937–1944 y después se vinculó al equipo de Miguel Alemán. Durante el alemanismo ocupó la presidencia del Comité Ejecutivo Nacional (CEN) del PRI y fue nominado secretario de Marina durante el gobierno de Ruiz Cortines. Por su parte, Carlos Sansores Pérez fue gobernador de Campeche hasta el período 1967–1973, pero desde 1946 se encargó de prácticamente toda la organización del PRI en su estado. Fue diputado federal por Campeche en varias ocasiones y organizó a los grupos regionales que apoyarían las candidaturas de Miguel Alemán y Ruiz

Javier Rojo Gómez mantuvo su influencia en Hidalgo después de llegar a ser un importante precandidato a la presidencia en 1945.[16] La influencia regional de Abelardo L. Rodríguez y Lázaro Cárdenas en Baja California y Michoacán, deviene de sus largas carreras políticas que incluso los llevó a la presidencia de la República. Ambos fueron gobernadores de sus estados, y ocuparon jefaturas de las zonas militares correspondientes. Abelardo Rodríguez incluso fue gobernador y jefe de la zona militar de Sonora.[17]

Los otros ex-presidentes que seguían influyendo en la política regional contaban con un largo período de influencia en sus estados. Emilio Portes Gil, a través del Partido Socialista Fronterizo en Tamaulipas, y Manuel Avila Camacho, a través de la influencia en Puebla de sus hermanos Maximino y Rafael, gozaron de amplio poder local.[18]

El caso de Gilberto Flores Muñoz en Nayarit destaca por la fuerza política que acumuló este líder durante su gubernatura en el estado (1946–1951) y su vinculación con el equipo de Adolfo Ruiz Cortines durante los años cincuenta. Su fuerza política regional se basaba en su influencia a nivel nacional.[19] Este tipo de liderazgo contrasta con el de Margarito Ramírez en Quintana Roo, Gonzalo N. Santos en San Luis Potosí, y Leobardo Reynoso

---

Cortines. Cf. Roderic Ai Camp, *Mexican Political Biographies, 1935–1975* (Tucson: University of Arizona Press, 1976).

[16]Javier Rojo Gómez fue gobernador de Hidalgo durante el cardenismo (1937–1940), y jefe del departamento del Distrito Federal durante el período 1940–1946. Su poder regional declinó durante el gobierno de Miguel Alemán y posteriormente fue nombrado embajador en Indonesia (1952–1955) y en Japón (1956–1958) por lo que su influencia en Hidalgo casi desapareció. Sin embargo, su opinión seguía siendo considerada en la nominación de los candidatos del PRI para gobernador de Hidalgo.

[17]El general Abelardo Rodríguez tenía una vinculación muy cercana con los gobernadores de Baja California e incluso se rumoreó acerca de su posible candidatura al gobierno del llamado Estado 29, en 1953 (AGN, FRC, 544.2/2 Elecciones en Baja California). Por su parte, la influencia del general Lázaro Cárdenas en Michoacán era incuestionable y se reforzó con la gubernatura de su hermano Dámaso durante el período 1950–1956.

[18]Durante el alemanismo, el poder de Emilio Portes Gil en Tamaulipas generó incluso, un enfrentamiento de su equipo político con los grupos vinculados al presidente de la República. Es en este período cuando empieza la decadencia del portesgilismo en el estado. Ver Hugo Pedro González, *Portesgilismo y Alemanismo en Tamaulipas* (Tamaulipas: Universidad Autónoma de Tamaulipas, 1983). Por otra parte, la familia Avila Camacho mantenía su poder a pesar de la muerte del general Maximino, en 1945. Durante los años cincuenta Rafael Avila Camacho sería electo gobernador de Puebla para el período 1951–1957. El poder regional de esta familia decayó sensiblemente con la muerte del general Manuel Avila Camacho en 1955.

[19]Gilberto Flores Muñoz fungió como secretario de Agricultura y Ganadería durante el gobierno de Adolfo Ruiz Cortines y fue uno de los precandidatos a la Presidencia de la República en 1958.

en Zacatecas, cuya fuerza regional estaba basada justamente en su control sobre las principales organizaciones políticas y sociales de la región.[20]

Este tipo de liderazgos en toda la República y los distintos niveles de organización que tenía el PRI en cada estado, hacían que la relación del gobierno federal con las entidades fuera muy compleja. Después de las elecciones de 1952, el nuevo gobierno tuvo que incluir en su programa tres puntos que tendrían efectos de mayor o menor importancia en la política local de los estados: en primer lugar, el fortalecimiento del PRI, no sólo como maquinaria electoral del gobierno, sino como un instituto político que impusiera disciplina en todo el país.[21] En segundo lugar, la relación del gobierno con los grupos de militares y ex-militares que habían mostrado su descontento con el régimen y que apoyaron al General Henríquez en las elecciones de 1952.[22] Y finalmente, el estrechar las relaciones con los gobernadores de los estados y acercarlos a la política del nuevo presidente. Esto, en algunos casos, implicó destituir a gobernadores que pertenecían a grupos políticos contrarios o que habían obtenido su puesto a partir de su vinculación con el Presidente Alemán.[23]

Los estados electoralmente difíciles

Como quedó apuntado anteriormente, algunos de los estados que hoy son los principales núcleos de oposición para el PRI, ya eran en los años cincuenta centros en los que la oposición había logrado mayores avances organizativos y electorales. Destacan las entidades norteñas de Chihuahua y

[20]Margarito Ramírez fue gobernador del Territorio de Quintana Roo durante casi quince años (1945–1959). Gonzalo N. Santos gobernó San Luis Potosí en el período 1943–1949 y Leobardo Reynoso gobernó Zacatecas de 1944 a 1950. En los tres casos su poder se extendió más allá de sus gobiernos, al grado de imponer a sus incondicionales como gobernadores de sus estados.

[21]Como se verá más adelante, durante el gobierno de Ruiz Cortines, en los procesos electorales para elegir gobernadores se formaban en cada estado una variedad de comités que se decían formar parte del PRI pero que luchaban por ganar la influencia interna suficiente para imponer a su precandidato a la gubernatura. Este tipo de procesos debilitaba la influencia local del PRI en por lo menos catorce estados de la República.

[22]No se trataba simplemente de ex-funcionarios del gobierno de Cárdenas o militares y ex-militares que habían participado en la campaña henriquista, se trataba también de líderes regionales y caciques que hicieron su poder a partir de su participación en la Revolución y que estaban siendo desplazados por nuevos grupos políticos.

[23]Uno de los ejemplos más claros es el caso del gobernador de Guerrero, Alejandro Gómez Maganda, cuyo período empezó en abril de 1951, al final del alemanismo, y en mayo de 1954 se declaró la desaparición de poderes en el estado.

Baja California, no sólo por la alta votación que el Partido Acción Nacional (PAN) obtuvo en las elecciones para gobernador de 1956 y 1958 respectivamente, sino por las protestas y movimientos civiles que tales elecciones motivaron.

Durante las elecciones presidenciales de 1952, el Distrito Federal, Michoacán, Baja California, y Chihuahua fueron las cuatro entidades federativas en las que el PRI obtuvo menor votación a favor de su candidato, Adolfo Ruiz Cortines. Seis años más tarde, el Distrito Federal, Baja California y Chihuahua seguían figurando entre los estados que menos apoyaron al candidato priísta Adolfo López Mateos. En ese año Yucatán se agregó a esta lista, aunque Michoacán dejó de ser un estado "difícil".[24]

Las dificultades electorales en los estados, más que poner en riesgo el poder del PRI en las gubernaturas, significó para el sistema el desarrollo de una política que centralizó más el proceso electoral en los organismos federales y eliminó cada vez más la posibilidad de que los estados mantuvieran su autonomía en este tipo de decisiones. Este fue el sentido de la reforma electoral de 1951 y 1954.[25]

El caso de Chihuahua en 1956 ilustra el tipo de conflictos electorales que se suscitaron durante el gobierno de Adolfo Ruiz Cortines. La elección del gobernador Teófilo Borunda en 1956 fue particularmente difícil debido a la intensa participación del PAN. Desde 1954 se había iniciado la movilización política local tendiente a elegir gobernador del estado. Entre los

[24]En la elección presidencial de 1958, Adolfo López Mateos obtuvo 90.43 por ciento de los votos, incluyendo los del PRI, el Partido Popular y el Partido Auténtico de la Revolución Mexicana. El candidato triunfador obtuvo 60.67 por ciento de los votos en Baja California, 64.60 en Chihuahua, 77.38 en el Distrito Federal, y 77.38 en Yucatán. En Michoacán el candidato oficial obtuvo 87.20 por ciento de los votos (ver *Diario de Debates de la Cámara de Diputados*).

[25]La Ley Federal Electoral de 1951 avanzó significativamente en la centralización de las tareas de organización y vigilancia de los procesos electorales. La nueva ley precisó y amplió las funciones de la Comisión Federal Electoral y cambió su integración. Asimismo, la ley de 1951 trasladó a los comités distritales electorales y a las comisiones locales electorales (instituciones en las que los representantes de los partidos políticos tendrían voz, pero no voto), la tarea de computar los sufragios. Anteriormente, era la reunión de todos los presidentes de casilla, instalados en Junta Computadora, la que en cada distrito computaba los sufragios. Ver Juan Molinar Horcasitas, "Elecciones, autoritarismo y democracia en México" (Tesis de maestría, El Colegio de México, agosto 1989), 83–85. En 1954 la Ley Electoral fue nuevamente reformada para otorgar el voto a la mujer. Además se incrementó el número de afiliados que un partido debería tener para obtener su registro como Partido Político Nacional. A partir de entonces, un partido requeriría 2,500 miembros en dos terceras partes de las entidades federales y un mínimo de 75,000 en todo el país. Anteriormente la Ley exigía que un partido político tuviera sólo 30,000 afiliados distribuidos en todo el país. Ver Artículo 29, Fracción I y II de la Ley Federal Electoral del 7 de enero de 1954.

precandidatos del PRI estaban Pedro Aldaña Quiñones; Oscar Flores Sánchez, que había sido subsecretario de Ganadería durante la presidencia de Miguel Alemán y era entonces senador por el estado de Chihuahua; Antonio J. Bermúdez, director de Petróleos Mexicanos; Tomás Valles Vivar, director general de la Compañía Nacional de Subsistencias Populares; Lorenzo Quevedo, Enrique González Flores; el general Miguel Molinar, quien recibió apoyos de diferentes localidades del estado; y Teófilo Borunda, que tenía una larga carrera política en Chihuahua.[26]

Teófilo Borunda había empezado una eficiente campaña de proselitismo para obtener la candidatura del PRI a la gubernatura del estado. De hecho, al final sólo quedaron él y el General Miguel Molinar como precandidatos importantes. La nominación de Borunda como candidato oficial no causó mayor sorpresa en el PRI local, ya que la carrera política del nominado justificaba su selección. Teófilo Borunda había sido diputado local, diputado federal y en 1956 era senador por el estado de Chihuahua. Además, había sido secretario general del Comité Ejecutivo Nacional (CEN) del PRI durante el período 1946–1950, cuando Rodolfo Sánchez Taboada era presidente del PRI.[27]

Por parte de la oposición, el candidato del PAN era Luis H. Alvarez. También el PAN había organizado una fuerte campaña política en apoyo a su candidato, pero puso énfasis en concienciar a la ciudadanía de los posibles fraudes electorales que podrían tener lugar durante la elección.[28] Las elecciones se realizaron el 1 de julio y a decir del PAN y de múltiples expresiones ciudadanas, existieron graves irregularidades que motivaron múltiples protestas por parte de la población. Entre las acusaciones que formuló el PAN destacan: el uso de fondos públicos para la campaña del partido oficial, irregularidades importantes en el padrón electoral, uso de credenciales electorales falsificadas e impresas en los Estados Unidos y el tradicional robo de urnas.[29] El PAN argumentaba que era en los distritos rurales en donde más evidente había sido el fraude, además de las ciudades de Parral y Ciudad Juárez.

Durante los acontecimientos de Chihuahua, la posición del PAN siempre se refirió a la falta de respeto al voto ciudadano y no necesariamente a que su candidato, Luis H. Alvarez, había ganado las elecciones. Asimismo, el PAN argumentaba que el candidato del PRI, Teófilo Borunda, había actuado como senador en funciones en las sesiones del Congreso del 9 y 19 de marzo del año de la elección, y que por lo tanto no había cumplido el

---

[26]AGN, FRC, 544.2/24 Elecciones en Chihuahua.
[27]Ver Camp, *Mexican Political Biographies*.
[28]AGN, FRC, 544.2/24 Elecciones en Chihuahua.
[29]Ver la instancia del PAN presentada a la Suprema Corte de Justicia, demandando su intervención para investigar el proceso electoral en Chihuahua.

plazo constitucional de separarse de ese puesto con seis meses de anticipación a la elección.[30]

Pasadas las elecciones, el 18 de julio la Cuadragésimo Cuarta Legislatura de Chihuahua declaró gobernador electo a Teófilo Borunda. Inmediatamente el PAN organizó la llamada "Caravana de la Democracia", integrada por más de 130 automóviles que partieron de Chihuahua a la ciudad de México para protestar por el fraude electoral cometido en las elecciones. Asimismo, el PAN presentó el 27 de agosto de 1956, una instancia ante la Suprema Corte de Justicia de la Nación para pedir que se abriera una investigación sobre los acontecimientos del 1 de julio en Chihuahua. El Pleno de la Suprema Corte decidió por mayoría de dieciséis votos contra dos, no actuar en relación a la instancia presentada por el PAN.[31] Finalmente, el 4 de octubre de 1956, Teófilo Borunda tomó posesión de la gubernatura.

Igualmente ilustrativo es el caso de Baja California en 1958 y 1959. Ya las elecciones de 1953 habían constituido un antecedente de problemas en la sucesión de gobernador, pero ese año se trató de un conflicto entre precandidatos, debido a la precaria organización del PRI en el nuevo estado.

Durante los últimos meses de su actuación como gobernador de Baja California, Braulio Maldonado enfrentó una serie de conflictos políticos. El PRI local enfrentaba conflictos internos, especialmente en el sector campesino. En 1958 un grupo de líderes de la Confederación Nacional Campesina (CNC) local decidieron organizar mítines y protestas sin autorización de sus líderes nacionales. Incluso, en septiembre de 1958 uno de sus mítines fue disuelto en las propias instalaciones de la CNC. El resultado fue la creación de una nueva organización campesina rival de la CNC que inmediatamente ganó el apoyo de diversos grupos en el estado. Entonces, una de las protestas campesinas más recurrentes contra los líderes de la CNC era su inmovilismo ante la creciente salinación de la tierra debida a la contaminación en Estados Unidos de las aguas del Río Colorado.[32]

Además del problema campesino, en 1958 Maldonado enfrentó una movilización conducida por la Asociación de Contribuyentes de Tijuana. Esta organización acusó frecuentemente al gobernador de mal uso del presupuesto estatal. Incluso organizaron una suspensión de pagos de impuestos hasta que se abriera una investigación sobre la administración de Maldonado. Esta movilización fue apoyada por las cámaras de comercio del

---

[30]AGN, FRC, 544.2/24 Elecciones en Chihuahua.

[31]Votaron a favor de la instancia panista los ministros Franco Carreño y Alfonso Francisco Ramírez. El ministro Carreño razonó su voto remarcando la importancia y trascendencia para la nación de la violación del sufragio. Ver *La Nación*, 16 de septiembre de 1956.

[32]Ver Roger C. Anderson, "The Functional Role of the Governors and Their States in the Political Development of Mexico, 1940–1964" (Ph.D. diss., University of Wisconsin, 1971).

estado.[33] Otras acusaciones que pesaban sobre el gobernador lo vinculaban con la tolerancia a casas de juego ilegales en el estado.

Por si fuera poco, el gobernador Maldonado tuvo también que enfrentar al final de su período el activismo de la oposición organizada en el Partido Acción Nacional. Ante la polémica actuación del primer gobernador de Baja California, el PAN organizó una fuerte campaña para las elecciones de 1959. La campaña se caracterizó por frecuentes enfrentamientos entre el gobierno del estado y los panistas, que protestaban por las negativas del gobierno para permitirles manifestarse públicamente. Asimismo, la presencia en Baja California de Luis H. Alvarez, ex-candidato del PAN a la gubernatura de Chihuahua en 1956, motivó una gran movilización de panistas que retaron al gobierno a impedir una manifestación que se efectuaría sin permiso de la autoridad.[34]

Uno de los problemas que complicó el proceso electoral de Baja California fue que la fuerza política del gobernador Maldonado terminaba junto con el sexenio del presidente Ruiz Cortines. El proceso electoral bajacaliforniano se daría durante los primeros meses del gobierno de Adolfo López Mateos y por lo tanto, el nuevo equipo presidencial no necesariamente coincidía con la política estatal seguida por Ruiz Cortines. Por ello, a principios de 1959, el presidente del CEN del PRI, General Alfonso Corona del Rosal, anunció que su partido haría un "ensayo democrático" en Baja California, sin "dedazos" ni "sobres lacrados" durante la selección de su candidato a la gubernatura del estado.[35]

Aunque la promesa del General Corona del Rosal se refería a la elección interna del candidato priísta, el llamado "ensayo democrático" levantó expectativas en la población sobre las características que tendría el proceso electoral en su conjunto. El "ensayo democrático" consistió en anunciar que los miembros del PRI elegirían a su candidato a gobernador por medio del voto secreto, durante la convención estatal del partido que se celebraría en abril de 1959. Entre los precandidatos destacaban los senadores Leopoldo Verdugo y el general José Ma. Tapia. Aunque el gobernador intentó promover la candidatura de su secretario de gobierno, Rafael Moreno Henríquez, miembros notorios del PRI en el estado, como Eufrasio Santana, habían retirado su apoyo a cualquier candidato vinculado a Maldonado.[36]

---

[33]Ver Marvin Aliski, "The Governors of Mexico", *Southwestern Studies* 3, no. 4 (Snyder, TX: Western Texas College Press, 1965): monograph 12, p. 16.

[34]Ver Ortega, *Democracia dirigida.*

[35]Los llamados "sobres lacrados" fueron en una época la forma como se hacía saber a las autoridades estatales del PRI, quién había sido seleccionado por las altas autoridades del partido y del gobierno para ser nominado candidato del PRI a una gubernatura.

[36]Eufrasio Santana era un viejo militante del PRI en Baja California que había ganado popularidad como presidente municipal de Tecate.

El resultado de la votación priísta llamó la atención por la facilidad con la que ganó el Ing. Eligio Esquivel, un precandidato poco mencionado pero que aparentemente satisfizo a los diversos grupos políticos de la entidad. El Ing. Esquivel era originario de Yucatán, y tenía una corta carrera política. En 1953 había sido precandidato a la gubernatura debido a sus vínculos con el entonces gobernador Alfonso García González. Hasta su nominación como candidato a gobernador, el Ing. Esquivel había sido representante en jefe del distrito de Riego de Mexicali de la secretaría de Recursos Hidráulicos. Su cargo incluía la administración de las aguas del Río Colorado.[37] La principal oposición a su candidatura provenía del equipo del gobernador que se oponía a un candidato elegido en el centro de la República. Sin embargo, la selección de Esquivel permitía conciliar los intereses locales, incluso los del General Abelardo Rodríguez.

La selección de Esquivel no fue calificada como muy democrática por parte de la opinión pública bajacaliforniana. Aunque conveniente para los grupos políticos de la entidad, la candidatura de Esquivel no era muy popular, pues el ingeniero era poco conocido y sólo se podía apelar a su experiencia profesional para resolver el problema del riego y del Río Colorado. En 1953 se le veía como un hombre que aprovechó su relación con el gobernador Maldonado para hacer negocios en compañías constructoras y en terrenos de siembra en Caborca, Sonora.[38]

Para el Partido Acción Nacional la candidatura priísta significó una ventaja por su poca popularidad. Además se trataba de un candidato nacido fuera de la entidad. Con estos elementos el PAN hizo gala de su costumbre democrática de siempre elegir mediante el voto de sus miembros a su candidato a gobernador. En la votación resultó electo candidato a la gubernatura Salvador Rosas Magallón, por 155 votos contra 14 y 19 que obtuvieron Rafael Rosas y Zeferino Sánchez Hidalgo, respectivamente.[39]

Durante la campaña electoral de 1959 el activismo del PAN y la popularidad de su candidato crearon un ambiente abiertamente competitivo para las elecciones y el PRI recurrió a cualquier tipo de estrategias para lograr el triunfo. A decir del PAN, el PRI trató de obstaculizar el registro de la candidatura de Rosas Magallón, la oposición fue acusada de usar medios violentos para atacar al gobierno, etc.[40] El día de la elección el gobernador Maldonado llamó a las fuerzas del ejército para impedir que el PAN siguiera cometiendo supuestos actos de violencia. La policía arrestó a más de veinte miembros de la oposición, incluyendo al presidente municipal de Tijuana, miembro del PAN electo en 1958. Durante el día, la policía y el ejército

---

[37]Ver Camp, *Mexican Political Biographies*.
[38]AGN, FRC, 544.2/2 Elecciones en Baja California.
[39]Ver Ortega, *Democracia dirigida*.
[40]Ibid.

dispararon en diferentes ocasiones contra la multitud, según reportó la prensa nacional.[41]

Difícilmente los resultados electorales de Baja California en 1959 indican la fuerza política de los partidos en la entidad. El PAN obtuvo 21 por ciento de la votación y el PRI 79 por ciento. Sin embargo, las características del proceso electoral denotan claramente las dificultades del PRI y del gobierno local a finales de los cincuenta para lidiar con la oposición bajacaliforniana.

Baja California y Chihuahua se caracterizarían en adelante por tener una muy baja votación para el PRI en los comicios federales. Estos son de como la falta de organización del PRI y la mala administración local se convirtieron en conflictos electorales.[42]

La política de los jefes regionales

Durante la década de los cincuenta, la política en algunas entidades de la República aún estaba dominada por la influencia de un líder, jefe, o cacique regional. La presencia de estos hombres contribuyó con mucho al desarrollo de grupos políticos locales que mantuvieron su forma particular de estabilidad política en sus regiones y a evitar conflictos que afectaran el desarrollo de las políticas presidenciales. En algunos casos, un líder regional incluso permitió el desarrollo de proyectos que impulsaron el desarrollo cultural y político de la entidad. Sin embargo, el origen y la forma de ejercer el poder de estos líderes era muy diverso y durante los años cincuenta se presentaba una heterogeneidad muy compleja de situaciones políticas en los estados. De hecho, la diversidad en los estilos políticos de los jefes regionales no permite agruparlos en tipos de liderazgo para su análisis. Como se verá en los ejemplos siguientes, cada jefe regional imponía un carácter propio a su liderazgo y basaba su fuerza en diferentes grupos y relaciones políticas.

Se incluye aquí el análisis de tres estados en los que predominaba el poder de jefes políticos de muy diversa índole: Michoacán, con el general Lázaro Cárdenas; Campeche, con Carlos Sansores Pérez; y San Luis Potosí, con Gonzalo N. Santos.

---

[41]Ver *Excélsior*, 3 de agosto de 1959, y Anderson, "Functional Role of the Governors".

[42]Treinta años después, en las elecciones para gobernador de Chihuahua de 1986, el PAN acusaría al PRI de haber cometido un gravísimo fraude electoral. Igualmente, en las elecciones para gobernador de Baja California de 1989, el PAN lograría el primer triunfo de la oposición en una gubernatura estatal.

MICHOACÁN

Michoacán es un estado especialmente complejo debido a su carácter eminentemente rural, a su historial cristero, a la presencia de los indios purépechas y a la multiplicidad de líderes y caudillos que controlaban pequeñas localidades después de la Revolución. Al principio de los años cincuenta muchos de estos revolucionarios habían dejado de ser los propulsores de la reforma agraria prometida por el movimiento de 1910 y se habían convertido en dueños de tierras y hombres económicamente poderosos en las regiones. Siguieron dominado políticamente la región, pero cada vez tenía más peso la palabra del gobernador del estado.

El liderazgo político regional de Lázaro Cárdenas se desarrolló desde que ocupó la gubernatura de Michoacán en el período 1928-1932. Durante esos años aún era importante el liderazgo y el carisma militar de los generales revolucionarios, por lo que muchos de los vínculos regionales de Cárdenas estaban basados en los orígenes militares de los caudillos locales. Un ejemplo de esta situación fue Ernesto Pardo.[43] En su análisis de una región michoacana, Manuel Jiménez Castillo analiza la importancia del liderazgo de los Pardo durante los años treinta y parte de los cuarenta. Explica los problemas que sufrió y los retos que tuvo que enfrentar como cacique hasta los años cincuenta. En dos ocasiones fue necesario que una parada militar permaneciera en la región para hacer posible la paz en el lugar, pues había enfrentamientos continuos entre los pardistas y los representantes de otros intereses (algunas veces vinculados al gobernador en turno). Cuando la parada militar se retiró a mediados de los cuarenta, el grupo pardista se apoderó de la presidencia municipal y no la dejó hasta 1950. En ese año otra parada militar fue enviada para mantener el orden.

Este tipo de situaciones se presentaba frecuentemente en estados rurales como Michoacán, lo que hacía difícil su integración bajo un dominio político hegemónico.[44] El mismo general Cárdenas tenía que enfrentar a diversos grupos políticos que se oponían a su dominio. Durante principios de los años cuarenta el gobernador, General Félix Ireta Viveros[45] (1940–

[43]Ver el excelente trabajo de Manuel Jiménez Castillo, *Huancito: Organización y práctica política* (México: Instituto Nacional Indigenista, 1985), 155. "Ernesto Pardo fue uno de los tantos 'caciques-revolucionarios', ligeramente modificado en político que trabajaba al lado del presidente; es decir, fue un cacique revolucionario, agrarista y anticlerical, como otros más en la región, pero leal a Lázaro Cárdenas. De alguna manera, el coadyuvó con la Reforma Agraria en su región y colaboró al desarrollo del país".

[44]Ver Moisés Sáenz, *Carapan* (Morelia: Gobierno del Estado de Michoacán, 1966).

[45]El general Félix Ireta Viveros estaba vinculado al grupo de la familia Avila Camacho por haber combatido con ellos durante la Revolución. Ver Camp, *Mexican Political Biographies*.

1944), intentó terminar con los caciques en el estado, lo que le valió la fama de político reaccionario, además de que recibió múltiples ataques en la prensa por su mala administración. Ciertamente muchos de los caudillos atacados por el gobernador pertenecían al grupo cardenista.[46]

Otro estudio que ejemplifica las dificultades de la política en estados como Michoacán, es el de R. A. M. van Zantwijk.[47] El trabajo destaca principalmente los aspectos antropológicos de una comunidad indígena en Michoacán, pero enfatiza los problemas políticos que enfrentó el PRI al tratar de ejercer un mayor dominio de la región. Aún en los cincuenta era muy fuerte la tradición indígena para elegir a los gobernantes locales y la presencia del PRI generó apatía política en la región.[48]

Por lo que toca a la política estatal, desde que el general Cárdenas era presidente de la República hasta 1950, la lucha por la gubernatura michoacana estuvo marcada por los intentos de Dámaso Cárdenas por obtener la candidatura del partido oficial. En 1936 el hermano del presidente intentó utilizar la influencia regional del general para llegar a la gubernatura. Sin embargo, el Partido de la Revolución nombró al general Gildardo Magaña para ocupar el puesto. En 1940, Dámaso Cárdenas perdió la gubernatura ante el general Felix Ireta, y en 1944, contra José María Mendoza Pardo, que había pertenecido al equipo político de Lázaro Cárdenas. Finalmente en 1950, Dámaso Cárdenas obtuvo la postulación del PRI para la gubernatura del estado.[49] Durante su período de gobierno los grupos cardenistas trataron de replegarse en Michoacán para defender la política de su líder, abiertamente cuestionada por el gobierno del Presidente Miguel Alemán. Incluso intentaron crear un grupo de apoyo a la candidatura presidencial de Miguel Henríquez Guzmán.[50]

---

[46]Ver Jiménez Castillo, *Huancito*.

[47]R. A. M. van Zantwijk, *Servants of the Saints: The Social and Cultural Identity of a Tarascan Community in Mexico* (Assen, Netherlands: Van Gorcum and Co., 1967).

[48]Ibid.

[49]Ver José Bravo Ugarte, *Historia sucinta de Michoacán: Estado y Departamento (1821–1962)*, vol. 3 (México: Editorial Jus, 1964).

[50]Posteriormente, la lucha en el estado por la gubernatura en 1955 evidenció las contradicciones entre los grupos políticos. Algunos grupos de ejidatarios se quejaron de que habían sido amedrentados y que si no apoyaban a David Franco Rodríguez no recibirían agua para riego. Posteriormente, cuando David Franco Rodríguez fue nominado, hubo protestas de grupos políticos locales por la forma como el PRI manejó la asamblea. Finalmente, hubo protestas ciudadanas por el supuesto fraude electoral cometido en las elecciones (AGN, FRC, 544.2/10 Elecciones en Michoacán).

CAMPECHE

En los casos de Campeche, Hidalgo y Nayarit, la influencia de sus líderes empieza a mostrar una vinculación más clara entre el centro de la República y los gobiernos locales. En estos estados, la década de los cincuenta implicó una derrota para los liderazgos locales y una mayor influencia del gobierno central. Este fue uno de los elementos para establecer las formas de control que el gobierno de Adolfo Ruiz Cortines entendía como la consolidación de estabilidad política.

La situación en el estado de Campeche es particularmente interesante por la inmensa tarea de organización política que se desarrolló durante los años cincuenta. Este tipo de organización se reflejaba muy claramente durante los procesos electorales. En Campeche, la fuerza del PRI estatal es ampliamente conocida y ningún partido de oposición ha logrado una movilización efectiva contra el partido oficial. Durante los años cincuenta destacó la popularidad alcanzada por el Frente Revolucionario Campechano (FRC), organizado por Carlos Sansores Pérez. Sansores fue muy hábil para orientar las actividades del partido oficial en su favor. A través de una amplia red de representantes incorporó en el FRC a pequeñas organizaciones políticas que no encontraban forma de hacer sentir su voz en el estado. Para el proceso de selección de candidato a gobernador de 1955, el FRC logró incluso elaborar un amplio listado de todos los miembros del Frente para presionar a favor de su candidato.[51]

Durante el proceso de 1955, Sansores resultó victorioso y logró que el senador por Campeche, Alberto Trueba Urbina, fuera nombrado candidato del PRI a la gubernatura. Sin embargo, durante el proceso se manifestaron también una gran cantidad de organizaciones que se llamaban revolucionarias y fieles al PRI, y que apoyaban a otros candidatos.

Desde julio de 1953 un grupo de campechanos oposicionistas a Sansores mandaron telegramas al presidente para intentar remover al gobernador Manuel López Hernández. En relación a la elección de 1955 mencionaban que eran representativos de los intereses del estado de Campeche y que no querían a Trueba Urbina, a Leopoldo Sales Rovira, a Sansores Pérez, o a "otro bandido", como gobernador. Este grupo proponía a Rafael Castillo Maury o a Manuel Abreu de la Torre.[52]

En septiembre de 1954, algunos grupos como el Comité Carmelita de Orientación Política (organización perteneciente al PRI), y el Comité Cívico

---

[51]AGN, FRC, 544.2/11 Elecciones en Campeche. Además de las presiones que logró realizar el FRC en el estado, mandaron al presidente Ruiz Cortines un paquete de información legitimando su movilización, pero siempre cuidando su imagen como una organización respetuosa de la voluntad presidencial y disciplinada a las altas autoridades del PRI.

[52]Ibid.

de Auscultación Política, se opusieron al "futurismo electoral". Por "futurismo" se entendían los trabajos de proselitismo político que realizaban los grupos de Sansores Pérez para empezar a fortalecer a sus candidatos. Sin embargo, desde entonces empezaron a mencionarse como precandidatos a Luis Felipe Cánudas Ortega, campechano con una larga carrera como funcionario de la Procuraduría de la República, y a Pedro Guerrero Martínez, ex-senador del estado.[53]

Ya durante la lucha por la candidatura priísta al gobierno del estado, destacó la formación del Comité Cívico de Auscultación Política, dirigido por César Zapata Conde. Desde el principio esta organización se postuló como parte del Partido Revolucionario Institucional y explicitaba su apego a los principios de la Revolución y al programa del Presidente Ruiz Cortines. En su programa de acción se pueden ver algunos de los conflictos internos que vivía el PRI en Campeche, especialmente vinculados con selección de candidatos del PRI a los puestos de elección popular:

> Lucharemos porque el Partido Revolucionario Institucional, reconozca que representamos al pueblo, en sus aspiraciones de mejoramiento, porque contamos con la rectitud de nuestra conducta.
> Señalaremos al PRI, el resultado de nuestra auscultación política para que haga suyos a los candidatos de elección popular, a individuos que el pueblo campechano por nuestro conducto haya determinado apoyar, ya que seguramente serán campechanos por nacimiento, con mayores vínculos con el pueblo y el pensamiento más identificado con los postulados de nuestra revolución.[54]

Este tipo de iniciativa por parte de un grupo regional era muy poco usual en la política de los estados, ya que se apega a todos los principios del gobierno federal y su objetivo radicaba en hacer que el partido oficial siguiera líneas de acción más democráticas. En un comunicado dirigido al "Ciudadano Chiapaneco", el comité se quejaba de la forma insultante en que otros grupos buscaban llevar al poder a un hombre que sólo representaba a un grupo político de la entidad.[55]

Finalmente, el 5 de diciembre de 1954, poco antes de la designación oficial del candidato priísta, el Comité Cívico de Auscultación Política envió al presidente Ruiz Cortines el resultado de su trabajo en el que muestra cual fue, de acuerdo con sus evaluaciones, el sentir de la voluntad popular para seleccionar su candidato a gobernador: por Leopoldo Sales Rovira, 20,746 votos; Alberto Trueba Urbina, 1,695; R. Otal, 1,095; Pedro Guerrero, 570; Carlos Sansores, 511; F. Rubio 160.

[53]Ibid.
[54]Comité Cívico de Auscultación Política, *Declaración de Principios*, (Campeche: s.e., 1954).
[55]AGN, FRC, 544.2/11 Elecciones en Campeche.

El resultado mostró también la inclinación del grupo que dirigía al Comité, sin embargo, cuando la decisión del partido se inclinó hacia Trueba Urbina, se mantuvo la disciplina interna sin mayores conflictos.[56] Este tipo de movimientos en el estado, más que desprestigiar al grupo de Carlos Sansores, lo legitimaba ante la sociedad por el alto grado de eficiencia política que alcanzaba en la búsqueda de sus propósitos.

SAN LUIS POTOSÍ

San Luis Potosí, y en especial la región de la Huasteca Potosina, constituyen el área de influencia de uno de los políticos y caciques más polémicos del período. Gonzalo Natividad Santos Rivera nació en Tampamolón Corona, San Luis Potosí, el 10 de enero de 1897, a las diez de la mañana, según él mismo cuenta.[57] Participó activamente en la Revolución y obtuvo el grado de general. Posteriormente desarrolló una carrera política muy completa en el estado de San Luis Potosí, estableciendo fuertes alianzas con el General Saturnino Cedillo, importante líder político del estado, y con miembros de su familia que habían participado en la política local después de la Revolución.

El poder político de Gonzalo Santos se había incrementado notoriamente durante los últimos años del cardenismo, especialmente cuando la rebelión de Saturnino Cedillo en San Luis Potosí había sido aniquilada por las fuerzas leales a Cárdenas. Santos jugó sus cartas oportuna y hábilmente para no ser identificado con Cedillo y mantener su relación con el presidente de la República. Después de la sucesión presidencial de 1940, a decir de Gonzalo Santos, el Presidente Avila Camacho intentó darle el puesto de subsecretario de Gobernación, pero él se negó y fue nombrado "ministro sin cartera" por el propio Presidente Avila Camacho.[58]

A partir de 1940 Santos fortaleció su dominio en la Huasteca Potosina y en la política local. El gobernador Reynaldo Pérez Gallardo enfrentó los movimientos políticos que terminaron con la declaratoria de desaparición de poderes en el mes de agosto de 1941. Como gobernador sustituto fue nombrado, desde entonces un aliado de Gonzalo Santos, el General Ramón Jiménez Delgado. En 1943, el propio Santos fue electo gobernador por el período 1943-1949, primer gobierno de seis años en el estado.

Regionalmente, la fuerza de Santos se encontraba en la Huasteca Potosina, pero había logrado imponer a sus representantes en todo el estado. Durante su gubernatura, Santos logró dominar prácticamente todas las

---

[56]Ibid.
[57]Gonzalo N. Santos, *Memorias* (México: Grijalbo, 1986), 17.
[58]Ibid.

organizaciones políticas del estado, además de contar con el apoyo del congreso local y de las máximas autoridades del PRI en San Luis Potosí. Gonzalo N. Santos extendió su poder local durante el gobierno de Ruiz Cortines mediante la gubernatura de Ismael Salas. En 1949 los principales precandidatos a la gubernatura del estado eran Enrique Parra Hernández, del equipo del presidente Miguel Alemán; el Senador Fernando Moctezuma, hermano de Mariano, prominente político durante el Cardenismo; e Ismael Salas, que además de ser el candidato de Gonzalo Santos, fungió como tesorero del estado durante su gubernatura.[59]

La gubernatura de Salas fue una continuación de la obra de Santos en el estado. Salas fue criticado por dejarse manipular por el cacique de la Huasteca, pero mantuvo el poder y la estabilidad política en el estado. Durante su período se iniciaron las movilizaciones de grupos sinarquistas en el altiplano potosino. Estos grupos organizaron numerosas manifestaciones en la capital del estado e iniciaron el movimiento llamado Insurgencia Cívica, en contra de Gonzalo N. Santos. Posteriormente, estos grupos apoyarían el movimiento político del Dr. Salvador Nava Martínez.[60]

En 1955, el proceso de sucesión en el gobierno de San Luis Potosí estuvo claramente determinado por la influencia política de Gonzalo N. Santos, aunque se desarrollaron divisiones internas en el PRI y protestas por parte de los candidatos vencidos. Desde enero de ese año el Comité Renovador Potosino, integrado por militantes del PRI, determinó nombrar un candidato a la gubernatura del estado que se opusiera a los designios de Gonzalo N. Santos.[61] Por su parte, Gonzalo N. Santos, de una forma por demás pretenciosa, había iniciado sus trabajos para influir en la nominación del candidato priísta al gobierno del estado. Durante los últimos días de 1954, el "Alazán Tostado" recibió en su hacienda "El Gargaleote", en El Tamuín, S.L.P., a Manuel Alvarez López y al profesor Arturo Medina, dos de los más mencionados en el estado como precandidatos a la gubernatura.[62]

El verdadero favorito de Santos era Manuel Alvarez López, pero en aquella reunión en "El Gargaleote" se hacía evidente una vez más la habilidad para imponer a un candidato en tiempos y lugares adecuados, aún en contra de grupos priístas descontentos. A la reunión asistieron representantes de los sectores del PRI, representantes del congreso local, el secretario general de Gobierno, el presidente del Supremo Tribunal de Justicia del estado, los

---

[59]Ibid. Santos comenta los intentos de Alemán de nombrar a Parra Hernández como candidato del PRI a la gubernatura y la forma como él se las ingenió para imponer a su candidato. Lo cierto es que la fuerza política de "El Alazán Tostado" (apodo favorito de Santos) hacía casi imposible que se nombrara a un candidato no vinculado con sus intereses.

[60]Ver Antonio Estrada, *La Grieta en el yugo* (San Luis Potosí: s.e., 1963).

[61]AGN, FRC, 544.2/19 Elecciones en San Luis Potosí.

[62]*El Sol de San Luis*, 24 de diciembre de 1954.

diputados federales por San Luis Potosí y demás personalidades políticas de la entidad.[63]

Los grupos descontentos con la política de Gonzalo N. Santos postulaban la candidatura de Miguel Alvarez Acosta. Ante la fuerza política del equipo de Santos, se habían organizado varios grupos dentro del PRI, como el Comité Renovador Potosino, Acción Cívica Potosina, y Guardias Potosinas del PRI para postular la candidatura de Alvarez Acosta. En general estos grupos se quejaban de que las autoridades del PRI en el estado obedecían las órdenes de Santos y no representaban al pueblo. Su protesta se elevaba ante el CEN del PRI que había de alguna manera aceptado el tipo de política impuesta por Gonzalo N. Santos en el estado.[64] Finalmente Manuel Alvarez López fue nombrado candidato del PRI a gobernador del estado, aún en contra de los deseos del gobernador Ismael Salas, quien prefería al tesorero de su administración, Nicolás Pérez Cerillo.[65]

Los ejemplos mencionados muestran como el liderazgo regional en el país evolucionó sustancialmente durante la década de los cincuenta. En algunos casos, la fuerza política del jefe político tendía a desaparecer y su lugar fue ocupado por grupos más vinculados al centro de la República. Tal es el caso de Tamaulipas, Zacatecas y Quintana Roo. En otros casos, como en San Luis Potosí, el liderazgo se mantuvo y el estado seguía gobernándose con la anuencia de Gonzalo N. Santos. Finalmente, algunos estados empezaron a caracterizarse por el fortalecimiento de las instituciones políticas, incluyendo al PRI, que por la influencia personal de su líder local, tomaba las decisiones fundamentales. Tal fue el caso en Nayarit, Campeche, e Hidalgo.

Los estados conflictivos

Uno de los elementos fundamentales que evidencia la evolución del sistema político mexicano durante los años cincuenta, es el fortalecimiento del presidencialismo. Este no es el tema del presente artículo, sin embargo, conviene recordar que una de las formas como se expresaba el poder de los presidentes a partir de 1940 era la remoción de los principales miembros del equipo del sexenio anterior, incluyendo a gobernadores electos durante la administración previa. Durante el gobierno de Miguel Alemán catorce gobernadores dejaron su puesto antes de que terminara su período constitucional, once de los cuales fueron forzados a renunciar o a pedir

---

[63]Ibid.
[64]AGN, FRC, 544.2/19 Elecciones en San Luis Potosí.
[65]Santos, *Memorias*.

licencia.[66] En su mayoría se trataba de gobernadores que apoyaron a Manuel Avila Camacho durante su gobierno. Roger Anderson argumenta que estos gobernadores fueron forzados a renunciar debido a las protestas que generaba la imposición de presidentes municipales en los estados y a otro tipo de conflictos locales. Es posible suponer también que el presidente Miguel Alemán no sólo tenía que desarrollar su poder ante la herencia de Manuel Avila Camacho, sino que estaba inaugurando la etapa de presidentes civiles y que le era necesario entablar una nueva red de dominio en los estados para mantener su poder.

Durante la administración de Ruiz Cortines fueron once los gobernadores que no terminaron su periodo constitucional.[67] En comparación con el gobierno de Miguel Alemán, sólo cinco de ellos salieron debido a conflictos políticos y los demás, o renunciaron para ocupar puestos de mayor jerarquía, o murieron siendo gobernadores. En este sentido, los estados más conflictivos durante la década de los cincuenta fueron Guerrero, Yucatán, Tabasco, y Sinaloa.[68] Se incluye a continuación el análisis de la conflictiva política en Guerrero, como ejemplo del tipo de problemas que experimentaban algunos estados de la República.

[66]Ellos fueron: Hugo Pedro González de Tamaulipas, General Juan M. Esponda de Chiapas, General Edmundo Sánchez Cano de Oaxaca, Nicéforo Guerrero Mendoza de Guanajuato, Alberto V. Aldrete del Territorio de Baja California Norte, Jesús Castorena J. de Guanajuato, José María Mendoza Pardo de Michoacán, José González Beytia de Yucatán, Manuel Mayoral Heredia de Oaxaca, General Blas Corral Martínez que murió siendo gobernador de Oaxaca, Abelardo L. Rodríguez que renunció por motivos de salud a la gubernatura de Sonora, Adolfo Ruiz Cortines que dejó el estado de Veracruz para ocupar la Secretaría de Gobernación, Agapito Pozo, que dejó la gubernatura de Querétaro para convertirse en ministro de la Suprema Corte de Justicia, e Ignacio Cepeda Dávila que se suicidó siendo gobernador de Coahuila. Ver Anderson, "Functional Role of the Governors".

[67]Ellos fueron: Alejandro Gómez Maganda de Guerrero, Enrique Pérez Arce de Sinaloa, Tomás Marentes Miranda de Yucatán, Manuel Bartlett Bautista de Tabasco, Oscar Soto Máynes de Chihuahua, Ignacio Morones Prieto que dejó la gubernatura de Nuevo León para ocupar un puesto en el gabinete de Ruiz Cortines, Agustín Olachea Avilés que de ser gobernador del territorio de Baja California Sur pasó a ser presidente del CEN del PRI, Alfonso Corona del Rosal que dejó la gubernatura de Hidalgo para ocupar la presidencia del CEN del PRI, Edmundo Gámez Orozco de Aguascalientes que murió de embolia, General Manuel Cabrera Carrasquedo de Oaxaca que murió de un infarto, y el General Petronilo Flores Castellanos que también murió de un ataque cardiaco. Ver Anderson, "Functional Role of the Governors".

[68]En Chihuahua el gobernador Soto Máynes también fue forzado a renunciar en 1955, pero este estado destaca más por su conflictividad electoral que por las tensiones entre los gobiernos locales y el gobierno central.

EL CASO GUERRERO

Guerrero ha sido un estado políticamente conflictivo por mucho tiempo. El hecho de que muy pocos gobernadores hayan podido terminar su período constitucional muestra la importancia de las pugnas internas en el manejo político de la entidad. Por muchos años, Guerrero contó con pocas vías de comunicación, con excepción de la carretera México-Acapulco. Durante los años cincuenta, su población era eminentemente rural y su nivel de analfabetismo rebasaba con mucho la media del país.[69]

La situación política del estado a principios de los años cincuenta era relativamente calmada. El General Baltazar R. Leyva Mancilla había gobernado el período 1945–1951 y después de muchas protestas por su nominación como candidato a la gubernatura, Alejandro Gómez Maganda fue electo gobernador del estado por el período 1951–1957.

Alejandro Gómez Maganda fue siempre un cercano colaborador de Miguel Alemán. En sus libros muestra los estrechos vínculos que estableció y la admiración que sentía por el presidente veracruzano.[70] Durante la presidencia de Alemán, Gómez Maganda fue diputado federal por Guerrero y contestó el primer informe presidencial del alemanismo en 1947. Al finalizar su diputación en 1949, fue nombrado oficial mayor de la Cámara de Diputados y de ahí el Partido Revolucionario Institucional nombró a Gómez Maganda candidato a gobernador del estado. En su inauguración como gobernador estuvo presente el Presidente Alemán que con su presencia mostraba su apoyo al nuevo gobernador. Gómez Maganda cuenta que en su toma de posesión, en el estadio "Figueroa", el 1 de abril de 1951, también estaban presentes sus "adversarios políticos, ya unificados con plausible y meritoria formalidad: Raúl Caballero Aburto, Emigdio Martínez Adame, Rufo Figueroa, y Donato Miranda Fonseca".[71]

Como era de esperarse, la identificación de Gómez Maganda con el alemanismo y su poco arraigo en el estado lo convirtió en un centro de ataque cuando Miguel Alemán dejó la presidencia en 1952. En ese año empezaron las acusaciones contra el gobernador con motivo de las elecciones para diputados locales. Los sectores del partido acusaban a Gómez Maganda de imponer a sus candidatos a las presidencias municipales del estado sin consultar al partido. Además se le acusaba de nombrar a un número excesivo

[69]Sobre la situación general del estado en los años cincuenta véase José C. Gutiérrez Galindo, *Y el pueblo se puso de pie: La verdad sobre el caso guerrero* (México: s.e., 1961).

[70]Ver, entre otros, Alejandro Gómez Maganda, *Mi voz al viento: Apuntes de mi vida y algo más* (Mexico: Editora Cultural Objetiva, 1962), y idem, *El vino del perdón* (México: Ed. Joma S.A., 1971).

[71]Gómez Maganda, *El vino*, 270–271. Ciertamente eran sus enemigos políticos y todos tuvieron que ver en el proceso de desaparición de poderes que se declaró en contra del gobernador Gómez Maganda en 1954.

de sus familiares en cargos públicos del estado y como candidatos a los puestos de representación popular.

Con motivo de las elecciones locales, un grupo de profesionistas, artistas, licenciados, profesores, escritores y periodistas mandaron una carta al gobernador pidiéndole que se respetara el voto y la voluntad popular.[72] Este tipo de manifestaciones en contra del gobernador se incrementó durante 1953. Durante el mes de julio de ese año se presentan algunas protestas al presidente de la República en contra del gobernador Gómez Maganda. La principal acusación era la incapacidad del gobernador para mantener unidas las fuerzas políticas del estado, que se habían dividido por la política seguida en el primer año de gobierno.[73]

El principal conflicto político en la entidad se produjo entre el gobernador Gómez Maganda y el presidente municipal de Acapulco, Lic. Donato Miranda Fonseca. Miranda Fonseca había sido diputado federal por Guerrero de 1943 a 1946 y posteriormente fue senador por el estado de 1946 a 1952.[74] Durante el gobierno de Gómez Maganda, logró la candidatura para la presidencia municipal de Acapulco, desde donde levantó una fuerte ofensiva política contra el gobernador. Miranda Fonseca, como Gómez Maganda, pertenecían al grupo de Miguel Alemán, pero se distanciaron políticamente en la lucha por la gubernatura de Guerrero.

Otros de los enemigos de Gómez Maganda, como Fernando Román Lugo y Rufo Figueroa eran personajes altamente prestigiados en el estado, con poder político suficiente para cuestionar la autoridad del gobernador. Román Lugo, también guerrerense, era entonces subsecretario de Gobernación de Ruiz Cortines y había sido secretario general de Gobierno de Veracruz cuando Ruiz Cortines fue gobernador. Rufo Figueroa era miembro de la poderosa familia guerrerense, hermano de Rubén, y contaba con el apoyo económico de "los Figueroa".[75]

Finalmente, la Comisión Permanente del Congreso de la Unión declaró la desaparición de poderes en el estado de Guerrero. La solicitud presidencial argumentaba que no existían garantías para los ciudadanos del estado debido a los desórdenes permanentes. Asimismo se enfatizaba la ausencia frecuente del gobernador y el favoritismo a su familia mostrado en el nombramiento de servidores públicos de la entidad.[76] Ocupó el puesto de gobernador sustituto el Ing. Darío L. Arrieta quien gobernó de 1954 a 1957. Arrieta pudo ser un gobernador negociado entre las fuerzas políticas que esperaron el proceso de sucesión de 1956–1957 para reiniciar la lucha.

[72]*El Popular*, 5 de diciembre de 1952.
[73]AGN, FRC, 162/5. Resumen de la prensa y correspondencia de la Presidencia de la República, 24-jun-53.
[74]Ver Camp, *Mexican Political Biographies*.
[75]Ibid.
[76]*El Nacional*, 22 de mayo de 1954.

Desde enero de 1956 surgieron varios nombres en la lucha por la gubernatura de Guerrero. Destacan Ezequiel Padilla, Emigdio Martínez Adame y Alfonso Román Castro. Finalmente los precandidatos más fuertes serían Fernando Román Lugo, Rufo Figueroa y el del candidato ganador, General Raúl Caballero Aburto.[77]

Uno de los principales problemas que vivía el estado era la división entre los grupos políticos. Como en otros lugares, el PRI no logró imponer disciplina entre sus miembros más poderosos de la región. Para la elección de 1956 la demanda de muchos grupos locales era la unificación de los guerrerenses. Durante el proceso se formaron organizaciones dentro del PRI para apoyar a cada uno de los precandidatos. Como se vio anteriormente, todos eran muy poderosos. Destaca el caso de la organización "Vanguardia Guerrerense" cuyo lema era: "por la unificación de todos los guerrerenses". Esta organización no apoya a un candidato específico, pero pide al presidente Ruiz Cortines que se elija a un hombre que no permita que continúen en el poder "los mismos políticos mafiosos que han controlado al estado por muchos años".[78]

La selección del general Raúl Caballero Aburto como candidato a la gubernatura no eliminó las tensiones políticas en el estado. Tampoco el gobernador del ruizcortinismo logró terminar su período constitucional. En 1961, cuando Adolfo López Mateos estaba en su tercer año de gobierno, el Congreso, una vez más, declaró la desaparición de poderes en Guerrero. La selección de Caballero Aburto por parte de Ruiz Cortines pudo obedecer al hecho de que se trataba de un militar leal al Presidente. Sin embargo, permanecieron las condiciones que hacían difícil el gobierno de la entidad.[79]

Una de las principales enseñanzas del caso Guerrero es que a pesar de que los presidentes Miguel Alemán y Adolfo Ruiz Cortines lograron imponer a sus candidatos en el gobierno del estado, ninguno de los dos logró eliminar las tensiones políticas que hacían muy compleja la estabilidad de la región. Es evidente también que no existía una organización política capaz de organizar a los grupos que luchaban por el poder local. El Partido Revolucionario Institucional no había logrado imponer su dominio y prevalecían diferentes formas de cacicazgos en el estado que defendían fuertemente sus intereses particulares, por encima de los llamados proyectos nacionales. A finales de los años sesenta y principios de los setenta,

[77]AGN, FRC, 544.2/36 Elecciones en Guerrero.
[78]Ibid.
[79]José C. Gutiérrez Galindo meciona que Ruiz Cortines apoyó a Caballero Aburto porque, "entre otros méritos para llegar al poder realizó una masacre de ciudadanos enemigos de la candidatura de Ruiz Cortines el 7 de julio de 1952, siendo a la sazón comandante del Batallón Mecanizado del Ejército. Por esta acción,—sique el autor—Caballero Aburto sufrió orden de arresto; pero oportunamente habría de capitalizar tal audacia, con su designación por el PRI como candidato al gobierno de Guerrero". Gutiérrez Galindo, *Y el pueblo*, 57.

Guerrero sería el escenario de la lucha guerrillera de Lucio Cabañas y Genaro Vázquez Rojas, cuya recurrencia a las armas fue, entre otras, la falta de espacios políticos para hacer oir sus puntos de vista en la política local.

La situación política en los otros estados

Otros estados de la República[80] experimentaban situaciones políticas muy diversas, pero en general, se gobernaban bajo el control del centro del país. En los estados como Aguascalientes, Colima, Nuevo León, Querétaro, Jalisco, y el Estado de México, el PRI no tuvo mayores dificultades para elegir su candidato a gobernador y las elecciones se realizaron con relativa calma. En Nuevo León, durante la elección para gobernador de 1949 participaron activamente los partidos Acción Nacional y Popular. Sin embargo, en la elección de 1955 no se presentó candidato de oposición.[81] En el Estados de México, la candidatura de Gustavo Baz logró inmediato consenso en 1957.[82] Una situación similar se presentó en 1955 en el estado de Querétaro con la candidatura de Juan C. Gorraz, aunque llama la atención que dos militares buscaran la gubernatura en ese año.[83]

En Chiapas, las elecciones de 1958 para gobernador del estado fueron relativamente tranquilas. No obstante, el PRI enfrentó algunos problemas en el proceso de nominación de su candidato a la gubernatura. Originalmente se difundió la decisión del PRI de nombrar como candidato a Germán T. Rizo. Sin embargo, la reacción en contra fue inmediata y los ataques de los demás precandidatos también. En este caso los representantes locales del PRI presionaron fuertemente para que las autoridades del partido en la capital cambiaran su decisión. Finalmente lo lograron y nombraron como candidato a la gubernatura a Samuel León Brindis, ex-rector del Instituto de Ciencias del Chiapas.[84]

Una situación igualmente anómala se presentó en Coahuila durante la selección del candidato priísta a la gubernatura del estado en 1957. Habían competido como precandidatos reconocidos generales revolucionarios como Jacinto B. Treviño y Francisco L. Urquizo. Sin embargo, la nominación recayó en el general Raúl Madero, hijo del Presidente Francisco I. Madero. La decisión sorprendió a los miembros del PRI en el estado que tuvieron que

---

[80]Nos referimos a estados como Aguascalientes, Coahuila, Colima, Chiapas, Durango, Guanajuato, Jalisco, México, Morelos, Nuevo León, Oaxaca, Querétaro, Sonora, Tlaxcala, Veracruz, y el Territorio de Baja California Sur.

[81]AGN, FRC, 544.2/8 Elecciones en Nuevo León.

[82]AGN, FRC, 544.2/39 Elecciones en México.

[83]Ellos eran el general José Siurob Ramírez y el general Joaquín de la Peña (AGN, FRC, 544.2/21 Elecciones en Querétaro).

[84]AGN, FRC, 544.2/1 Elecciones en Chiapas.

modificar su calendario para realizar la asamblea del partido, además de que el General Madero era supuestamente miembro del Partido Auténtico de la Revolución Mexicana.[85]

En los demás estados el principal punto a destacar es la formación de diversas organizaciones políticas, dentro o fuera del Partido Revolucionario Institucional, que buscaban hacer presión política para nombrar a un candidato a la gubernatura. Igualmente llama la atención que una vez elegido el candidato oficial, estos grupos perdían sentido y fácilmente desaparecían. En 1955, durante el proceso electoral para elegir gobernador en Guanajuato, se organizó el Frente Revolucionario Unificador Guanajuatense que incluso tenía oficinas en la ciudad de México y que trató de mediar en la lucha por la candidatura del PRI.[86] En Morelos, el Frente Zapatista encabezó las protestas por la selección del Coronel Norberto López Avelar como candidato a gobernador en 1958.[87] En Oaxaca, el senador Alfonso Pérez Gasca logró la candidatura del PRI a la gubernatura del estado en 1956. Sin embargo, tuvo que vencer la precandidatura del general Roberto Calvo Ramírez que era apoyado por una organización denominada "Vanguardia Revolucionaria Benito Juárez de Obreros y Campesinos de Oaxaca". Esta organización pidió públicamente al presidente Ruiz Cortines que se le otorgara al general Calvo la licencia militar que él había solicitado para poder competir oficialmente por la gubernatura de Oaxaca.[88]

Conclusiones

El México de los años cincuenta se encontraba en una etapa de cambio en todos sentidos. Las características de su población se modificaban con la llegada de la modernidad y cambiaba su tamaño, su ubicación geográfica y su vinculación con la economía. Al mismo tiempo el desarrollo económico transformaba las perspectivas del país. En el aspecto político, el México de los cincuenta no había consolidado una forma definida y general de hacer política y ejercer el poder en todos los estados de la República. La revisión de los procesos por medio de los cuales se elegían gobernadores en los estados de la República apunta hacia una heterogeneidad de situaciones en las que incluso el Partido Revolucionario Institucional tenía niveles de influencia muy diversos en las entidades.

Si bien los estudios sobre México durante el ruizcortinismo son muy escasos, lo son aún más en relación a la política en los estados. Por ello se

[85]AGN, FRC, 544.2/33 Elecciones en Coahuila. Ver además, *Tiempo*, 3 de junio de 1957.
[86]AGN, FRC, 544.2/29 Elecciones en Guanajuato.
[87]AGN, FRC, 544.2/13 Elecciones en Morelos.
[88]AGN, FRC, 544.2/4 Elecciones en Oaxaca.

presupone que el dominio evidente que ejercía a nivel federal el PRI se reproducía con la misma facilidad en los estados. Con ello, se pierde de vista la presencia, aún en los cincuenta, de jefes políticos regionales, de partidos de oposición relativamente fuertes en algunas entidades, de divisiones internas en los comités estatales del PRI, y las dificultades de la federación para imponer su voluntad en algunas regiones. Es más, suponer que el PRI era en los cincuenta un partido sólido, homogéneo y cuyo poder estaba centralizado, oculta al investigador las características específicas que tuvo el proceso de centralización política y consolidación del sistema durante esa década.

En términos de la evolución política de México durante el período, si se pone el énfasis en la heterogeneidad del país, adquieren mayor relevancia tres aspectos de la política mexicana:

a) El perfeccionamiento por parte del poder ejecutivo de los mecanismos de control político. Dada la diversidad de situaciones y conflictos a resolver, en especial la secretaría de Gobernación tuvo que desarrollar sistemas de vigilancia, policíaca y electoral, que posteriormente fueran garantía de cierto grado de estabilidad, entre otras cosas para dirigir la política en los estados.

b) La reorganización y reforma del Partido Revolucionario Institucional. Más allá del control político que el PRI podía ejercer a través de sus tres sectores, los procesos de selección de candidatos y los nombramientos de las autoridades priístas en los estados requerían de una mayor precisión para que el partido lograra hacerse realmente hegemónico en el país. No se trataba sólo de ganar las elecciones, sino de estar en condiciones de dominar la vida política en las localidades.

c) La reevaluación del poder del presidente de la República en los años cincuenta. Más allá del conocido poder del ejecutivo en el país, la heterogeneidad política en las regiones y la desigual fuerza del PRI, hacen necesario examinar hasta que punto la voluntad presidencial podía ser cumplida en todos los sentidos. Además puede agregarse al problema de la heterogeneidad política el conflicto interno en la clase política que significaba la lucha alemanismo-cardenismo, con sus expresiones en los "Auténticos Revolucionarios", los henriquistas y los jóvenes políticos universitarios que ya eran llamados "tecnócratas".

Political Modernization in Mexico: Through a Looking Glass

Roderic Ai Camp

THE EXTRAORDINARY CHANGES in Eastern Europe and the Soviet Union in 1989–1990 have produced a snowball effect of disparate and confused models of political and economic change. Simultaneously, media attention in the United States has shifted away from the south to the east; Mexico no longer seems deserving of public attention.[1] As the election results in Nicaragua became clear, editorial opinion soon offered predictions about Cuba, the next domino in the crumbling socialist solution to development. But what about Mexico? Obviously it is not among the pantheon of socialist systems. Yet, as other authoritarian, one-party states rapidly fall by the wayside, the status of Mexico's leadership, even within the context of a semiauthoritarian model, becomes increasingly questionable. The United States, which has taken smug satisfaction in political modernization-cum-democracy spreading among former authoritarian socialist countries, remains strangely silent about electoral fraud and repression by its next-door neighbor.

How did the present political situation in Mexico evolve? This essay examines the larger political setting which produced conditions fomenting modernization in the 1980s and 1990s, their impact on the structure and behavior of the present government, and their long-term consequences for Mexican politics. We tend to be creatures of the present. In an age of mass media and telecommunications, even social scientists have allowed themselves to become crisis oriented, whether it be their vision of the world or how they, or their society, should react to serious problems.

[1]Based on articles focusing on Mexico in the *New York Times, Washington Post, Los Angeles Times, Wall Street Journal, Miami Herald, Financial Times, Journal of Commerce*, and the *Christian Science Monitor*.

As the historian will happily argue, there is much to learn from Mexico's past, and even its recent political history is lucidly prescient of current conditions. Many political currents can be traced back to the nineteenth century, and to the intellectual debate fostered by the Revolution of 1910. But for our purposes, the repercussions from the government's brutal repression of student demonstrators in Mexico City's Tlatelolco Plaza on October 2, 1968, are of fundamental significance. This event, known as the Massacre of Tlatelolco, served to crystallize and reformulate questions challenging the legitimacy of Mexico's political model, essentially secure since 1930.

The larger social-political ambience among younger, college-educated, middle-class Mexicans, especially since 1968, is one of nagging doubts— doubts about the political and economic models, and about politicians' abilities to solve the country's problems. Popular literature would have us believe that Mexico's political problems all began with the deficit spending policies of President Luis Echeverría in the early 1970s, but their historical roots extend much deeper, well into the nineteenth century.

A widespread political consensus has never been the norm in Mexico. Although sufficient consensus existed to produce a social revolution in 1910, especially in terms of what many Mexicans rejected, it is fair to say that no consensus emerged as to the political and economic models to be imposed in the postrevolutionary era.[2] Even the Constitution of 1917 is filled with political and economic contradictions reflecting a populist state-led system, on one hand, versus values traditionally identified with capitalism, on the other.[3]

Nineteen sixty-eight is a critical year because the government-initiated massacre of students and bystanders in Tlatelolco Plaza was suggestive of a political system that had lost its ability to compromise, had misjudged the conditions leading to the use of force, had failed to use its skills to settle the dispute nonviolently, and did not listen to sound advice from its intellectual community.[4] More importantly, it brought to the forefront, in an embarrassingly public forum, the underlying malaise, both social and economic, of Mexican society. For example, the so-called economic miracle from 1958 to 1970, in which Mexico averaged a growth rate of over 6 percent yearly, was held up proudly to the rest of the world as worth

[2]See Frank Brandenburg, *The Making of Modern Mexico* (Englewood Cliffs: Prentice Hall, 1964), chap. 3.

[3]Mexico, *Constitución política de los estados unidos mexicanos*, 81st ed. (Mexico: Porrúa, 1986).

[4]Roderic A. Camp, *Intellectuals and the State in Twentieth-Century Mexico* (Austin: University of Texas Press, 1985). For a view from literary figures see John Brushwood's recent evaluation, "Rebellion and Analysis: 1962–1979," in his *Narrative Innovation and Political Change in Mexico* (New York: Lang, 1989), 57–86.

emulating. But as its primary architect, Antonio Ortíz Mena, recently admitted, and Mexican economists have fully documented, the benefits of that growth were not well distributed.[5] In fact, in 1950 the lowest 20 percent received 6 percent of national income. In 1987 the bottom fifth obtained only 2.4 percent of national income.[6]

In 1968, however, only limited criticism of the economic model was being raised by scholars, for example in the work of Ifigenia Martínez, presently a leader of the Partido Revolucionario Democrático (PRD). Instead, the focus was explicitly on the political model and, somewhat more implicitly, on the economic model. Criticism, in tone and quantity, dealt primarily with political development and, vociferously, with leadership defects. Not only were many Mexican students disenchanted with their politicians, a situation not unlike that of the United States, France, and other countries, but so also were many of their parents, some members of the government establishment, and most intellectuals with the way the government handled the student strike of 1968.[7]

The psychological impact of the events of 1968 cannot be overemphasized. Nineteen sixty-eight is to educated, urban Mexicans of that generation, especially those residing in the capital, what the Vietnam War was to its companion generation in the United States. Mexicans of that generation, if only in their subconscious, tap into its meaning in intellectual discourse, and its impact, although subtle, is real. This impact was especially critical to future political generations. The very same generation who has taken charge of the political system for the next six years, who is providing the intellectual leadership, and who may guide future economic empires witnessed these events. Notably, Carlos Salinas de Gortari himself was at the National University in Mexico City during this incident.[8]

Among the serious political consequences of the 1968 events and their aftermath that impact directly on future trends toward political

[5]Personal interview with Antonio Ortíz Mena, Washington, DC, January 24, 1984. For scholarly evidence see Roger D. Hansen, *The Politics of Mexican Development* (Baltimore: Johns Hopkins University Press, 1971), 72ff; and Ifigenia Martínez de Navarette, *La distribución del ingreso y el desarrollo económico de México* (Mexico: Universidad Nacional Autónoma de México, Instituto de Investigaciones Económicas, 1960).

[6]Roderic A. Camp, "Mexico, 1988," in *Latin American and Caribbean Contemporary Record*, vol. 7, ed. James Malloy and Eduardo Gamarra (New York: Holmes and Meier, 1990).

[7]Two critical illustrations of this post-1968 literature are Carlos Fuentes, *Tiempo mexicano* (Mexico: Joaquín Mortiz, 1971); and idem, *The Other Mexico: Critique of the Pyramid* (New York: Grove Press, 1972).

[8]Salinas was a student at the National School of Economics in Mexico City from 1966 to 1969 and had already begun his political career as an aide to the president of the PRI in the Federal District.

modernization, seven themes can be singled out. First, a significant realignment in the relationship between the state and intellectuals occurred.[9] The intellectual community, led by Octavio Paz, for the first time, began to explore seriously the role of the independent intellectual, that is, one not dependent on the largesse of the state. Paz not only resigned his official post as ambassador to India but also tried to legitimize the model of a Mexican intellectual working independently of the state.[10] As faltering steps toward structural independence from the state were introduced, the tone of intellectual voices evaluating the state altered. Daniel Cosío Villegas, a distinguished historian, wrote popular criticisms of President Luis Echeverría, which were received enthusiastically by the public.[11] This was the first time in many decades that a leading intellectual criticized, in both tone and content, a sitting president. Cosío Villegas himself realized the importance of this work. Indeed, he considered its impact to have been far greater than historical contributions establishing his scholarly reputation.[12] In short, intellectuals joined in with their own voices to challenge the system's legitimacy at a time when other groups were pursuing fresh channels of dissent.

Their involvement became critical because patterns in Mexican group-state relations share certain similarities, and what occurred among intellectuals also began to happen among other groups, including business people.[13] Mexico's political system, according to most observers, is founded on a corporatist structure through which various groups or occupations are co-opted by the state. Any alteration in group-state relationships, therefore, has fundamental implications for the stability and legitimacy of the system.[14] Among these groups are businessmen, intellectuals, urban workers, and organized peasants.

A second long-term consequence of 1968 was the introduction of disillusionment in the political establishment; that is, self-doubts increased among Mexico's political leaders. This pattern cannot be stressed enough.

[9]Camp, *Intellectuals and the State*, 209.
[10]Personal interview with Octavio Paz, Mexico, June 29, 1978.
[11]See, for example, Daniel Cosío Villegas, *El estilo personal de gobernar* (Mexico: Joaquín Mortiz, 1974); or idem, *El sistema político mexicano* (Mexico: Joaquín Mortiz, 1973).
[12]Personal interview with Daniel Cosío Villegas, Mexico, June 30, 1975.
[13]Roderic A. Camp, "Collective Biography and a Portrait of Mexican Elites," *Vuelta* 12 (May 1988): 35–38.
[14]See for example Howard J. Wiarda, "Mexico: The Unravelling of a Corporatist Regime?" *Journal of Inter-American Studies and World Affairs* 4 (Winter 1988–1989): 2ff; Rose J. Spalding, "State Power and Its Limits: Corporatism in Mexico," *Comparative Political Studies* 14, no. 2 (July 1981): 139–164; and Evelyn P. Stevens, "Mexico's PRI: The Institutionalization of Corporatism?" in *Authoritarianism and Corporatism in Latin America*, ed. James Malloy (Pittsburgh: University of Pittsburgh Press, 1977), 227–258.

Change is more likely, in the short run, to come from within than from without, because political tinkering is a policy alternative chosen by leaders who doubt the efficacy of old patterns. Events in the 1988 presidential election bore this out. Significant opposition came from Partido Revolucionario Institucional dissenters, not longtime establishment, opposition parties. These newly minted establishment rebels forcefully shoved a wedge into the system's fissures, thus exacerbating differences already present and creating new, unforeseen political pressures.

The rise of Cuauhtémoc Cárdenas's and Porfirio Muñoz Ledo's political fortunes and the growth of their Partido Revolucionario Democrático trace their roots to internal establishment debates concerning the PRI's future. Elite government leadership, especially since the 1960s, has consistently disputed the issue of greater political liberalization. Although current discussion in the media focuses on the issue of political modernization, a more fundamental question, more thoroughly debated within the political leadership than political reform, preceding 1968, has been economic policy.[15] This is a controversial point, but disagreement over economic policy was the underlying cause of the fissure among PRI leaders rather than the pace of political modernization, expressed in terms of democratization and increased participation. Bluntly put, if Muñoz Ledo and Cárdenas's factions had won the 1988 PRI presidential nomination, it is doubtful if political modernization would have been at the forefront of their philosophy, especially if the Partido Acción Nacional (PAN) continued as the Mexican voter's only viable alternative. The critical variable in splintering government leaders was that those favoring deficit spending, a moratorium on the debt, and continued expansion of state ownership were frozen out of power.

Third, the year 1968 revived support for the liberalization thread (currently expressed as democratization) in Mexico's political history, one whose star had risen under Benito Juárez in the 1860s and 1870s, made a short-lived attempt at revival again in the 1920s, especially in the legislative branch, but essentially has been suppressed for most of Mexico's political history.[16] Leading Mexican historians often have described the country as alternating between political modernization and economic growth, rather than combining both. What makes Salinas's assurances somewhat different from his predecessors is that he has promised both.

A fundamental question, however, is why does the average Mexican want democracy? Is backing for political modernization, in the form of

---

[15]For helpful background see Luis Rubio and Roberto Newell G., *Mexico's Dilemma: The Political Origins of Economic Crisis* (Boulder, CO: Westview Press, 1984).

[16]Justo Sierra, *The Political Evolution of the Mexican People* (Austin: University of Texas Press, 1969).

increased participation, based on inherent support for democratic political values? Undoubtedly, some evidence can be found of democratic values within the political culture.[17] I would argue, however, that similar to what occurred in Nicaragua in March 1990 has been the case in Mexico. Fundamentally, much more interest exists in the state of the economy than in the political process. What Salinas needs to achieve most is economic success, not political modernization. A 1986 *New York Times* poll taken in Mexico supports this interpretation. When asked what was the main problem in their country, 53 percent said inflation and low salaries, 16 percent mentioned the foreign debt, and 8 percent cited unemployment, or a grand total of 77 percent who chose economic conditions. In contrast, only a paltry 12 percent of the respondents mentioned poor government and political corruption as crucial problems.[18]

Fourth, the events of 1968 also encouraged a revival of the populist thread in government economic decision making, whose supporters, while never completely stilled, had not had much success in reaching the cabinet since President Lázaro Cárdenas in the 1930s. Although Mexico pursued an eclectic economic model, reflecting seemingly contradictory goals codified in the Constitution of 1917, those favoring state expansion into the private sector were not well represented politically until Echeverría took office (1970–1976). This leadership led to an extraordinary expansion in state-owned enterprises ranging from restaurants to resort hotels. The rapid development of oil resources, the leading government-owned business, occurred within this larger environment. Economic statism culminated in the 1982 nationalization of the banking system, ending a policy era and the administration of José López Portillo.

Fifth, army repression of the students, in contrast to less visible forms of control, brought widespread attention from the media in the United States in 1968. Indeed, for the first time since the Revolution, Mexico's political model, and its strength and weakness, became newsworthy. Although the U.S. public's interest was piqued by this event, later coverage centered on what North American journalists, followed by scholars, considered the political model's unpredictable behavior, a quality which the general wisdom on Mexico never before had highlighted. In broader terms, the post-1968 era

---

[17]John A. Booth and Mitchell A. Seligson, "The Political Culture of Authoritarianism in Mexico," *Latin American Research Review* 19, no. 1 (1984): 106–124.

[18]Poll of October 26, 1986. Very few Mexicans participate politically beyond voting. A recent survey of young adults age fifteen through twenty-nine, in Monterrey, demonstrated that whereas 50 percent voted in the 1988 elections, 59 percent replied that they would not like to participate or be an active party member. Only 12 percent claimed that they were active in this sense. See *Exámen*, February 1990.

marks the beginning of the exaggerated, negative tone found in most of the U.S. coverage of Mexico in recent years.[19]

The involvement of the army in suppressing the student movement produced numerous repercussions within the military and on civil-military relations. The military's expanded role in national security and even a redefinition of national security concerns can be traced to the 1968 events.[20] Many younger officers were promoted, and a generation of older ones was retired. Doubts about politicians' leadership skills were present in the minds of many junior officers. Finally, the military was rewarded with an expanded structure and with new arms and equipment.[21]

Sixth, the student massacre in Tlatelolco Plaza also spurred opposition from outside the system. Increased opposition took on the form of expanded political parties, most notably from the left. The establishment both tolerated and encouraged pluralization in the electoral arena, although relatively limited in scope.[22] Other opposition sources were affiliated with groups traditionally integrated within the system, including both intellectuals and labor. Within the system, some political-intellectual figures, such as Jesús Reyes Heroles, head of the PRI, began pushing more strongly for political liberalization.[23]

Seventh, and finally, in the aftermath of 1968 middle-class perceptions of those events contributed measurably to a decline in the presidency's legitimacy, beginning with Gustavo Díaz Ordaz (1964–1970). This new

[19]See John Bailey, "Mexico in the U.S. Media, 1979–1988: Implication for the Bilateral Relation," in *Images of Mexico in the United States*, ed. John H. Coatsworth and Carlos Rico (La Jolla: University of California, San Diego, 1989), 50–55; and Leonardo French, "Mexico in the U.S. Media: Recent Developments," speech at the Center for International Studies, Yale University, October 16, 1987.

[20]Edward J. Williams, "The Mexican Military and Foreign Policy: The Evolution of Influence," in *The Modern Mexican Military: A Reassessment*, ed. David Ronfeldt (La Jolla: University of California, San Diego, Center for U.S.-Mexican Studies, 1984), 182; Alden M. Cunningham, "Mexico's National Security in the 1980s–1990s," in Ronfeldt, *The Modern Mexican Military*, 169.

[21]José Luis Piñeyro, "The Mexican Army and the State: Historical and Political Perspective," *Revue Internationale de Sociologie* 14, nos. 1–2 (April-August 1978): 135; Roderic A. Camp, "Civilian Supremacy in Mexico: The Case of a Post-Revolutionary Military," in *From Military to Civilian Rule*, ed. Constantine P. Danopoulos (London: Routledge, 1991), 158–175.

[22]For background see Laura Nuzzi O'Shaughnessy, "Redemocratization in Mexico: The Unique Challenge," in *Liberalization and Redemocratization in Latin America*, ed. George A. López and Michael Stohl (Westport, CT: Greenwood Press, 1987), 15–31; and John Bailey and Leopoldo Gómez, "The PRI and Liberalization in Mexico," unpublished paper, Georgetown University, October 1989.

[23]Dale Story, *The Mexican Ruling Party: Stability and Authority* (New York: Praeger, 1986), 38, 48.

image of the presidency is extremely significant politically. Because it is integral to Mexico's model, the presidency's image is transferred to the larger assemblage of political institutions, or what some might call the state. Thus, as the citizenry's negative perception of the presidency increased, the prestige and strength of the state declined.

The current trend toward political modernization that emerged from this recent historic context has several components. In Mexico, political modernization, to use President Salinas's own language, includes, but by no means is confined to, the following five elements:

1) effective suffrage for and increased participation by the opposition in the electoral arena;

2) restructuring of the formal relationship between the Church and the State, represented by Salinas's invitation of the leading clergy to his inauguration; and a recognition that this relationship needs to be publicly regularized, suggested by his public appointment of an officially designated representative to the Vatican;

3) decentralization of political authority from Mexico City to the states, or from national to state and local levels;

4) decline of state intervention in the economy, measured especially by state ownership of companies; and

5) belief in economic modernization, in terms of international competition, as an accompaniment to political modernization.[24]

The strictly political side of the modernization equation is best represented by the degree to which the government is committed to more open elections and honest vote counts. Naturally, the 1988 presidential elections, and recent state and local elections in 1989–1990, are a measure of that commitment. Empirically, it is difficult to assess election fraud. But from all accounts and, more importantly, in the eyes of most Mexicans, vote tallies have not been satisfactory.

Elections when permitted are, symbolically and concretely, the most visible means of examining political changes. Five important trends are reflected in recent elections. In the first place, ballots cast for the opposition, as a means of measuring political modernization, suggest that many of these voting patterns have existed for decades, extending back to the 1940s. Second, economic modernization in the form of urbanization, increasing income, and higher education has been the most important determinant of opposition support and therefore is integral to political modernization, defined as increased political opposition. Expressed differently, a long-run effect of the economic crisis is to reduce the percentage of Mexicans who will eventually achieve middle-class status. It

---

[24]For a recent summary of these and other concepts see the special supplement "6 lineas para modernizar al PRI," *El Nacional*, March 5, 1990.

is those same people who, although they have benefited substantially from the economic decisions favored by the political model, have voted against that very model, or at least its leadership. Third, despite their successes, opposition parties to date are still structurally weak, having limited geographical, ideological, and occupational support, thus making that aspect of political modernization rather tentative. Fourth, opposition parties, despite these weaknesses, made extraordinary gains in the 1988 presidential elections, even if their actual strength was not accurately reported, and more recently have translated their support into successes at the state and local level, most notably in Baja California. Fifth, and finally, opposition successes, even if not accurately translated into congressional representation, have forced structural changes within the dominant party, the PRI. They have altered relations between the executive branch and the legislative branch, and they have contributed to an increased awareness of pluralism within the political culture.

One of the remarkable features of the 1988 election, and actually a by-product of the increasing importance of elections themselves, is that for the first time we have independent preelection voter polls, making it possible to compare declared voter intentions with the official results. In the immediate future, voter exit poll results will also be available. Briefly, what do voting trends and voter surveys tell us about economic conditions and political modernization in Mexico?

Even though the level of opposition to the PRI previously has not been as high, an analysis of the distribution of the vote in the 1946, 1952, and 1982 elections reveals that eight states have traditionally supported the opposition: the Federal District, Baja California, Michoacán, Morelos, Chihuahua, Guanajuato, Jalisco, and México. With the exception of Chihuahua, these are the very same states voting for the opposition in large numbers in the 1988 elections. Thus, as I suggested above, the strength of voter opposition is not a recent phenomenon of political modernization, but has long historical roots in Mexico.[25]

These data raise a significant question as to how important is the current economic crisis in the minds of the Mexican voter. In other words, to what extent do the voters associate the PRI with the economic crisis? It is apparent that the average person considers the economic situation paramount, but does he associate government decisionmaking with that crisis or does he attribute it to other, possibly external variables? The answer to this question is difficult to ascertain, but a better sense of the

---

[25]For evidence of this see my "Mexico's 1988 Elections: A Turning Point for Its Political Development and Foreign Relations?" in *Sucesión Presidencial: The 1988 Mexican Presidential Election*, ed. Edgar W. Butler and Jorge Bustamante (Boulder, CO: Westview Press, 1990).

reasons why certain regions support the opposition emerges more clearly from the historical record.

The reasons for traditional opposition support vary, but they obviously have little to do with Cárdenas's candidacy in 1988 or the rise of PRD. Rather, both Cárdenas and his new party provided a fresh outlet for historically disgruntled voters. Some of the reasons for strong voter opposition in these states include high levels of development and urbanization, proximity to the United States, historical antagonism toward Mexico City—at least since 1910—and participation in the 1920s Cristero rebellion (whose supporters backed religious conservatives against the state).

Let us briefly examine one variable, proximity to the United States. Surveys reveal repeatedly that the United States has a tremendous impact on Mexico culturally, and that includes our political culture.[26] Not only have some voters been influenced by this proximity, but also some leading politicians, such as the late PAN presidential candidate Manuel Clouthier— who went to school in Los Angeles and San Diego—are products of the border culture.[27] In part, therefore, our own culture influenced regional support for the goals of political modernization, especially in the North. What Mexicans appear to admire most about the United States is its economy. Their admiration naturally places the Mexican economy, by comparison, in an even worse light. In addition, they give high marks to North American democracy, suggesting that many Mexicans possibly associate a good economy with democracy.

Economic development is inextricably linked with political liberalization. As voters' income increases and their sophistication continues, the PRI will do least well in those areas where the impact of economic modernization is greatest, as in the Federal District. Basically, then, level of economic development, degree of urbanization, and geography all have played a role in the declining vote for the PRI. Data from the last three presidential elections show an extraordinary decline in the vote for the PRI in high-income states, from 78 percent, to 55 percent, to 37 percent in 1988.[28] It is therefore ironic that the federal government, in its economic allocations, has favored the most developed regions in Mexico, rather than the least developed, thus ensuring its own decline among voters.

These trends present government leaders with a dilemma. As they modernize Mexico economically, political modernization, in the form of increased opposition, is likely to challenge them for control over the

[26]William J. Millard, *Media Use by the Better-Educated in Major Mexican Cities* (Washington, DC: U.S. International Communications Agency, 1981), 50.
    [27]Roderic A. Camp, *Who's Who in Mexico Today* (Boulder, CO: Westview Press, 1988), 43.
    [28]Camp, "Mexico's 1988 Elections."

political system. Yet refusing to modernize the country economically is not a viable choice. To do so will destroy their legitimacy with the voters.

Changes in the electoral arena have received most of the attention from scholars and the media in their evaluations of political modernization.[29] Other patterns within the decision-making structure of the executive branch are equally revealing. There are two fundamental patterns in this context. The first, the locus of decision-making power, does not have fundamental roots in the historic events of 1968. The second, state-interest group relations, does in part draw strongly on these earlier changes.

Moreover, two noticeable patterns can be identified within the decision-making structure. The first is a shift in cabinet agency roles. As regime stability, in the eyes of politicians and voters, came to rely increasingly on economic growth, the leadership's financial talents rose in importance, outshining electoral or party skills. This perception led to a long-term trend in which the Treasury secretariat augmented its influence. In the 1980s this trend was further strengthened by the rise of Programming and Budgeting as the key administrative agency, evidenced by three consecutive presidents from Treasury (López Portillo), and Programming and Budgeting (Miguel de la Madrid and Salinas).[30] Future strong presidential contenders, as long as the system remains intact, will also come from this agency. Pedro Aspe, a major figure in the current cabinet, replaced Salinas in Programming and Budgeting in 1987–1988. In the past, a key agency post in the economic policy recruitment ladder was the Directorate General of Credit, a midlevel position held by de la Madrid and Jesús Silva Herzog (former Treasury secretary and early presidential contender). Now, the midlevel position to watch is director general of political and economic policy at Programming and Budget. It is no accident that this agency, both in title and function, combines political and economic policies.[31]

The second agency that has increased in importance, beginning with the Miguel Alemán administration (1946–1952), is the Department of the Federal District. It has produced a number of potential presidential contenders including Ernesto P. Uruchurtu, Alfonso Martínez Domínguez (removed in 1971), and Carlos Hank González (constitutionally ineligible). It wields influence for two reasons. First, unlike any other agency, it is analogous to a governorship, giving its director political skills in dealing

[29]For an illustration of this tendency see Andrew Reding, "Mexico under Salinas: A Facade of Reform," *World Policy Journal* (Fall 1989): 685–729.

[30]For the impact of these trends on the recent cabinet, see my "Camarillas in Mexican Politics: The Case of the Salinas Cabinet," *Mexican Studies/Estudios Mexicanos* 6, no. 1 (Winter 1990): 102.

[31]The best work on the policy influence of various agencies is that of John Bailey, *Governing Mexico: The Statecraft of Crisis Management* (New York: St. Martin's Press, 1988) and Judith A. Teichman, *Policymaking in Mexico: From Boom to Crisis* (Boston: Allen and Unwin, 1988).

with burgeoning urban political interest groups. Second, the concentration of middle-class professionals, economic resources, and intellectual capital under one geographic umbrella makes it the government's most important constituency. It suggests once again the impact of urbanization and geography on modernization. Presently the Department of the Federal District competes with the government secretariat as the most important "political" agency, in the same way that Programming and Budgeting overshadows Treasury and the Bank of Mexico as the premier "economic" agency.

On a broader plane, there has been considerable readjustment among groups and constituencies vis-à-vis the state. The most interesting changes appear in the relationship with the officer corps and the Catholic Church.

The military is incorporated structurally within the state. However, it has become increasingly influential for two reasons. First, despite public claims to the contrary, President Salinas has chosen a political methodology of top-down decisionmaking. In implementing his take-charge image, he repeatedly has used the military as his enforcement agent. Thus, in removing the corrupt oil labor-union leader "La Quina," intervening in the arrest of drug trafficker Félix Gallardo, and seizing control of the Cananea Copper Company, the president relied on quick, surgical strikes by the army. Although some criticism has appeared in the Mexican media—and in the case of Gallardo, the Sinaloa legislature unanimously adopted a resolution condemning the federal government's actions—Salinas has persisted with this technique.[32] Presidential use of the military not only raises important questions about the military's role but also, more significantly, in the context of political modernization, legitimizes it as a political actor. Presidential use of the military is all the more interesting because considerable evidence exists to substantiate that large numbers of enlisted personnel and officers voted for Cárdenas in 1988. In early 1990, Cárdenas called for military intervention in the state of Guerrero to settle electoral disputes. Both the government and the opposition are forcing a certain degree of politicization on the military.

Second, the military has also taken on increased visibility because of a redefinition of national security. The cream of the officer corps since 1981 has been graduating from the new Defense College with M.A. theses on national security topics. Recently, a new agency, the Center of Investigation and National Security, headed by Colonel Jorge Carrillo Olea, former director of S-2 (intelligence) of Echeverría's presidential staff and subsecretary of government, was established within the government

[32]Roderic A. Camp, *Generals in the Palacio: The Military in Modern Mexico* (New York: Oxford University Press, 1992), 33.

secretariat.[33] The head of the secretariat is himself a graduate of the Heroic Military College and the son of an officer. Increased military involvement in pursuit of drug eradication campaigns raises serious constitutional questions in the context of Article 129, which physically restricts the military's presence to precise locations.

As for the Catholic Church, Salinas has taken the controversial step of reviving more formalized relations between it and the government. One of the reasons he has done so is a belief that more open, established relations form part of his conception of modernizing Mexican politics. The other reasons are more complex and pragmatic. Salinas is developing his own political constituency. One of those constituencies that he hopes to co-opt or at least neutralize, in a political sense, is the Catholic hierarchy. Catholic leadership has increasingly involved itself on a local and regional basis in political affairs, including election disputes. More importantly, Catholic lay organizations, and even the small number of Mexican base communities, have a potential for interest-group creation even beyond that of organized labor.[34] More Mexicans presently belong to Catholic-affiliated organizations than to any social or political organizations, including labor unions and political parties.[35]

A final component of political modernization is economic and social, represented by the dual issues of social responsibility and equality. This is not mentioned in my previous list because it is not a valued ingredient in the Salinas administration's conception of political modernization. This is a critical issue because it involves an attitude which, in my opinion, is not yet shared in the larger Mexican community.[36] Whereas the state deserves its share of blame for not pursuing policies legitimizing social responsibility and achieving greater human equality, economically and otherwise, the private sector also must face head-on the issue of social responsibility, since most Mexicans learn their values in this sector, and not from the state.

The fact is that, according to Mexican businessmen themselves, as part of their self-definition, only a small minority place a high degree of emphasis on social responsibility to a larger community. As a former Consejo Coordinador Empresarial (CCE) leader suggested: "Regardless of what businessmen are attempting to do, they should never forget that other

[33]*Diccionario biográfico del gobierno mexicano*, 3d ed. (Mexico: Presidencia de la República, 1989), 73.

[34]Personal interview with Bishop Méndez Arceo, Mexico, June 21, 1989. Also see Shannan Mattiace, "The Social Role of the Mexican Catholic Church: The Case of the Yucatán Base Community," unpublished paper, Central University of Iowa, 1989.

[35]Luis Narro Rodríguez, "Qué valorán los mexicanos hoy?" in *Como somos los mexicanos*, ed. Alberto Hernández Medina et al. (Mexico: CREA, 1987), 34.

[36]Roderic A. Camp, *Entrepreneurs and Politics in Twentieth-Century Mexico* (New York: Oxford University Press, 1989), 443, 52.

social problems exist, because entrepreneurs need to understand in Mexico, as elsewhere in the world, that they are living inside a society which exists around them and they cannot operate in a vacuum. . . . We should be preoccupied with our vision of the world."[37]

The essence of socially responsible businesses is not only a definition of what private initiative should be about but also hinges on the question of social equality. This leads to an additional issue, critical to political liberalization's viability: the Mexican business person's version of democracy. When we think of business and democracy, we think of the desire of politically active businessmen to create a more competitive political system, the orthodox symbol of Mexican political modernization.

This issue, however, is much more complex. First, even on the question of their democratic political role, these businessmen are very much in disagreement. Only a minority believe that they have the responsibility for pressuring the state to become more competitive. This goes back to the question of considering the larger world in their sphere of responsibility. Second, it is not sufficient for businessmen to want democracy in the political arena; it has to start with democracy at home. As one prominent Monterrey businessman noted, the very organizations representing the private sector, although they include thousands of members, are dominated by a small number of companies. Or as a former member of the Consejo Mexicano de Hombres de Negocios (the most powerful private-sector interest group) explained to me, collective responsibility for policy initiatives by the Consejo is a myth. Businessmen communicate to the president as individuals, not as a community.[38]

One might even make the argument that private-sector ownership is not sufficiently democratic. Mexican businesses, like most of their Latin American counterparts, are dominated by family interest, even though most major companies have gone public. Of the top fifty companies, for example, twenty-five of which are controlled by private interests, at least thirteen were dominated by a single family.[39] Thus, in an economic sense, increased competition and expanded access to private-sector decisionmaking and capital complement the evolution of political modernization.

What do these recent political trends and attitudes imply for the future? Regardless of how it is structured and its composition, Mexico faces a new era of political pluralism. Although Salinas's vote may have been lower, possibly 40 percent of the electorate (official results gave him 51 percent), the essential point is that the era of a majority party has ended. The PRI is on the verge of being, and more likely is, the largest plurality party. Given these conditions, it is my belief that the legislative branch will assume

[37]Personal interview with Jorge Sánchez Mejorado, Mexico, May 16, 1985.
[38]Personal interview.
[39]Camp, *Entrepreneurs and Politics*, 173ff.

more significance in the political process; indeed, many PRIstas, including many former deputies, believe that this should occur.[40] Since the PRI does not have the necessary two-thirds vote in the Chamber of Deputies to approve constitutional amendments, it will have to engineer coalitions if it wishes to use the constitution to legitimate policy, including long-term economic policies.

Coalition building, lest we need reminding, is a key element in a functioning democratic political culture. The sooner that it is practiced, the more likely that democracy, if that is Mexico's goal, will succeed. It appears that in late 1989, as a means of ensuring passage of its electoral reforms, the PRI accomplished a controversial accord with the PAN, which not only produced some discord within the Partido Acción Nacional but further alienated the PRD. As long as the economic crisis continues, the polarization among politically active Mexicans is likely to intensify, thus making compromise increasingly difficult among various political factions and indeed within the PRI itself. The intransigence of both the government (PRI) and the PRD through 1990 suggests that both will continue their antagonistic posture.

As a value in the political culture, pluralism is here to stay. What is less apparent, and perhaps far more significant, is that Mexicans have not yet demonstrated an understanding of the role of political opposition in a democratic culture. The opposition's behavior in the Chamber of Deputies and during the state of the union address, as well as in their public posturing, suggests their perception that the PRI is an enemy, not a respected adversary.[41] This is understandable, given the PRI's control over the government, and the government's brazen electoral manipulations in favor of the PRI. Before a working democracy actually functions in Mexico, the concept of loyal opposition has to develop. Both leaders and ordinary people have to understand that democracy represents obligations as well as rights, and those obligations typically include tolerance toward opposing views.

The economic crisis exaggerates social inequalities in Mexico and makes it increasingly apparent that private-sector leaders must take the initiative to alter values on the issue of social responsibility and equality, because the government alone cannot convey this view adequately. This issue is even more fundamental than the distribution of wealth itself. Since it is clear from public opinion polls that Mexicans now are very pessimistic about their future economic situation, the government does not have to accomplish much to fulfill their expectations. On the other hand, if it

[40]Unpublished commentaries by deputies to the majority leader of the chamber, 1982–1985 legislature.

[41]Luis Rubio, "Crash Course in Political Science," *Los Angeles Times*, September 1, 1988; Bailey and Gómez, "The PRI and Liberalization in Mexico."

continues to convey to the people that it does not care about their welfare, or that it has made policy decisions for its own interests (two thirds thought it did so in 1986) rather than in the interests of all Mexicans, this will lead to violence and a rejection of political institutions. In this respect, Mexico's situation is very analogous to Herbert Hoover's administration in the United States during the Great Depression. Hoover initiated many of Franklin D. Roosevelt's policies, but he never conveyed to the average American that he cared.[42]

The reported statistics from the 1988 elections show clearly that two thirds of the population voted for center-right and rightist parties, if one thinks of PRI currently on the center-right of the spectrum. Mexicans want political modernization, as Salinas defines it, but it is not going to involve, in the short term, radical ideologies or processes. A 1988 poll indicated that only 25 percent of all Mexicans wanted to change the system completely, but a more recent poll in the *Los Angeles Times* indicated that almost 50 percent actually expected a revolution in the next five years.[43]

Regardless of what the leadership does in terms of future election results, the PRI is being forced to change. Salinas is shoving some changes down its throat, against strong opposition. But his cabinet choices in December 1988 make clear that he leads a very divided group of elites and that he is attempting to mollify the more authoritarian opponents to political liberalization from within.[44] His economic cabinet represents a cohesive group of younger technocrats personally loyal to him and committed to economic liberalization; his political cabinet represents the divisions in the party over the pace and extent of political modernization.

Whatever accomplishments Salinas has engineered in support of political modernization, his decision-making style contradicts his own definition of it. One self-described concept of modernization included decentralization of authority. But his decision to use executive authority, sometimes with military force, raises the significant question of whether or not Salinas is sacrificing the ends for the means; his method is contrary to his political goals.

A traditional feature of Mexican policymaking is the concentration of legislative initiatives in the hands of the executive branch, to the neglect of a weak congressional body. An empirical examination of the last four administrations is most revealing. Under Echeverría, 35 percent of the legislation originated in the congress, and 65 percent in the executive

[42]William Manchester, *The Glory and the Dream* (Boston: Little, Brown and Company, 1974), 25ff.

[43]Poll of August 20, 1989.

[44]Roderic A. Camp, "Mexico, 1989," in *Latin American and Caribbean Record*, vol. 8, ed. James Malloy and Eduardo Gamarra (New York: Holmes and Meier, in press).

branch; under López Portillo, executive influence over legislation increased to 79 percent, while congressional bills dropped to 21 percent; and during de la Madrid's administration, executively produced laws reached an 88 percent level, in contrast to a mere 12 percent for the congress. As of October 1989, 91 percent of all legislation has come from Salinas's cabinet.[45] The fact is that, as participatory electoral features of political modernization have become more commonplace, popular participation in the congress, measured in terms of organic legislative output, has declined precipitously.

On the state level, the existence of political decentralization is highly questionable. While it is true that the victory of the PAN in the Baja California gubernatorial race has significant implications for political modernization in the electoral arena, it has been business as usual between state and national authorities. Indeed, as measured by the executive's capacity to force state governors to resign, Salinas has set a record for a Mexican president in the first twelve months of office, exceeded in the last forty-five years only by Alemán. Salinas removed three governors: José Luis Martínez Villacaña from Michoacán in December 1988, Xicotencatl Leyva Mortera from Baja California in January 1989, and Mario Ramón Beteta from Mexico in September 1989. From January to October 1947, Alemán removed the governors of Chiapas, Jalisco, Tamaulipas, Guanajuato, and Baja California.[46] To some extent, Salinas's presidential style suggests that a strong personality politically is still more important than legal processes, in the eyes of both the elite and the electorate.

The changing role of the Catholic Church, and the government's recognition of its important social and political influences, reflects a broadening and pragmatic redefinition of the scope of political modernization and an alteration in the traditional corporatist structure. Significantly, a redefinition of church-state relations ultimately may serve as a benchmark for other state-group relations, traditionally paternalistic and co-opted, possibly presaging a new era of autonomous groups and interests. The Catholic Church is unique among Mexican interest groups, however, to the extent that it is financially autonomous and has both grass-roots and external foreign support.

Finally, the increasing visibility of the military, both in the drug-eradication programs and in the planning and implementation of an internal security program, suggests its expanded political influence. While this does not imply military intervention in the style of South America, it does suggest that both the officer corps and the military leadership have redefined its role. If electoral violence enlarges its scope, the military will be faced with a difficult choice. Its recent activities on behalf of the president and its

---

[45] *Estrategias Actuales* 3, no. 2 (October 1989): 47.
[46] Camp, "Mexico, 1988."

changing self-definition will impact upon its choices. The expansion of the drug mafia in Mexico, despite military efforts to control and eliminate them, is reinforcing the militarization of policymaking in various regions. The emergence of regions controlled or heavily influenced by drug lords not only is testing the centralized authority of the state but also complements the revival of regionalism generally.

Whatever legitimacy the PRI, and the government itself, continues to retain lies mostly with its social programs, particularly for education and health.[47] These are the two programs that the majority of ordinary Mexicans praise most highly; they provide hope for adults that even if they cannot improve their own lives, those of their children will be better. If economic crisis signifies a continued reduction in these services to a level where the typical Mexican is disappointed in the results, then the political institution's survival is in question, as is the political model itself.

Many analogies are being drawn between what is happening in Eastern Europe and the Soviet Union, and more recently, Nicaragua and Mexico. There is considerable irony in the situation. In a semiauthoritarian system, with many freedoms, the president is imposing only limited reforms, while in the most authoritarian systems, rapid change, at a pace unseen in Mexico, occurs daily from the bottom up. In part this can be explained by the fact that the Mexican government retains considerable legitimacy, however tenuous. Also, the fact that many avenues of expression and participation remain available, if not always translated into direct political power, tempers demands for a radical housecleaning. Nevertheless, Mexicans and foreign observers alike will continue to be influenced by the worldwide political environment of the 1990s. This external influence is likely to have two consequences. First, those critical of slow political reforms in Mexico will use the world scene to delegitimize further Salinas's government. And second, the U.S. government will be put into the strange and hypocritical position of supporting or ignoring authoritarian political fraud in its own backyard while favoring broad and instantaneous democratic reforms in Europe, thus including political instability as a short-term price for long-term democratic-capitalist goals.

[47]Partido Institucional Revolucionario, *Encuesta Nacional de Partidos Políticos* (Mexico: s.e., 1983).

III
Comments

Studying Mexico's Political Process

Paul J. Vanderwood

THE ESSAYS IN THIS VOLUME study aspects of Mexico's political process over time. In reading them one senses what Emmanuel LeRoy Ladurie discovered when he surveyed the peasants of Languedoc: that history is not linear, that historical processes expand and contract in accordance with many variables, that they breathe.[1] In other words, they are alive. These essays invite us to view Mexican political development in just this manner, as a dynamic process through which Mexicans have debated, negotiated, contested, and otherwise practiced their politics. Roderic Camp finishes the collection by telling us where they seem to stand today in the process. Naturally, there is and has been plenty of conflict involved in the procedures; not everyone agrees on the kind of political offering that best suits their own needs and aspirations as well as those of the nation. There is rarely, if ever, consensus in these matters. While we used to think that large segments of the population, especially those embedded in places like nineteenth-century rural Mexico, did not care very much about statecraft— and even if they did, they did not practice national politics in any obvious way—these essays remind us how much people in general really do *know* about politics and deeply care about them, even when it may seem to outsiders and later-day historians that they are not actively participating in them.

Lessons about the dynamics of the political process have been forcefully brought home to us by grand social historians such as Natalie

AUTHOR'S NOTE: Sincere thanks to my colleagues and friends, Rosalie Schwartz and Eric Van Young, whose observations on an earlier version made this a better comment.

[1]Emmanuel LeRoy Ladurie, *The Peasants of Languedoc*, trans. John Day (Urbana: University of Illinois Press, 1974).

Davis, E. P. Thompson, Eugene Genovese, and Eric Hobsbawm, not to slight for Mexico the contributions of the likes of Luis González y González, Eric Van Young, Serge Gruzinski, Alan Knight, Gilbert Joseph, William Taylor, Moisés González Navarro, Juan Pedro Viqueira Albán, and William Beezley. All of these scholars have found common people creatively engaged in their politics at all levels of society. Florencia Mallon tells us how the ideas of the Reform in the midnineteenth century ignited the political aspirations of campesinos in central Mexico; they simply took the Liberals at their word, and when the national politicians who had designed the new program began to backtrack, they protested and then rebelled.[2] In this volume, Elisabetta Bertola, Marcello Carmagnani, and Paolo Riguzzi interpret the onset of the Mexican Revolution of 1910 in much the same way: the failure of a vigorous liberal political program to fulfill its promise or even sustain its energy. Throughout the two centuries covered here Mexicans seem to be in negotiation about their political setup and procedures in ways suggested by James C. Scott. Although Scott relies on class analysis somewhat too much for my taste, he captures the fascinating dynamics of political negotiation at all echelons through his concepts of open discourse and hidden agendas pursued by all participants, from the official state to ordinary people at the most local level.[3]

Like Scott and others mentioned above, the authors represented in this volume mean to put the state back into social history. Many, especially influential historical sociologists such as Theda Skocpol, believe that the movement to rescue the voice of common people launched some twenty-odd years ago by the French Annalists has carried us too far, that the state now needs to be reintegrated into history, and primarily social history at that. The type of political system under which people live makes a critical difference in the nature of their society and vice versa, which is why we have been urged to get the politics back into social history. We are not speaking of old-fashioned political history, in which rulers ruled and others, despite an occasional flare-up, in the main accommodated and obeyed—that sort of history which concentrated on institutions designed by rulers to enhance their authority. Rather, we want to know what these institutions reflect about social relationships, a question which drives us back to the state (one facet of politics but nothing more) and political process. For example, the state sets up a political institution called the *jefe político* (an office further discussed in this essay). One might then ask how this position helped to

    [2]Florencia E. Mallon, "Peasants and State Formation in Nineteenth-Century Mexico: Morelos, 1848–1858," *Political Power and Social Theory* 7 (1988): 1–54.
    [3]James C. Scott, *Domination and the Arts of Resistance* (New Haven: Yale University Press, 1990); idem, *Weapons of the Weak: The Everyday Forms of Peasant Resistance* (New Haven: Yale University Press, 1985).

define the scope and actions of government, and to what extent that scope was acted upon. States pass all kinds of laws which they then neither finance nor enforce. And just what did people expect of this institution? Did they think, for instance, that the jefe had the right to tell them whom to marry? (Jefes could and did approve underage marriages against parental wishes.) Such official permissions obviously influence society and the way that people behave, and so we get a glimpse of the inadvisability (impossibility?) of separating politics from society.

Nor can politics be separated from social change. What we call "social change" has been influenced by state policy, and, in turn, those policies have been shaped to some degree by social movements. Here we again witness the dynamics of the political process; this is what we need to study and understand. None of this emphasis on the state fails to appreciate the roles of class, world systems, modes of production, and other factors in the makeup of the way things are in any society, but the studies in this volume argue the need to include political process in the mix, mainly because it is there and always has been, even if slighted by much historical inquiry.

Furthermore, we should not forget—and the essays here by Virginia Guedea and Jaime Rodríguez force us to remember—how much political exchange in newly independent Mexico concerned notions inherited, borrowed, and fashioned from abroad. Here, in particular, I am thinking about the Hispanic tradition in Latin America, which has left societies centered about the state and the Catholic Church. It has been seen as proper for the state to intervene in society in everything from an individual's intimate thoughts to the price of fish, even before a fishing industry has been established. Governments have also passed any number of laws to prevent occurrences that allegedly never happened—labor strikes are a good example—although latter-day researchers have more than occasionally come upon such laws founded in events that certainly took place but which governments wish to deny. In the midnineteenth century Mexican Liberals aimed to limit the sphere of state intrusion through concepts of individual liberties and private property, and historians (some of them represented in this volume) are still trying to fathom the fallout. It is the presentation and perpetuation of these kinds of political processes which are imbedded in the vitality and substance of society that now so interest us. Finally, those of us interested in rebellion and revolution might recall how forcefully Professor Skocpol has argued that the political breakdown of regimes may well be located in the failed relationship between the nation-state as such and its lower-level political components.[4] Several essays in this volume

[4]Theda Skocpol, *States and Social Revolutions: Comparative Analysis of France, Russia and China* (Cambridge, England: Cambridge University Press, 1979).

resonate with this concept for Mexican Independence, although the Revolution of 1910 remains largely unaddressed from this viewpoint.

This brief comment cannot begin to weigh all of the essays in light of my introductory remarks. Instead, I will concentrate on those two essays that most complement my own current research and interests, those which concern the Porfiriato: Bertola, Carmagnani, and Riguzzi on the political practices of liberal ideology in different stages of the period; and Romana Falcón on that most infamous but least studied and understood political institution of the time, the famous *jefe político*.

Porfirian Liberalism

The essay by Bertola, Carmagnani, and Riguzzi is totally conceptual; it is a provocative hypothesis which challenges researchers to prove or disprove it. And like most all statements on the Porfiriato, it carries notions about the "causes" of the forthcoming Revolution. For these authors, Porfirian politics mainly concerned the dynamic relationship between federal (the president and the national congress), state (the governor and his cabinet), and local (community councils) groups, all within the political parameters of liberalism as defined and practiced in the period. Among other things, they propose that those parameters invited much wider political participation at all levels than had previously been known in Mexico. In fact, according to these authors, the Liberal project spawned new political groups composed of more or less middle-level merchants, miners, teachers, and cattlemen who challenged traditional "notables" (as elites fondly referred to themselves) for a meaningful stake in the "reformed" republic. When Porfirio Díaz came to power in the 1870s, he did so on the backs of regional caudillos who in return for their support were guaranteed and did maintain their customary right to rule in the provinces. Yet, most notables felt the need for more national integration—a process which Díaz mediated. Elections, some direct and others indirect, fostered some sense of countrywide political participation (although we are given no idea about percentages of population that actually voted), and deputies named to the national congress frequently represented regional interests. Meanwhile, the president and his groups had representatives in and around the same congress, while Díaz did not shy away from making his political choices for federal posts known to the governors. Furthermore, the federal government made its political presence felt through military commanders stationed in the provinces and through interim secretaries of state working in the state capitals. What these early Porfirians meant to accomplish was political exchange between national and state governments as opposed to the outright opposition (much of it armed) which had characterized previous regimes.

Opening the political system to relatively middle-level newcomers caused some tension and instability, according to the authors, but at the same time helped to fulfill national expectations and realities outlined in the Liberal program.

At the same time that it so delicately orchestrated political strains between itself and the regions, the federal government sought to get its financial house in order. For example, it cut its expenditures on money-gobbling institutions such as the military, moved to amortize the public debt, streamlined its tax-collecting procedures, and in other ways laid the groundwork for investment in a vitalized, free-wheeling economy which promised remuneration to the upper strata at all social levels. Throughout the process, Porfirians lobbied heavily with regional forces in an effort to convince them of the efficacy (and potential profitability) of the project under way, all the while respecting local autonomy and encouraging local and regional political participation in provincial affairs. The authors label this period, which ran to the early 1890s, that of "triumphant liberalism"; after that, they claim that Porfirian liberalism became "inert."

No doubt the early 1890s marked a transitional period in the Porfiriato. But while its events have been roughly outlined in the historical literature, no one immediately comes to mind who has researched and explained that seemingly critical juncture in any detailed way. Political centralization (at least in a legislative way) suddenly took place, even if it was not everywhere uniform. State constitutions were altered so that formerly elective positions, such as *jefe político* and municipal president, became appointive. The presidential term was constitutionally lengthened; Díaz could be reelected. The states seemed to be losing power to the national government. For example, state and municipal transit taxes—that is, levies on products that cross state and municipal boundaries, one of the main sources of state and local revenues—were eliminated in the name of national market integration. In exchange (as a palliative), the federal government removed its taxes on liquor, tobacco, and a few luxury items. What allowed this enormous change to take place (if the authors are correct about the political compromise and openness of the previous period) needs further explanation. Other historians have noted what seems to have amounted to increasing concentration of federal power as the Porfiriato wore on, and several have focused on the early 1890s as a kind of "turning point," although none has couched the change so firmly in terms of ideology as have these authors. Still, the argument here needs reinforcement; as it stands, the benchmark is stressed but fails to persuade.

They note that the political process evident during the first phase of Porfirian government seems to have closed down in the 1890s. The system that formerly encouraged political participation and brought forth new political activists simply admitted no newcomers (a proposition which in my opinion needs further testing). At the same time the closure heightened competition between those political activists already in the system, for instance, the well-known (but not well-studied or understood) competition between the so-called *científicos* and the *militaristas*, who worked to distance themselves from Díaz even as they supported his presidency. Dissatisfaction among those aspiring political participants shunned by new Porfirian policies meshed with the discontent of those who never had agreed with the government's conciliatory approaches toward the enemies of liberalism, such as the institutionalized Catholic Church, to form an outspoken opposition to the regime, a dissent that was nourished by political tensions within the government itself. These dissatisfied political personages later joined the antireelectionists of Francisco Madero—and then, although the authors do not explicitly say so, on to revolution.

How interesting is this last point of view. Following the recent arguments of John Hart and Alan Knight in their fine syntheses of the Revolution, we have been led to believe that the movement was "popular"—that is, in essence it sprang from the aspirations and ambitions of campesinos.[5] Maybe so, "in essence," but the kaleidoscope of causation surrounding the Revolution is continually enriched by contributions such as those recent ones by Jean-Pierre Bastian on urban protest and Protestant dissent to Díaz,[6] and now we have Bertola, Carmagnani, and Riguzzi focusing (or refocusing) our attention on middle sectors as instigators of the rebellion, which is not to say that Hart and Knight totally ignore these groups. Hart especially has his eye on petit-bourgeois Mexicans. In any event the view of Bertola, Carmagnani, and Riguzzi moves us closer to what Professor Skocpol argues in *States and Social Revolutions*: that to understand revolutions one should address the political breakdown at all junctures in the system. Or even the conclusion of Raymond Carr (who studied the collapse of Spain's Franco government) that dictatorial governments can be fathomed *only by* the intense study of local politics and society, which will reveal how ordinary people received and treated the national project.[7] Amen to Carr's observation.

[5]John M. Hart, *Revolutionary Mexico: The Coming and Process of the Mexican Revolution* (Berkeley: University of California Press, 1987); Alan Knight, *The Mexican Revolution*, 2 vols. (Cambridge, England: Cambridge University Press, 1986).

[6]Jean-Pierre Bastian, *Los disidentes: Sociedades protestantes y revolución en México, 1782–1911* (Mexico: Fondo de Cultura Económica, 1989); idem, "Jacobinismo y ruptura revolucionaria durante el porfiriato," *Mexican Studies/Estudios Mexicanos* 7, no. 1 (Winter 1991): 29–46.

[7]Raymond Carr, "How Franco Made It," review of *The Franco Regime: 1936–1975*, by Stanley G. Payne, *New York Review of Books* 35, no. 1 (February 4, 1988): 26. Italics are mine.

In sum, the hypotheses presented by Bertola, Carmagnani, and Riguzzi are fascinating and worthy of pursuit, but the fact that they materialize out of such a paucity of hard evidence is bothersome, to say the least, and evidence of how little we really know about the Porfiriato. Good historians have made some significant *entradas* into the period—Catholic labor unions, *jefes políticos*, public education, regional studies from places such as Yucatán and the Laguna, liberalism as elite ideology, and the rest (hopefully my work on the rurales and banditry has made some contribution). Nonetheless, some twenty years ago one of my admirable mentors, Daniel Cosío Villegas, told me that the key to grasping the Porfiriato lay in the relationship between Díaz and his clique and the various state governors, who in many cases remained beholden to their state's and local interests. Judging by the thrust of much of his work, and for my current proclivities today, Maestro Cosío proposed too much emphasis on elite political history to the detriment of the ongoing discourse which seems to occur between dominant and subaltern groups, but no doubt the kind of research he suggested would reveal the parameters and contours of that dialogue which in many ways can be said to be "political."

Then there was the famous confrontation in 1969 between Cosío and a youngish, exuberant Laurens Perry at the Third Conference of Mexican and North American Historians held at Oaxtepec, Morelos, concerning the use of the then newly opened Porfirio Díaz archive. At that conclave Perry learned a very painful lesson about taking on one of the profession's true *distinguidos*, but his point, in retrospect, seems well taken: that it is hard to write good history about the Porfiriato without consulting the Díaz archive in a dedicated and disciplined way. (Cosío forcefully defended his use of newspapers and other sources in defining and detailing the Restored Republic. He also claimed to have appropriately dipped into the Díaz materials themselves, although the results are not evident in any meaningful way in his monumental *Historia moderna de México*.) It is shameful that fully twenty years later Bertola, Carmagnani, and Riguzzi are forced to comment that the Díaz archive has still scarcely been touched. A few of us have poked around in it at specific chronological junctures in a rather frantic search for data concerning specific events, but no one has yet approached it in any more expansive way. Of course, the task is daunting. It is said that if a researcher could read one document per minute (an impossible task) in that archive, it would take thirty-two years to consume the entire holding. That is a good chunk of one's life to spend on Porfirio Díaz. However, dedicated faculty and students at the Universidad Iberoamericana, which holds the Díaz papers, have now for more than a decade been organizing and indexing the archive, and researchers could not be extended a more cordial invitation and welcome to consult its contents. Obviously, more of us should accept.

The theses presented by Bertola, Carmagnani, and Riguzzi relate in important ways to my own work in the Papigochic Valley in western Chihuahua about the turn of the century.[8] A new Chihuahua state constitution in 1888 made certain formerly elective and regional posts appointive and protests followed, although they were not taken very far. But how these fundamental constitutional changes affected actual political practice in the valley then and in the future is another question. It is a proposition to be pondered, but for sure right through the Porfiriato and on into the Revolution one can discern in the region certain continuities in the political process, all of which warn us that hypotheses generated by observations made at the national level may carry some surprises when seen from "below."

Furthermore, there are obvious dangers in using an ideology (in this case, liberalism) to measure political process. Mexico's elites were by no means of one mind about what they meant by "liberal reforms," and whatever the content of the program they designed, we may be sure that regional and local groups shaped it to their own use: accepting what particularly suited their interests, rejecting elements that did not, and accommodating to or ignoring the rest. No doubt the "new ideas" jostled alliances out in the provinces and exacerbated existing village social tensions, but no more so than other "invitations to change," such as those offered by rebellions and even foreign intervention (just who were those rural Mexicans who actively supported the French imperialists?) Wave a flag or beat a drum and some people will follow; the same for an ideology. We can see the dynamics at work through state and municipal archives, which is not to forget those who try to set the pace at the national level, nor those who are said to bridge the gap, such as the *jefe político*.

The *Jefe Político*

One of the most interesting regional political characters who seems to have been enmeshed in this process during the nineteenth century and into the Revolution was the *jefe político*, who in a series of publications has been intelligently studied from a number of archives and perspectives by

[8]Main historical documentation concerning the Papigochic, the Archivo Histórico del Papigochic (hereafter cited as AHP), is housed in the municipal palace at Ciudad Guerrero, Chihuahua. The author researched in this rich archive on several long-term occasions in the latter 1980s and is now writing a book on the region with emphasis on the millenarian movement at Tomochic, one of the pueblos in the district, in 1891–1892.

Romana Falcón.[9] Here she uses legislation to concentrate on the state of Coahuila, and she notes how between 1824 and 1893 the institution itself changed, disappeared altogether, and reemerged only to be suppressed for good. The quirkiness of his existence makes the *jefe político* extremely difficult to study as an institution over time. Some Mexican states never had jefes; others called the position by a different name. But when they were around they constituted an important linkage between the governors and the municipalities and districts (or whatever the political territorial designations might be called; they also changed over time). As occurred in many states, the jefes in Coahuila were in some periods appointed by the governor and other times elected by the municipalities. By the 1890s it is generally assumed that Díaz had a hand in most of the appointments and that the jefes therefore represented the interests of the national regime at the regional and local levels. However, this is an assumption that has yet to be proved. We need to know precisely how the jefes represented those federal intentions, a subject that is often more veiled than revealed by legislation taken pretty much as it is here at face value.

Jefes were indeed middlemen, but they did not always do the blind bidding of either state or national governments. Often enough they defended the interests of their constituents—the local people who elected them or from among whom they were appointed—against the designs of the higher echelons of government. At times they even seem to have conspired against their state governor. And once the Revolution began, not all proved loyal to Díaz. In the earlier phases of the Porfiriato (and as a generality) the jefes probably displayed more loyalty to their home districts where their traditional business and social interests lay, and only later did they shift (were they enticed, nudged, forced, or a combination of all three?) toward the new opportunities offered by the national government. Over the centuries in Great Britain sheriffs seem to have done much the same shuffle in order to accommodate themselves to the changing locus of power.[10] The

[9]Romana Falcón, "La desaparición de los jefes políticos en Coahuila. Una paradoja porfirista," *Historia Mexicana* 37, no. 3 (January-March 1988): 423–467; idem, "Raíces de la Revolución: Evaristo Madero, el primer eslabón de la cadena," in *The Revolutionary Process in Mexico: Essays on Political and Social Change, 1880–1940*, ed. Jaime E. Rodríguez O. (Los Angeles: UCLA Latin American Center Publications, 1990), 33–56; idem, "Jefes políticos y rebeliones campesinas: Uso y abuso del poder en el Estado de México," in *Patterns of Contention in Mexican History*, ed. Jaime E. Rodríguez O. (Wilmington, DE: Scholarly Resources, 1992), 243–273; idem, "Logros y límites de la centralización porfirista: Coahuila vista desde arriba," in *El dominio de las minorías: República restaurada y porfiriato*, ed. Anne Staples, Gustavo Verduzco, Carmen Blázquez Domínguez, and Romana Falcón (Mexico: El Colegio de México, 1989), 119–129.

[10]For English sheriffs see Keith Wrightson, *English Society, 1580–1680* (New Brunswick, NJ: Rutgers University Press, 1982), 226.

anthropologist Richard Adams terms this process the Janus, or two-faced, effect—the middleman who starts out as a defender of regional autonomy slowly, as power above him is centralized, moves toward a Janus point, the juncture at which he turns his face from local interests to those of the state,[11] or at least into a realm where it best serves his interests to face in either direction in accordance with any number of factors including politics, power, opportunity, family, and tradition. Still, at least for the *jefe político*, this is a theory that needs to be tested, and any such volte-face never seems to have been as abrupt or complete as Adams implies. Clientistic politics had a permanency about them that one does not easily shed. After all, in many cases we are talking about "family."

Political process naturally accentuates political linkages, but we ensuing observers should be extremely discriminating in our application of the labels "hinge-men," or "bridges," and "go-betweens," or even "power brokers." Apparent similarities in institutions might encompass entirely different actors—for instance, the *jefe político* compared with village priests. William Taylor, who has been studying parish priests in the late colonial period, tells us that these men "belonged to the outside world and were morally separated from their village parishioners by principles of asceticism and celibacy; . . . [yet] the curates' position, career patterns and vows made them both strangers and patrons in their parishes, and particularly important 'hinge-men' or mediators in these societies."[12] (Priests during the Porfiriato remain largely unstudied in any systematic way, but in the Papigochic around the turn of the century there was one priest who regularly delivered the keynote speech on national holidays, a second padre suspected of fomenting rebellion against the state, and a third most concerned about heresy among his parishioners, but certainly not apolitical.) The *jefe político* has also been labeled as such a bridge between local and higher authority, but how different the jefe, who normally was no outsider to the district over which he presided and no stranger to the region's customs and culture. One suspects that the bridge built by the jefe was of far different material than that of the priest.

Nonetheless, without doubt the *jefe político* is the bête noire of the Porfiriato, both in the official rhetoric of the Revolution and most historical literature. According to this predominant point of view, the jefes in performance of their duties were arbitrary and oppressive and created enemies who joined the rebellion bent on revenge. No doubt jefes could be capricious

[11]Richard N. Adams, *Energy and Structure: A Theory of Social Power* (Austin: University of Texas Press, 1975), 52.

[12]William B. Taylor, "Between Global Process and Local Knowledge: An Inquiry into Early Latin American Social History, 1500–1900," in *Reliving the Past: The Worlds of Social History*, ed. Olivier Zunz (Chapel Hill: University of North Carolina Press, 1985), 150.

and even cruel, like the Tiger of Velardeña, who in 1909 ruthlessly suppressed rioting miners in that Durangan village.[13] But jefes could also be quite magnanimous in raising charity funds for disaster victims. We make little progress as historians when we begin to label jefes as "good" and "bad" (Professor Falcón stresses the "bad"); as with any group of human beings, they could be either and were both. But before we make any judgments about their performance, we ought to consider the kinds of work that they did. Professor Falcón outlines some of their functions as detailed in their constitutional job descriptions, but it is when we get down to their workplace that we begin to appreciate their tasks, even if we do not like the way they may have gone about them.

No question about it, jefes had a lot of dirty work to do. They decided what men from their area would fill the army's forced draft quota from their region. In doing so they not only angered a good many of the young men directly involved and their families but also their employers who needed their labor. Still, any number of draftees found an out. In his dissertation on the Porfirian army, Robert Alexius relates how often draftees escaped the *leva* by invoking (usually through a patron) their constitutional right to avoid forced labor.[14] Judges who granted the petitions earned the animosity of the War Ministry and perhaps even Díaz himself, but the practice and its repercussions lead one to question just how much authority the government exercised over the judiciary; just what were the limits of Porfirian rule? And in these judges do we have other Porfirian characters who, like the *jefe político*, might be weighed on the Janus scale?

Jefes políticos also confirmed the results of municipal elections, oversaw the budgets of municipalities, and sat as ex-officio members of municipal councils. Jefes were responsible for the maintenance of public order, in everything from cantina brawls and domestic disputes to outright rebellion. In fulfilling these duties they inevitably touched upon multiple aspects of everyday living and personal lives. If a father opposed the marriage of his underage daughter to the young man she loved, the jefe heard and decided the case, often in favor of love. If a woman complained that her husband had beaten her, the jefe heard that dispute (and often enough decided for the woman). When a poor campesino buried his baby who had died of dysentery in an open field without paying civil registry fees, the jefe decided where justice lay.[15] In the Papigochic, when Tarahumara Indians killed a cow as part of their religious rites without paying the local slaughter tax,

---

[13]Paul J. Vanderwood, *Disorder and Progress: Bandits, Police and Mexican Development* (Lincoln: University of Nebraska Press, 1981), 153–155.

[14]Robert M. Alexius, "The Army and Politics in Porfirian Mexico" (Ph.D. diss., University of Texas, Austin, 1976), chaps. 1 and 2.

[15]AHP, Presidencia, Box 34, Exp. 325, Comunicaciones con inferiores, Juzgado de Registro Civil to Jefe Político, October 4, 1895.

the jefe heard the complaint of the tax collector (and in this case absolved the natives).[16] When the faithful at Tomochic in 1891 proclaimed that they would obey no one but God, the district's jefe tried (unsuccessfully) to negotiate them from their intransigence. Only when he failed was the army called in, but even then he seems to have sought mercy for the "rebels."[17]

It is when we get into the municipal archives that we gain a sense of the kind of difficult and sensitive work that the jefe did—land and water conflicts, political disputes, overseeing the initial (and often defied) attempts at compulsory public education, providing geological materials for international expositions; none of this reality becomes very clear in constitutional language. The jefe was a clearinghouse for all sorts of complaints, the kinds that produce winners and losers, and throughout all he was charged with conserving domestic tranquility. The difficulty of the task is noteworthy, perhaps even a hallmark of the political position.

None of this means that the jefe did not intend to feather his own nest; his antennae were often turned toward economic opportunity, and he busily engaged in the clientistic politics that characterized his times. He did favors for those who put him in office, whether by election or appointment, and continually faced the antagonism (some of it armed) of those left out. At least for the Papigochic one is struck by the difficulty that the jefe had in playing his political game. Professor Falcón notes the jefe's propensity to interfere in local elections and claims that in doing so he stifled wider political participation. Maybe so, but municipal elections in Mexico were (and are) often tumultuous affairs with rival factions within each community scrambling for the power of public office, whatever the potential for material returns. The jefe may have had his favorites in these elections and may have tried to swing the results to satisfy friends, but regardless of his intentions he was bound to receive a complaint from the losers—and maybe

[16]AHP, Presidencia, Box 13, Exp. 13, Comunicaciones con inferiores, vecinos de Tomochic to Jefe Político, February 3, 1880.

[17]For Tomochic see Francisco R. Almada, *La Rebelión de Tomochi* (Chihuahua: La Sociedad Chihuahuense de Estudios Históricos, 1938). Aspects of my own preliminary work on Tomochic appear in: "Santa Teresa: Mexico's Joan of Arc," in *The Human Tradition in Latin America: The Nineteenth Century*, ed. Judith Ewell and William Beezley (Wilmington, DE: Scholarly Resources, 1989): 215–232; " 'None but the Justice of God': Tomochic, 1891–1892," in *Patterns of Contention in Mexican History*, ed. Jaime E. Rodríguez O. (Wilmington, DE: Scholarly Resources, 1992), 227–241; " 'Indios,' 'Fanáticos,' 'Bandidos': Labeling the Millenarian Movement at Tomochic," in Gilbert Joseph and Daniel Nugent, eds., a volume in preparation based on papers delivered at the Conference on Nation Building and Popular Response in February 1991 at the University of California, San Diego; and "Comparing Millenarian Movements a Century Apart: Mexico 1890–Uganda 1990" (Paper delivered at the Annual Conference of the American Historical Association, San Francisco, December 1989).

even have a revolt on his hands. Even when Díaz triumphed in 1876, he dared not remove the jefe in the Papigochic who had opposed him; instead, the state government created an entirely new municipality out of half of the old one and commended it to a *jefe político* who was Porfirista. This is the way politics were practiced in the Papigochic, and by no means did any jefe have unmitigated or unchallenged control over the process. Moreover, jefes over time could change their political opinions and even sides. In 1893 a former jefe in the Papigochic went into rebellion against the state.[18] Generalizations do not comfortably blanket the institution, and when they do not another tack may provide stimulating possibilities.

For example, neo-Marxists have eased their insistence on class analysis to embrace the notion of "nests of contention." By that they mean those struggles for power that occur on every level—within the family, then the community, between the community and the municipality, the municipality and the district, and so forth. In this sort of analysis one is impressed by the ways in which communities, for instance, fended off the demands of the next highest entity, say, the municipality or even the *jefe político*. For the late nineteenth century in the Papigochic no structured accountability existed. Pueblos did not report to the jefe on everything they did, nor did they respond with much alacrity or in detail to his requests. For example, the jefe might make a local appointment and the appointee would beg off with some rather lame excuse—"too much of my own work to do," or "not literate enough to hold such a post." Or the jefe might face reluctance or refusal when he mandated the creation of a special security force to quell some public disorder. People and communities found their ways to get around the dictates of the *jefe político*, yet he was there to be used when they saw the possibility of relief from his office. At other times they went right around the jefe straight to the governor, or even to the president himself.[19]

None of these remarks is meant to imply that I believe that the *jefe político* has necessarily received a bad rap from historians, but only that I have come to appreciate the kind of job that jefes had to do and that we need to understand the nature of that work in conjunction with performance in order to understand the jefe as both a human being and an institution. It was

---

[18]The former *jefe político* was Simón Amaya. The best source for his rebellion in 1893 is: Mexico, Universidad Iberoamericana, Archivo Porfirio Díaz, for example Legajo 42, Caja 4; and AHP, Presidencia, Box 28, coleción de comunicaciones con inferiores del mes de mayo, 1893. Almada, *La Rebelión de Tomochi*, mentions the Amaya affair, 117–122.

[19]The major portion of the Papigochic Archive contains correspondence between the *jefe político* and his political subordinates in the five municipalities of his district (also named Guerrero) and village officials. Examples of how the subordinates manipulated and evaded the dictates of the jefe abound, nor was the jefe always precise in his directions. In other words, the jefe left (deliberate?) loopholes through which his subordinates could and did escape.

a lesson that I learned working on Mexico's rurales—that their reputation far outstripped their reality. In fact, knowing how Porfirians so steadfastly labored to create a certain image with their Rural Police Force has caused me to ponder the relationship between deliberate image building and the *jefe político*.[20] We might find some hints about this process in that formidable Díaz archive, but that is a task which I entail to others.

[20]Vanderwood, *Disorder and Progress*, chap. 11.

"Interesting Times Demand Interesting Answers"

Steven C. Topik

WE HAVE BEEN AFFLICTED by that old Chinese curse: We live in interesting times. The dizzying pace and enormity of the change we are almost daily witnessing not only rearranges the world around us but, perhaps more importantly, reshapes the way we perceive that world. Pundits and pop philosophers proclaim the demise of many of our cherished categories. Crowds celebrate the end of the Cold War, the end of communism and with it the death of Marxism, the end of ideology, and even the end of history. I suspect that this rush to inquest merely sounds the knell for the end of intelligence. But I cannot deny that the old certainties with which we were raised have become problematic or, worse, irrelevant. Indeterminacy and indecision have raised their heads above the crowd; they have displaced the technological magic of science as the symbols of the twentieth century. Political events parallel the broader intellectual currents of the twentieth century. Relativity, Heisenberg's uncertainty principle, quantum mechanics, and probability theory have shorn physics of its arrogant certainty. Freudian and Jungian psychology, Wittgensteinian philosophy, and poststructuralist literary theory have thrown the Humanities into an epistemological maelstrom.

The study of history, traditional and hidebound as it too often is, has not been immune to these currents. The perceptions usually originating in other disciplines have seeped into historical inquiry. Hayden White tells us that history is a fiction. Michel Foucault and Annales historians such as Lucien Febvre or Emmanuel LeRoy Ladurie have emphasized discourses, mentalities, and imaginations.

History's recent direction (if it is not, in fact, circular) has had salutary effects. Truth and objectivity have been demystified; evidence has been reevaluated. Simpleminded functionalism and vulgar Marxism have largely been cast out; so has empty-headed empiricism. Categories such as gender, race, and region have been elevated to positions of importance comparable to social class. Culture and ideology now hold their heads high. They are increasingly seen as generative and transformative because they control the transmission and reception of words—and hence meaning. Finally, and most germane to this discussion, politics is reasserting its autonomy. Cultural and intellectual historians recognize that many political disputes were more than shadowboxing or proxy battles for more fundamental struggles occurring on the material (read: economic) level. As Eric Hobsbawm quipped: "Economic development is not a sort of ventriloquist with the rest of history as its dummy."[1] Lynn Hunt's fine study of the French Revolution, for example, demonstrates that political practices and representations not only transmit and defend ideas and interests but also help to create them.[2]

The emancipation of the political from its indentured service to the heavy-handed master of economic necessity has led to some deeper sea changes in historical conceptualization. Perhaps most striking is that contingency and individual volition are given equal if not superior importance to deep-seated structures. The conjuncture no longer is the skinny stepsister of the *longue-durée*. In another historical rehabilitation, I suspect that Mikhail Gorbachev and Boris Yeltsin (though not George Bush) are at this moment helping to resurrect the Great Man in History.

It is not clear to me, a crusty materialist troglodyte, that all of this change is good. For example, there is a noticeable conservative political trend. François Furet and Simon Schama, for instance, drawing their inspiration from Alexis de Tocqueville rather than Karl Marx, contend that the French Revolution was not a revolution at all and that popular classes and economics were not essential to the conflict.[3] The same sort of reasoning has repainted the other great historical movements, not the least of them the Mexican Revolution. Change is inevitably gradual and the masses are essentially spectators.

There is also the hedonistic tendency to assume that, since nothing is absolutely knowable, we then should jettison all pretense of scientific apparatus and instead tell a good tale. While there is much to be commended in the deflation of professional hubris that this approach implies and its emphasis on the entertainment value of the marginal and the extraordinary, it is also worrisome. If we want to be more than curators of a museum of

---

[1]Eric Hobsbawm, *The Age of Empire* (New York: Pantheon Books, 1987), 62.

[2]Lynn Hunt, *Politics, Culture, and Class in the French Revolution* (Berkeley: University of California Press, 1984).

[3]François Furet, *Penser la Révolution Française* (Paris: Editions de Minuit, 1978); Simon Schama, *Citizens: A Chronicle of the French Revolution* (New York: Alfred A. Knopf, 1989).

irrelevant but fascinating antiques, we must do more than cultivate our own gardens or marvel at our own curious artifacts.

Perhaps this diatribe has been misplaced. Certainly none of the articles in this volume can be accused of practicing the "new social history" or poststructural theory. Nor are Marx, Antonio Gramsci, or dependency theory much in evidence. Rather, the great majority of the essays are revisionist forays directed into the heart of the conventional story of the unfolding of the Mexican state.

The story is usually told something like this: Mexico had not been prepared for self-rule under Spanish colonialism. Independence came prematurely and largely from external forces. Chaos predictably erupted. Political leaders in Mexico City, more familiar with the latest philosophe and pamphleteer in Europe than with the people and problems of Chignahuapan or Ayoquezco, slavishly copied liberal English laws and institutions that were entirely unsuited for the Mexican reality. Naturally, the bulk of the population went about their daily lives on the margins of politics. At most, they were drawn in by charismatic caudillos who convinced them that power came from the barrel of a gun and that politics meant binding themselves to a powerful patron. They withdrew to their *patrias chicas* and haciendas in a Mexican Dark Ages while banditry, *pronunciamientos*, civil wars, foreign invasions, and filibusters raged all around, gnawing at the country's borders and wringing its soul. There simply was no Mexico until Benito Juárez bravely and resolutely started the country on the road to redemption.

If Juárez was the Jesus of the nationality, then Porfirio Díaz was its Saint Peter. Díaz successfully brought most of Mexico's inhabitants into the political fold. He subdued the regional warlords and bandits, reduced and depoliticized the army, reconciled the Church and the conservatives, centralized rule, and strengthened the country's international sovereignty and its credit. Unfortunately, democracy and local rule were fatalities of the collision of Mexico and Díaz. Wealth was unequal, exploitation was great, and the foreigner was privileged. This was a volatile formula. One of the great social revolutions of this century broke out. (This point is much controverted, but I am giving the official story.)

After a decade of bloody battle, revolutionary caudillos emerged who recentralized rule but now with abiding concern for the welfare of the masses, national sovereignty, and economic development. This project became institutionalized first with Plutarco Elías Calles's creation of the Partido Nacional Revolucionario (PNR) and then definitively with Lázaro Cárdenas's reformed Partido Revolucionario Mexicano (PRM)—later the Partido Revolucionario Institucional (PRI). The social emphasis of the Revolution, the stress on redistribution, ended with Cárdenas. Thereafter the party pushed production while continuing to swear fealty to the idea of a just distribution (but not redistribution) of the wealth. The PRI's project was very successful as long as the economy continued to record some of the world's highest growth rates. When the oil boom ran dry in the early 1980s, however, and Mexico suddenly found itself one of the world's greatest debtors with one of the most skewed distributions of income, unrest grew.

The essays in this volume only address themselves to aspects of this story. But from them we can piece together a rather different picture of Mexico's "evolution." The nineteenth century appears much less grim and medieval while the twentieth century seems less triumphant and modern. The direction of history becomes foggier.

Virginia Guedea and Jaime Rodríguez challenge the received notion that Independence was premature, that the political slogans of insurgent statesmen echoed in empty halls. Unlike Gabriel García Marquez's Bolívar who lamented the political naiveté of his countrymen and concluded that to rule America was to sow the sea, Mexico's leaders encouraged and received widespread support. The elections of 1812, 1813, and 1820 reached a public well beyond the literati. Indeed, *castas*, blacks, and *indios* voted and, in at least one case, were elected to represent Mexico. In 1820 the most far-flung towns were intimately involved in political debates and conversant with the language of politics.

Guedea and Rodríguez do not argue, however, that Mexico inherited a democratic tradition from Spanish colonialism. Instead, Mexico became swept up in the Spanish struggle against Napoleon and Joseph Bonaparte, arguably the first modern war of national liberation. In order to fight against French troops inspired by the liberalism of the French Revolution, Spanish insurgents ironically adopted positions that much resembled those of liberalism, though derived from indigenous Iberian traditions. To guarantee the allegiance of the colonies and avoid excessive hypocrisy, the Spanish Junta included colonists in the newly emerging Spanish nationality. The elections in Mexico, then, were more a response to events on the Continent than to actions in the New World. Nonetheless, the experience of politicking proved transformative. New alliances, new caucuses, new forms of political practices—indeed, for the first time really, *politics* in a modern sense—appeared in Mexico. Ayuntamientos, secret societies, and inchoate parties formed and interests became identified. Liberalism was not only extended from Iberia (not England) to Mexico but Mexicans also played a significant role in shaping Iberian liberalism. Their representatives to the cortes backed by the importance of Mexican silver had an important effect on Spanish debates.

Through the Spanish, the French Revolution was extended to Mexico. But this European influence was contradictory, in part because European goals were contradictory. To the extent that Mexicans were now citizens rather than subjects, this influence was liberating and politicizing. To the extent that the Spanish still hungrily coveted Mexico's silver, Spanish influence was exploitative. The Spanish did not seek to create a sense of separate nationality in New Spain; rather, they wanted to make the colonials Spanish citizens. To do so, they extended the same political organization that had surfaced in Spain in the war against the French: local juntas had assumed the struggle. As a result, Bourbon intendancies were replaced by Habsburg or even medieval municipal rule.

In New Spain, the ayuntamiento was also reinforced and indeed in many cases created. Thus, a regionalist allegiance was given political form. Local rule was not inspired by gun-toting caudillos but by Spanish constitutional law. Regionalism was not opposed to a larger allegiance, however. Jaime Rodríguez and Barbara Tenenbaum demonstrate that the ayuntamientos and provincial deputations, while seeking greater autonomy, continued their loyalty to something larger than themselves. Some wanted to continue as part of Spain, though often in a commonwealth status such as Canada's. Others professed allegiance to the *union central*, the *imperio mexicano* or, more vaguely, the *patria*. They certainly considered themselves "Americans" rather than Europeans though perhaps also Spanish. Tenenbaum notes that the allegiance of the residents of the Provincias Internas was not merely lip service; they put their wallets where their mouths were and voluntarily contributed financially more to the central government than they received in return.

This heated political agitation bubbled over into not only new political practices, language, and institutions but also new participants. The pueblo made its voice heard either figuratively at the polling booth or literally in the street mob. The leadership, formerly monopolized by landlords and merchants, now went to lawyers and journalists who made up in argumentation and political maneuvering what they lacked in family ties and income. Indeed, these essays suggest that for a while, at least, the charismatic individual and the clan were overshadowed by broader political movements.

If Guedea, Rodríguez, and Tenenbaum demonstrate that the Spanish stimulated the development of citizenship and democratic praxis in New Spain, then Christon Archer paints the darker face of Iberian actions. Abandoning the tools of political hegemony, the Crown's representatives in New Spain employed a brutal and ultimately unsuccessful counterinsurgency program which introduced militarism as a political form. To thwart the scattered rebels, the royal army decentralized. Military commanders, largely left to their own devices, began arrogating civil powers. In some cases they became tax man, judge, police, and legislature—in other words, the prototype of the nineteenth-century caudillo. The royalist soldiers, who had fought as guerrillas in Spain against the French, adopted the same heavy-handed tactics of the French when the royalists themselves engaged in counterinsurgency struggles against Mexican guerrillas. The popular response was the same as it had been in Spain. The local ayuntamientos declared for Agustín de Iturbide, hoping to regain some of their local autonomy and end military rule. Archer sees Independence arising not so much from Mexican politicization or budding nationalism as from the exigencies of battle. The full popularity of the Plan de Iguala reflected fatigue born of a decade of struggle, but the destruction wrought by the insurgency and the counterinsurgency greatly hindered a return to smooth civil government.

Nonetheless, these essays suggest that the nineteenth-century Dark Ages were probably not so dark. If local rule was as democratic and even nationalistic as it appears to have been in the years directly preceding and following Independence, then perhaps the chaos in Mexico City was not felt in outlying areas. As Rodríguez points out, the president's powers were greatly restricted by a distrusting legislature, and Archer shows that the first caudillos were stripped of power by the ayuntamientos.

Romana Falcón and Elisabetta Bertola, Marcello Carmagnani, and Paolo Riguzzi emphasize the continuing strength of local rule, even under Díaz. Falcón notes that the *jefes políticos* originated with the Spanish Constitution of 1812 and were included in the first Mexican state constitutions. In Coahuila they continued until 1850 but acted more as local arbiters than as agents of the central government. Elected by the local ayuntamiento, they reflected in their powers the weakness of the state and federal governments and the existence of many emergencies that no other institution could address. While the *jefes políticos* combined military, judicial, fiscal, administrative, and economic powers, they exercised these powers in the interests of local and personal interests rather than the central government. Abolished between 1850 and 1872, they were reinstituted in Coahuila to strengthen state civil government in the contest with the centralized militarism of Juárez and Sebastián Lerdo de Tejada. In Coahuila, ironically, the *jefes políticos* reached their peak in legal powers under Francisco Madero's grandfather, Evaristo Madero. Abolished again in the 1890s, they reasserted themselves in 1906 with the *científico*-inspired centralism.

Bertola, Carmagnani, and Riguzzi agree that even under much of the Díaz regime the state and municipal governments continued to exercise a great deal of autonomy. They point out that in many states *jefes políticos* were elected and other state officials were left alone by the federal government until the 1890s. For more than a decade Díaz remained true to the Plan de Tuxtepec that had brought him to power in 1876; he allowed local caudillos free rein in return for obeisance to the center. Díaz demilitarized while increasing revenues and reducing government spending when measured as a share of the gross national product. The states continued to control their own militias, tax systems, and educational systems. The only federal official to reach into the states was the military commander, who often as not arbitrated between and represented local interests and often built up a local following. Until the early 1890s the relationship between the municipalities, states, and the central government was a malleable, permeable one with each level exercising a fair amount of sovereignty. Only after the period from 1891 to 1894 did the municipal officials and *jefes políticos* become appointed rather than elected. Díaz increased his authority over governors but never completely subjected them to his will. There was always a pact between unequals. Díaz failed to translate the liberalism of notables that he had inherited at the beginning of his regime to a democratic liberalism as had occurred in Europe. Mass politics never replaced oligarchic cliques and clans. The centralization project was never completed and personalism prevailed. Bertola, Carmagnani, and Riguzzi show that although Díaz could never boast "L'Etat, c'est moi," the notables could proclaim, even at the end of the Porfiriato, "L'Etat sommes nous."

The Mexican Revolution itself receives little attention here. To the extent that there is a discussion of its origins, political causes are stressed. The ossification of the political system and the symbiotic relationship between local notables and national officials alienated many people on the local level. Alvaro Matute Aguirre argues that the Revolution that ensued did not create a modern centralized, institutionalized state. Rather, it disrupted the demilitarization and centralization of the state that Díaz was undertaking. Instead, Mexico reverted to militarized, authoritarian personalistic politics directed by the new revolutionary generals. Although the nature of the relationships between the center and the states varied, it was always one of alliance rather than subordination. There was no institutional political party until President Calles (1924–1928), who recognized the limits of his own charisma and sought to govern through the party as an éminence grise. According to Matute Aguirre, even during the Maximato, Mexico "offered a multiple panorama in which fit simultaneously caudillos, caciques, parties, institutions, that is to say, multiple, contradictory and antithetical forms and contents." Cárdenas then broke with the Maximato's incipient modern institutional politics by subjecting the party to the aims of the government rather than employing the government to realize the party's goals.

Alicia Hernández Chávez takes a different perspective in studying the Cárdenas regime. First, unlike the other authors in this collection, she briefly situates Mexico in comparative context and discusses its relationship to the world economy, particularly Mexico's bonds to the U.S. economy. The Revolution did bring new social classes into politics without at the same time discarding the Porfirian elite. It also brought an armed forces with a unique relationship to politics and the state. The professional army had been replaced by a military of "citizens in arms." The symbiotic relationship between the military and the state meant that when the crushing Great Depression of the 1930s raised outcries for social and political reform, a revolutionary military caudillo—Lázaro Cárdenas—could attend to those demands without strengthening the armed forces. Indeed, unlike in other Latin American countries such as Argentina, Brazil, Cuba, and El Salvador where the armed forces became a major and sometimes leading political actor, in Mexico they were subordinated to labor and peasants. Thus, by looking at the interrelationship between different sectors of the state and its relationship to its social base rather than just the ties of the party to the government, Hernández Chávez, in distinction to Matute Aguirre, finds Cárdenas a modernizing figure.

He was not, however, merely responding to internal and external political pressures. Rather, he entered office with a developmental, nationalistic program and inherited social conditions that allowed him to carry it out. Hernández Chávez lays great stress on the individual vision and power of Cárdenas and the autonomy of the state. In this, she differs from the other authors in this volume who emphasize contingency, continuity, and limits on the state in other periods. The difference could either be one of approach or a different historical reality.[4] Clearly the state in the 1930s did undertake a fundamentally new direction and new position in society and in the economy. She notes that "from statism [the country] passed to the Nationalist State." Economic development, redistribution of wealth, and social reform all became essential chores of the state. Strongly centralized *presidencialismo* began within a corporatist system that "cancelled the participation of the citizen." This held within it the seeds of authoritarianism.

For Arturo Sánchez Gutiérrez, however, the Cárdenas achievement was only partial. The system was still trying to consolidate itself in the 1950s. He notes that during the administration of Adolfo Ruiz Cortines (1952–1958) the PRI was still not centralized and homogeneous. In some states there were competing parties and personalist internal splits. When President Miguel Alemán imposed eleven governors they reflected the diversity of local interests and levels of institutionalization. Some new governors were revolutionary caudillos, others were PRI functionaries imposed from the center, yet others represented democratic local interests. The relationship between the Federal District and the states was still an unequal alliance, not a modern hierarchical chain of command. This, of course, does not necessarily mean that the PRI was not "modern." Rather, it could

---

[4] I have argued in "La Revolución, El Estado, y el desarrollo económico en México," *Historia Mexicana* 40, no. 1 (July-September 1990): 79–144, that in his economic policy Cárdenas did not reflect a great break either with Mexico's past or with the economic policies of contemporary states elsewhere.

demonstrate that the PRI represented local interests. It is not clear the extent to which this is true because neither Sánchez Gutiérrez, nor any other author writing about the postrevolutionary period here, mentions municipal politics, which were so fundamental in the years before 1911. But he does make clear that dissatisfaction with the party already existed and was already centered in the most developed parts of the country, particularly in the North (Sonora, Chihuahua, and Baja California) and in the Federal District. Thus, Sánchez Gutiérrez does not find in the 1950s the unified vision and centralized power of the state that Hernández Chávez posits for the 1930s.

Emphasis of these essays on the persistence of local tradition and decentralized power makes the decline of the PRI in the 1980s discussed by Roderic Camp explicable. Rather than referring simply to the country's past, Camp suggests that Mexico's experience is part of a worldwide "redemocratization" that has passed from Latin America to Eastern Europe and the Soviet Union in the early 1990s. But he traces the roots of Mexico's transformation to the student massacre in Tlatelolco Plaza in 1968. In its wake, Mexican intellectuals and politicos began to reevaluate the nature and accomplishments of the state and the PRI. Subsequently, more attention has been paid to the unequal distribution of wealth, political manipulation of the PRI, stress on production rather than redistribution, and on technocrats rather than charismatic politicians. The PRI ceased being a populist party in the 1980s, and it cost the party dearly at the polls in 1988.

But time moves on. In the 1991 elections the PRI won a hearty endorsement from the public. It appears that, given the destruction of socialist regimes in Europe and Nicaragua and the universal incantation of "free market" models worldwide, the PRI abandoned the populist model at a fortuitous time. Of course, making predictions at the current volatile conjuncture is like predicting the path of a bucking bronco. But at this writing the PRI still seems to be the most secure political party in Latin America. Indeed, with the destruction of the Soviet Communist party, the PRI is the longest-standing hegemonic party in the world. This comes as a puzzle after reading these articles which all dwell on the party's lack of "modernity," lack of "institutionalization," "declining legitimacy," and "authoritarianism." Clearly, Mexico's political leaders have been doing some things right. It would be worthwhile studying them. We need to know not only why Díaz lost power and why the PRI's vote fell in the 1980s but also why these political regimes persisted so long in the face of so many apparent obstacles.

This is a daunting task that is well beyond the scope of this essay. But one could suggest that a number of political approaches could be applied. In the essays in this volume the key issues have been the center versus the states and the localities, institutionalization, and modernity. Aside from some discussions by Archer, by Bertola, Carmagnani, and Riguzzi, and by

Hernández Chávez, the resources that the state had available—either fiscal, financial (credit), or repressive—have received little attention. The organization of the state also merits more attention. To what extent did its various ministries cooperate or compete? What was the relationship between the congress, the president, and governors? Did bureaucrats serve principally their employers or themselves? That is, did they administer or legislate?

The nature of the relationship between the state and civil society has not progressed much beyond examinations of political parties and the actions of state officials. Was civil society organized much beyond the clan? How important were other organizations such as, for instance, the Masons or trade associations in serving as informal government agencies and as conduits? More generally, how did the definitions and borders between the public and the private shift over time? For example, the *aviadores* (merchant financiers) of the nineteenth century exercised many of the functions one ordinarily associates with governments, such as collecting taxes, provisioning the army, and fixing the roads. Over time these activities became defined as public; How and why did that happen? To phrase this question another way: How relevant was state action to the majority of Mexicans? When did they begin to care what happened in Mexico City or in their state capitals?

The essays here, by and large, have extracted politics from its social context and treated it as fairly autonomous. They take what Charles Tilly calls the "statist" approach.[5] While this is an advance over structural determinism, still I would like to see a greater consideration of the relationship between mode of production and political form.

The international component, discussed by students of Independence and by Hernández Chávez, needs greater emphasis for other periods. Not only do the world economy, colonial initiatives, foreign invasions, and demonstration effects impose themselves but so also do international regimes. Regimes are rather informal collections of rules of behavior and accepted practice which to some extent guide domestic actions.[6] The vocabulary and techniques of power available vary from era to era.

The study of language and ideology offers fecund ground for tilling. Did the discourse of politics transform mentalities as Guedea and Rodríguez suggest, as well as fulfill its more common roles of reflecting and obfuscating positions? Did language occasionally become the master rather than the servant of politics? When was the imagination more important than the reality?

---

[5]Charles Tilly, *Coercion, Capital, and European States, A.D. 990–1990* (Cambridge, MA: Basil Blackwell, 1990), 9.

[6]Stephen Krasner, *Structural Conflict: The Third World against Global Liberalism* (Berkeley: University of California Press, 1985).

How was the nation conceived and introduced into political society? One needs to know more about the treatment and incorporation of indigenous and other marginal peoples and the gendering of politics. How were women touched by the state? This half of the Mexican population needs to assume its rightful place in history.

I could catalogue other issues and questions ad nauseam, but that is not a helpful or friendly way to finish an essay. Rather, I would like to conclude by reminding us of the platitude that each generation must rewrite its own history. Generations are being created very quickly these days and history almost seems to be spinning out of control. Old categories such as "modern" and "traditional" or even "working class" and "state" need to be reexamined and perhaps abandoned. The present is challenging us to rethink our view of the past. The essays in this volume make important strides in that direction. Mexican history becomes much less triumphant and secure. Conventional wisdom is found wanting on a number of issues. Particularly noteworthy is the strength and perseverance of local politics. But there is still very much to do. Interesting times demand interesting answers.

Bibliography

Archives and Special Collections

Archivo Francisco J. Múgica, Jiquilpan, Michoacán
Archivo General de las Indias, Sevilla, España
    Sección de México
Archivo General de la Nación, México, D.F.
    Ayuntamientos
    Gobernación
    Historia
    Infidencias
    Operaciones de Guerra
    Tribunal de Cuentas
Archivo Histórico del Papigochic, Ciudad Guerrero, Chihuahua
    Presidencia
Archivo Histórico de la Secretaría de la Defensa Nacional, México, D.F.
Archivo Municipal de Saltillo, Saltillo, Coahuila
    Fondo Jefatura Política
Archivo Porfirio Díaz, Universidad Iberoamericana, México, D.F.
National Archives, Washington, DC
    Dispatches from U.S. Consuls in Piedras Negras
Tulane University Library, New Orleans, LA
    Beruete, Miguel, "Diario de México," 1822–1825

Periodicals

Aguila Mexicana, 1823
Exámen, 1990
Excélsior, 1959
El Heraldo de México, 1919
El Iris de Jalisco, 1824
Los Angeles Times, 1988, 1989
Memoria de Hacienda, 1824–1834, 1838, 1842–1845

La Nación, 1956
El Nacional, 1954, 1990
Periódico Oficial, 1880, 1884
El Popular, 1952
El Siglo XIX, 1851
El Sol de San Luis, 1954
Tiempo, 1957

Secondary Sources

Adams, John. *The Works of John Adams*. 10 vols. Boston: Little, Brown and Company, 1850–1856.

Adams, Richard N. *Energy and Structure: A Theory of Social Power*. Austin: University of Texas Press, 1975.

Alamán, Lucas. *Historia de Méjico desde los primeros movimientos que prepararon su independencia en el año de 1808 hasta la época presente*. 5 vols. Mexico: Imprenta de J. M. Lara, 1849–1852.

————. *Historia de México desde los primeros movimientos que prepararon su independencia en el año de 1808 hasta la época presente*. 5 vols. Mexico: Fondo de Cultura Económica, 1985.

Alba, Antonio de. *Champala*. Guadalajara: Publicaciones del Banco Industrial de Jalisco, 1954.

Alba, Rafael, ed. *La Constitución de 1812 en la Nueva España*. 2 vols. Mexico: Secretaría de Relaciones Exteriores, Imprenta Guerrero Hnos., 1912-1913.

Alexius, Robert M. "The Army and Politics in Porfirian Mexico." Ph.D. diss., University of Texas, Austin, 1976.

Aliski, Marvin. "The Governors of Mexico." *Southwestern Studies*. Monograph 12, vol. 3, no. 4. Snyder, TX: Western Texas College Press, 1965.

Almada, Francisco R. *La Rebelión de Tomochi*. Chihuahua: La Sociedad Chihuahuense de Estudios Históricos, 1938.

Almaia Bay, Ignacio. "Polvora, plomo y pinole: Algunas consideraciones generales sobre Sonora alrededor de 1821." In *Simposio de Historia y Antropología de Sonora*, 274-304. Hermosillo: Instituto de Investigaciones Históricas de la Universidad de Sonora, 1989.

Anderson, Roger C. "The Functional Role of the Governors and Their States in the Political Development of Mexico, 1940–1964." Ph.D. diss., University of Wisconsin, 1971.

Anna, Timothy E. *The Mexican Empire of Iturbide*. Lincoln: University of Nebraska Press, 1990.

Annino, Antonio. "Pratiche creole e liberalismo nella crisi dell spazio urbano coloniale: Il 29 noviembre 1812 a Citta del Messico." *Quaderni Storici* (69) 23, no. 3 (December 1988): 727–763.

Archer, Christon I. *The Army in Bourbon Mexico, 1760–1810*. Albuquerque: University of New Mexico Press, 1977.

———. " 'La Causa Buena': The Counterinsurgency Army of New Spain and the Ten Years' War." In *The Independence of Mexico and the Creation of the New Nation*, edited by Jaime E. Rodríguez O., 85–108. Los Angeles: UCLA Latin American Center Publications, 1989.

———. "Where Did All the Royalists Go? New Light on the Military Collapse of New Spain, 1810–1822." In *The Mexican and the Mexican-American Experience in the 19th Century*, edited by Jaime E. Rodríguez O., 24-43. Tempe, AZ: Bilingual Press, 1989.

Bailey, John. *Governing Mexico: The Statecraft of Crisis Management.* New York: St. Martin's Press, 1988.

———. "Mexico in the U.S. Media, 1979–1988: Implication for the Bilateral Relation." In *Images of Mexico in the United States*, edited by John H. Coatsworth and Carlos Rico, 50–90. La Jolla: University of California, San Diego, 1989.

Bailey, John, and Leopoldo Gómez. "The PRI and Liberalization in Mexico." Unpublished paper. Georgetown University, October 1989.

Barragán y Barragán, José. *Introducción al federalismo.* Mexico: Universidad Nacional Autónoma de México, 1978.

Bastian, Jean-Pierre. *Los disidentes: Sociedades protestantes y revolución en México, 1782–1911.* Mexico: Fondo de Cultura Económica, 1989.

———. "Jacobinismo y ruptura revolucionaria durante el porfiriato." *Mexican Studies/Estudios Mexicanos* 7, no. 1 (Winter 1991): 29–46.

Baur, John E. "The Evolution of a Mexican Trade Policy, 1821–1828." *The Americas* 19 (1963): 225–261.

Benjamin, Thomas, and William McNellie, eds. *Other Mexicos: Essays on Mexican Regional History, 1876–1911.* Albuquerque: University of New Mexico Press, 1984.

Benjamin, Thomas, and M. Ocasio Melendez. "Organizing the Memory of Modern Mexico: Porfirian Historiography in Perspective, 1880s–1980s." *Hispanic American Historical Review* 64, no. 2 (May 1984): 323–364.

Benson, Nettie Lee. "The Contested Mexican Election of 1812." *Hispanic American Historical Review* 26 (August 1946): 336–350.

———. *La Diputación Provincial y el federalismo mexicano.* Mexico: El Colegio de México, 1955.

———. "Iturbide y los planes de independencia." *Historia Mexicana* 2, no. 3 (January-March 1953): 439–446.

———. "Servando Teresa de Mier, Federalist." *Hispanic American Historical Review* 28, no. 4 (November 1948): 514–525.

———. "Spain's Contribution to Federalism in Mexico." In *Essays in Mexican History*, edited by Thomas E. Cotner and Carlos Castañeda, 90–103. Austin: Institute of Latin American Studies, University of Texas, 1958.

———. "Texas's Failure to Send a Deputy to the Spanish Cortes, 1810–1812." *Southwestern Historical Quarterly* 64 (July 1960): 1–22.

Benson, Nettie Lee, ed. *Mexico and the Spanish Cortes, 1810–1822.* Austin: University of Texas Press, 1966.

Bernstein, Harry. *Modern and Contemporary Latin America.* New York: Russell and Russell, 1965.

Berry, Charles R. "The Election of Mexican Deputies to the Spanish Cortes, 1810–1822." In *Mexico and the Spanish Cortes, 1810–1822,* edited by Nettie Lee Benson, 10–42. Austin: University of Texas Press, 1966.

Bertola, Elisabetta. "Classi dirigenti e progetto politico nel messico porfirista, 1876–1911." Ph.D. diss., University of Turin, 1986.

Blasco Ibáñez, Vicente. *El militarismo mejicano: Estudios publicados en los principales diarios de los Estados Unidos.* Valencia: Sociedad Editorial Prometeo, 1920.

Bocanegra, José María. *Memorias para la historia de México independiente, 1822–1846.* 3 vols. Mexico: Fondo de Cultura Económica, 1987.

Booth, John A., and Mitchell A. Seligson. "The Political Culture of Authoritarianism in Mexico." *Latin American Research Review* 19, no. 1 (1984): 106–124.

Brading, David. *Haciendas and Ranchos in the Mexican Bajío: León, 1700–1860.* Cambridge, England: Cambridge University Press, 1978.

——. *Miners and Merchants in Bourbon Mexico.* Cambridge, England: Cambridge University Press, 1971.

Brandenburg, Frank. *The Making of Modern Mexico.* Englewood Cliffs, NJ: Prentice Hall, 1964.

Bravo Ugarte, José. *Historia sucinta de Michoacán: Estado y Departamento (1821–1962),* vol. 3. Mexico: Editorial Jus, 1964.

Brushwood, John. *Narrative Innovation and Political Change in Mexico.* New York: Lang, 1989.

Bustamante, Carlos María de. *Diario histórico de México.* 3 vols. Mexico: Instituto Nacional de Antropología, 1980–1984.

——. *Martirologio de algunos de los primeros insurgentes por la libertad e independencia de la América mexicana.* Mexico: Impreso por J. M. Lara, 1841.

Camp, Roderic A. "Camarillas in Mexican Politics: The Case of the Salinas Cabinet." *Mexican Studies/Estudios Mexicanos* 6, no. 1 (Winter 1990): 85–107.

——. "Civilian Supremacy in Mexico: The Case of a Post-Revolutionary Military." In *From Military to Civilian Rule,* edited by Constantine P. Danopoulos, 158–175. London: Routledge, 1991.

——. "Collective Biography and a Portrait of Mexican Elites." *Vuelta* 12 (May 1988): 35–38.

——. *Entrepreneurs and Politics in Twentieth-Century Mexico.* New York: Oxford University Press, 1989.

——. *Generals in the Palacio: The Military in Modern Mexico.* New York: Oxford University Press, 1992.

——. *Intellectuals and the State in Twentieth-Century Mexico.* Austin: University of Texas Press, 1985.

——. *Mexican Political Biographies, 1935–1975.* Tucson: University of Arizona Press, 1976.

———. "Mexico, 1988." In *Latin American and Caribbean Contemporary Record*, edited by James Malloy and Eduardo Gamarra, vol. 7. New York: Holmes and Meier, 1990.

———. "Mexico, 1989." In *Latin American and Caribbean Contemporary Record*, edited by James Malloy and Eduardo Gamarra, vol. 8. New York: Holmes and Meier, in press.

———. "Mexico's 1988 Elections: A Turning Point for Its Political Development and Foreign Relations?" In *Sucesión Presidencial: The 1988 Mexican Presidential Election*, edited by Edgar W. Butler and Jorge Bustamante, 95–114. Boulder, CO: Westview Press, 1990.

———. *Who's Who in Mexico Today*. Boulder, CO: Westview Press, 1988.

Carbó, Margarita, and Andrea Sánchez. "La oligarquía." In *México: Un pueblo en la historia*, vol. 3, coordinated by Enrique Semo. Mexico: Alianza Editorial Mexicana, 1988.

Cárdenas, Enrique. *La industrialización mexicana durante la Gran Depresión*. Mexico: El Colegio de México, 1987.

Cárdenas, José. *Biografía del señor general Victoriano Cepeda, con acopio de datos auténticos*. Saltillo: Oficina Tipográfica del Gobierno, 1903.

Cárdenas de la Peña, Enrique. *Historia marítima de México: Guerra de independencia, 1810–1821*. Mexico: Ediciones Olimpia, 1973.

Carmagnani, Marcello. *El estado mexicano y las políticas de presupuesto, 1883–1910*. Mexico: El Colegio de México, in press.

———. "El liberalismo, los impuestos internos y el Estado federal mexicano, 1857–1911". *Historia Mexicana* 38, no. 3 (January-March 1989): 471–498.

———. "La libertad, el poder y el estado en la segunda mitad del siglo XIX." *Historias* 15 (1986): 55–70.

———. "Territorialidad y federalismo en la formación del Estado mexicano." In *Problemas de la formación del Estado y de la Nación en Hispanoamérica*, edited by Inge Buisson, Günter Kahle, Hans-Joachim König, and Horst Pietschmann, 289–304. Köln, Wien: Böhlau Verlag, 1984.

Carr, Raymond. "How Franco Made It." Review of *The Franco Regime: 1936–1975*, by Stanley G. Payne. *New York Review of Books* 35, no. 1 (February 4, 1988): 26.

Castillo Negrete, Emilio del. *México en el siglo XIX, o sea su historia desde 1800 hasta la época presente*. 19 vols. Mexico: Imprenta del "Universal," 1881.

Castro Gutiérrez, Felipe. *Movimientos populares en Nueva España: Michoacán, 1766–1767*. Mexico: Universidad Nacional Autónoma de México, 1990.

Castro Morales, Efraín. *El federalismo en Puebla*. Puebla: Gobierno del Estado de Puebla, 1987.

Chávez Orozco, Luis. "El mecanismo de la autocracia de Porfirio Díaz." *Contemporáneas* 36 (May 1931): 144–164.

———. "Orígenes de la autocracia de Porfirio Díaz." *Contemporáneas* 21 (February 1930): 153–182.

Cline, Howard F. *Mexico: Revolution to Evolution, 1940–1960.* London: Oxford University Press, 1962.

Coahuila. *Memoria sobre el estado en que se hallan los diversos ramos de la administración pública, que el ejecutivo del Estado presenta al 6o Congreso Constitucional.* Saltillo: Tipografía del Gobierno, 1878.

Coahuila y Tejas. *Reglamento para el gobierno económico y político del Estado Libre de Coahuila y Tejas, dado el 15 de junio de 1827.* Saltillo: Imprenta del Gobierno, 1869.

Coatsworth, John. "El autoritarismo moderno en México." *Foro Internacional* 16 (1975): 205–232.

Comité Cívico de Auscultación Política. *Declaración de Principios.* Campeche: n.p., 1954.

Cooper, Donald B. *Epidemic Disease in Mexico City, 1761–1813.* Austin: University of Texas Press, 1965.

Cordero, María Elena. "Estructura monetaria y financiera de México, 1932–1940." *Revista Mexicana de Sociología* 41, no. 3 (July-September 1979): 729–768.

Cosío Villegas, Daniel. *La Constitución de 1857 y sus críticos.* Mexico: Secretaría de Educación Pública, 1973.

———. *El estilo personal de gobernar.* Mexico: Joaquín Mortiz, 1974.

———. *El sistema político mexicano.* Mexico: Joaquín Mortiz, 1973.

Cosío Villegas, Daniel, ed. *Historia moderna de México.* 10 vols. Mexico: Editorial Hermes, 1955–1972.

Costeloe, Michael P. "Generals versus Politicans: Santa Anna and the 1842 Congressional Elections in Mexico." *Bulletin of Latin American Research* 8, no. 2 (1980): 257–274.

———. *La Primera República Federal de México, 1824–1835.* Mexico: Fondo de Cultura Económica, 1975.

Cunniff, Roger L. "Mexican Municipal Reform, 1810–1822." In *Mexico and the Spanish Cortes, 1810–1822,* edited by Nettie Lee Benson, 59–86. Austin: University of Texas Press, 1966.

Cunningham, Alden M. "Mexico's National Security in the 1980s–1990s." In *The Modern Mexican Military: A Reassessment,* edited by David Ronfeldt, 157–178. La Jolla: University of California, San Diego, Center for U.S.-Mexican Studies, 1984.

Díaz Díaz, Fernando. *Caudillos y caciques: Antonio López de Santa Anna y Juan Alvarez.* Mexico: El Colegio de México, 1972.

Diccionario biográfico del gobierno mexicano. 3d ed. Mexico: Presidencia de la República, 1989.

D. J. C. *Catecismo político arreglado a la Constitución de la Monarquia Española; para la ilustración del Pueblo, instrucción de la juventud, y uso de las escuelas de primeras letras.* Puebla: Imprenta San Felipe Neri, 1820.

Dublán, Manuel, and José María Lozana. *Legislación mexicana.* 34 vols. Mexico: Dublán y Lozano Hijos, 1876–1904.

Durnad Ponte, Víctor M. *Las derrotas obreras, 1946–1952*. Mexico: Instituto de Investigaciones Sociales, Universidad Nacional Autónoma de México, 1984.

Estrada, Antonio. *La Grieta en el yugo*. San Luis Potosí: n.p., 1963.

Estrategias Actuales 3, no. 2 (October 1989): 47.

Falcón, Romana. "La desaparición de los jefes políticos en Coahuila: Una paradoja porfirista." *Historia Mexicana* 37, no. 3 (January-March 1988): 423–467.

―――. "El Estado incapaz: Lucha entre naciones: Poder, territorios 'salvajes' y gefes de departamento." In *El mundo rural mexicano a través de los siglos: Homenaje a François Chevalier*, compiled by Ricardo Avila and Carlos Martínez Assad. Guadalajara: Universidad de Guadalajara, in press.

―――. "Jefes políticos y rebeliones campesinas: Uso y abuso del poder en el Estado de México." In *Patterns of Contention in Mexican History*, edited by Jaime E. Rodríguez O., 243–273. Wilmington, DE: Scholarly Resources, 1992.

―――. "Logros y límites de la centralización porfirista: Coahuila vista desde arriba." In *El dominio de las minorías: República restaurada y porfiriato*, edited by Anne Staples, Gustavo Verduzco, Carmen Blázquez Domínguez, and Romana Falcón, 119–129. Mexico: El Colegio de México, 1989.

―――. "Raíces de la Revolución: Evaristo Madero, el primer eslabón de la cadena." In *The Revolutionary Process in Mexico: Essays on Political and Social Change, 1880–1940*, edited by Jaime E. Rodríguez O., 33–56. Los Angeles: UCLA Latin American Center Publications, 1990.

Flores Caballero, Romeo. *La contrarrevolución en la independencia: Los españoles en la vida política, social y económica de México, 1804–1838*. Mexico: El Colegio de México, 1969.

Florescano, Enrique. *Origen y desarrollo de los problemas agrarios en México, 1500–1821*. Mexico: Editorial Era, 1976.

―――. *Precios del maíz y crisis agrícolas en México, 1708–1810*. Mexico: El Colegio de México, 1969.

Fuentes, Carlos. *The Other Mexico: Critique of the Pyramid*. New York: Grove Press, 1972.

―――. *Tiempo mexicano*. Mexico: Joaquín Mortiz, 1971.

Furet, François. *Penser la Révolution Française*. Paris: Editions de Minuit, 1978.

García de León, Antonio. *Resistencia y utopía*. 2 vols. Mexico: Ediciones Era, 1985.

Garciadiego Dantán, Javier. "Revisionistas al paredón." In *Memorias del Simposio de Historiografía Mexicanista*, 219–221. Mexico: Comité Mexicano de Ciencias Históricas, 1990.

―――. "Revolución constitucionalista y contrarrevolución (Movimientos reaccionarios en México, 1914–1920)." Ph.D. diss., El Colegio de México, 1981.

Garrido, Luis Javier. *El partido de la revolución institucionalizada, medio siglo de poder político en México: La formación del nuevo Estado (1928–1945)*. Mexico: Siglo XXI Editores, 1982.

Garza García, Cosme. *Prontuario de leyes y decretos del Estado de Coahuila de Zaragoza*. Saltillo: Oficina Tipográfica del Gobierno, 1902.

Gerhard, Peter. *The North Frontier of New Spain*. Princeton: Princeton University Press, 1982.

Gómez Maganda, Alejandro. *Mi voz al viento: Apuntes de mi vida y algo más*. Mexico: Editora Cultural Objetiva, 1962.

———. *El vino del perdón*. Mexico: Ed. Joma S.A., 1971.

Gómez Pedraza, Manuel. *Manifiesto que . . . ciudadano de la República de Méjico dedica a sus compatriotas, o sea una reseña de su vida pública*. 2d ed. Guadalajara: Oficina de Brambillas, 1831.

González, Hugo Pedro. *Portesgilismo y Alemanismo en Tamaulipas*. Tamaulipas: Universidad Autónoma de Tamaulipas, 1983.

González de la Vara, Martín. "La política del federalismo en Nuevo México, 1821–1836." *Historia Mexicana* 36, no. 1 (July-September 1986): 49–80.

González Navarro, Moisés. *La Confederación Nacional Campesina: Un grupo de presión en la reforma agraria mexicana*. Mexico: B. Costa Amic Editor, 1968.

———. "Tipología del liberalismo mexicano." *Historia Mexicana* 32, no. 2 (October-December 1982): 198–225.

Guedea, Virginia. "Alzamientos y motines." In *Historia de México*, edited by Miguel León-Portilla, 5:35–50. Mexico: Editorial Salvat, 1974.

———. *En busca de un gobierno alterno: Los Guadalupes de México*. Mexico: Universidad Nacional Autónoma de México, 1992.

———. "The Conspiracies of 1811: Or How the Criollos Learned to Organize in Secret." Paper presented at the conference on the Mexican Wars of Independence, the Empire, and the Early Republic, University of Calgary, April 4–5, 1991.

———. "Criollos y peninsulares en 1808: Dos puntos de vista sobre lo español." Licenciatura thesis, Universidad Iberoamericana, 1964.

———. "De la fidelidad a la infidencia: Los gobernadores de la parcialidad de San Juan." In *Patterns of Contention in Mexican History*, edited by Jaime E. Rodríguez O., 95–123. Wilmington, DE: Scholarly Resources, 1992.

———. "El golpe de Estado de 1808." *Universidad de México: Revista de la Universidad Nacional Autónoma de México* 488 (September 1991): 21–24.

———. *José María Morelos y Pavón: Cronología*. Mexico: Universidad Nacional Autónoma de México, 1981.

———. "Las primeras elecciones populares en la ciudad de México, 1812–1813." *Mexican Studies/Estudios Mexicanos* 7, no. 1 (Winter 1991): 1–28.

———. "Los procesos electorales insurgentes." *Estudios de historia novohispana* 11 (1991): 201–249.

————. "El pueblo de México y las elecciones de 1812." In *La ciudad de México en la primera mitad del siglo XIX*, edited by Regina Hernández Franyuti. Mexico: Instituto de Investigaciones Dr. José María Luis Mora, in press.

————. "Secret Societies during New Spain's Independence Movement." Paper presented at the symposium on New Interpretations of Mexican Independence, University of California, Berkeley, April 24, 1989.

————. "En torno a la Independencia y la Revolución." In *The Revolutionary Process in Mexico: Essays on Political and Social Change, 1880–1940*, edited by Jaime E. Rodríguez O., 267–273. Los Angeles: UCLA Latin American Center Publications, 1990.

Guerra, François-Xavier. *Le Mexique: De l'Ancien Régime à la Révolution*. 2 vols. Paris: L'Harmattan, 1985.

Gutiérrez, Ramón A. *When Jesus Came, the Corn Mothers Went Away: Marriage, Sexuality, and Power in New Mexico, 1500–1845*. Stanford: Stanford University Press, 1991.

Gutiérrez Galindo, José C. *Y el pueblo se puso de pie: La verdad sobre el caso guerrero*. Mexico: n.p., 1961.

Guzmán, Martín Luis. "Orígenes del Partido de la Revolución." In *La querella de México, a orillas del Hudson y otras páginas (Obras Completas)*, vol. 1, 7–194. Mexico: Fondo de Cultura Económica, 1984.

Hale, Charles. *The Mexican Liberalism in the Age of Mora, 1821–1853*. New Haven: Yale University Press, 1968.

————. *The Transformation of Liberalism in Late Nineteenth-Century Mexico*. Princeton: Princeton University Press, 1988.

Hamill, Hugh M., Jr., *The Hidalgo Revolt: Prelude to Mexican Independence*. Gainesville: University of Florida Press, 1960.

————. "Royalist Counterinsurgency in the Mexican War for Independence: The Lessons of 1811." *Hispanic American Historical Review* 53, no. 3 (August 1973): 470–489.

Hamnett, Brian R. *Politics and Trade in Southern Mexico, 1750–1821*. Cambridge, England: Cambridge University Press, 1971.

————. *Roots of Insurgency: Mexican Regions, 1750–1824*. Cambridge, England: Cambridge University Press, 1986.

————. "Royalist Counterinsurgency and the Continuity of Rebellion: Guanajuato and Michoacán, 1813–1820." *Hispanic American Historical Review* 62, no.1 (February 1982): 19–48.

Hansen, Roger D. *The Politics of Mexican Development*. Baltimore: Johns Hopkins University Press, 1971.

Hart, John M. *Revolutionary Mexico: The Coming and Process of the Mexican Revolution*. Berkeley: University of California Press, 1987.

Hernández Chávez, Alicia. "Comentario." In *Memorias del Simposio de Historiografía Mexicanista*, 211–213. Mexico: Comité Mexicano de Ciencias Históricas, 1990.

————. "La Guardia Nacional y movilización política de los pueblos." In *Patterns of Contention in Mexican History*, edited by Jaime E. Rodríguez O., 207–225. Wilmington, DE: Scholarly Resources, 1992.

————. *La mecánica cardenista*. Vol. 16 of *Historia de la Revolución Mexicana*. Mexico: El Colegio de México, 1979.

————. "Militares y negocios en la Revolución mexicana." *Historia Mexicana* (134) 34, no. 2 (October-December 1984): 181–212.

————. "Origen y ocaso del ejército porfiriano." *Historia Mexicana* (153) 39, no. 1 (July-September 1989): 257–296.

————. "La Revolución mexicana, lucha y desenlace." In *Iberoamérica: Una comunidad*. 2 vols. Madrid: Ediciones de Cultura Hispánica, 1989.

Hernández y Dávalos, Juan E. *Colección de documentos para la historia de la guerra de independencia de México de 1808 a 1821*. 6 vols. Mexico: Biblioteca de "El Sistema Postal de la República Mexicana," José María Sandoval, 1877–1882.

Herrejón Peredo, Carlos, ed. *Actas de la Diputación Provincial de Nueva España, 1820–1821*. Mexico: Cámara de Diputados, 1985.

Hobsbawm, Eric. *The Age of Empire*. New York: Pantheon Books, 1987.

Hunt, Lynn. *Politics, Culture, and Class in the French Revolution*. Berkeley: University of California Press, 1984.

Iturbide, Agustín de. "Plan de la Independencia de la América Septentrional." In *1810–1821: Documentos básicos para la independencia*, edited by Rene Cárdenas Barrios, 274–286. Mexico: Ediciones del Sector Eléctrico, 1979.

Jiménez Castillo, Manuel. *Huancito: Organización y práctica política*. Mexico: Instituto Nacional Indigenista, 1985.

Joseph, Gilbert M. "El caciquismo y la Revolución: Carrillo Puerto en Yucatán." In *Caudillos y campesinos en la Revolución mexicana*, compiled by D. A. Brading. Mexico: Fondo de Cultura Económica, 1985.

Katz, Friedrich, ed. *Riot, Rebellion, and Revolution: Rural Social Conflict in Mexico*. Princeton: Princeton University Press, 1988.

King, James F. "The Colored Castes and the American Representation in the Cortes of Cadíz." *Hispanic American Historical Review* 33 (February 1953): 33–64.

Knight, Alan. "Interpretaciones recientes de la Revolución Mexicana." In *Memorias del Simposio de Historiografía Mexicanista*, 193-205. Mexico: Comité Mexicano de Ciencias Históricas, 1990.

————. *The Mexican Revolution*. 2 vols. Cambridge, England: Cambridge University Press, 1988.

Krasner, Stephen. *Structural Conflict: The Third World against Global Liberalism*. Berkeley: University of California Press, 1985.

Ladd, Doris. *The Mexican Nobility at Independence, 1780–1826*. Austin: Institute of Latin American Studies, University of Texas, 1976.

Ladurie, Emmanuel LeRoy. *The Peasants of Languedoc*. Translated by John Day. Urbana: University of Illinois Press, 1974.

Lajous, Alejandra. *Los orígenes del partido único en México.* Mexico: Universidad Nacional Autónoma de México, Instituto de Investigaciones Históricas, 1979.

Lieuwen, Edwin. *Mexican Militarism: The Political Rise and Fall of the Revolutionary Army, 1910–1940.* Albuquerque: University of New Mexico Press, 1968.

Lira, Andrés. *Comunidades indígenas frente a la ciudad de México: Tenochtitlan y Tlatelolco, sus pueblos y barrios, 1812–1919.* Zamora: El Colegio de Michoacán, 1983.

Macune, Charles. *El Estado de México y la federación mexicana.* Mexico: Fondo de Cultura Económica, 1978.

Mallon, Florencia E. "Peasants and State Formation in Nineteenth-Century Mexico; Morelos, 1848–1858." *Political Power and Social Theory* 7 (1988): 1–54.

Manchester, William. *The Glory and the Dream.* Boston: Little, Brown and Company, 1974.

Marichal, Carlos. *A Century of Debt Crisis in Latin America: From Independence to the Great Depression, 1820–1930.* Princeton: Princeton University Press, 1989.

Martínez Assad, Carlos. "Ayer y hoy: La problemática regional en México." *Revista Mexicana de Sociología* 45, no. 1 (January-March 1983): 221–232.

Martínez de Navarette, Ifigenia. *La distribución del ingreso y el desarrollo económico de México.* Mexico: Instituto de Investigaciones Económicas, Universidad Nacional Autónoma de México, 1960.

Mason, R. H. *Pictures of Life in Mexico.* London: Smith, Elder, and Company, 1851.

Mattiace, Shannan. "The Social Role of the Mexican Catholic Church: The Case of the Yucatán Base Community." Unpublished paper. Central University of Iowa, 1989.

Matute Aguirre, Alvaro. *La carrera del caudillo.* Mexico: El Colegio de México, 1980.

———. "Las dificultades del nuevo Estado (1917–1920)." Ph.D. diss., Universidad Nacional Autónoma de México, 1990.

Medin, Tzvi. *Ideología y praxis política de Lázaro Cárdenas.* Mexico: Siglo XXI Editores, 1972.

Medina, Luis. *Civilismo y modernización del autoritarismo.* Vol. 20 of *Historia de la Revolución mexicana.* Mexico: El Colegio de México, 1979.

Mejía Fernández, Miguel. *Política agraria en México en el siglo XIX.* Mexico: Siglo XXI, 1979.

Mexico. *Constitución política de los estados unidos mexicanos.* 81st ed. Mexico: Editorial Porrúa, 1986.

———. *Diario de las sesiones de la Soberana Junta Provisional Gubernativa del Imperio Mexicano.* Mexico: Imprenta Imperial de Alejandro Valdés, 1821.

Mexico, Cámara de Diputados. *Crónicas del Acta Constitutiva.* Mexico: Cámara de Diputados, 1974.

————, ibid. *Crónicas de la Constitución Federal de 1824.* 2 vols. Mexico: Cámara de Diputados, 1974.

————, ibid. *Diario de Debates de la Cámara de Diputados.* Mexico: Cámara de Diputados, 1958.

————, ibid. *Historia parlamentaria: Sesiones secretas.* 2 vols. Mexico: Instituto de Investigaciones Legislativas, Cámara de Diputados, 1982.

————, ibid. *Los presidentes de México ante la nación: Informes, mensajes, manifiestos, de 1821 a 1966.* Vol. 3. Mexico: Cámara de Diputados, 1966.

Mexico, Congress. *Actas del Congreso Constituyente Mexicano.* 3 vols. Mexico: Imprenta de Alejandro Valdés, 1823.

————, ibid. *Diario de las sesiones del Congreso constituyente.* 4 vols. Mexico: Oficina de Valdés, 1823.

Mexico, Dirección General de Estadística. *Censo General de Población.* Mexico: Secretaría de Industria y Comercio, 1950 and 1960.

Mexico, Estado de. *Estadísticas históricas de México.* Mexico: INEGZ–SPP–INAH, 1985.

Mexico, Presidencia. *Informe de gobierno 1935.* Mexico: Presidencia, 1935.

Michelena, José Mariano. "Verdadero origen de la revolución de 1809 en el Departamento de Michoacán." In *Documentos históricos mexicanos,* 7 vols., edited by Genaro García. 2d ed. Mexico: Secretaría de Educación Pública, 1985.

Mier, Servando Teresa de. "Memoria político-instructiva enviada desde Filadelfia en agosto de 1821 a los gefes independientes del Anáhuac, llamado por los españoles Nueva España." In *La formación de un republicano,* vol. 4 of *Obras Completas,* edited by Jaime E. Rodríguez O., 164. Mexico: Universidad Nacional Autónoma de México, 1988.

Millard, William J. *Media Use by the Better-Educated in Major Mexican Cities.* Washington, DC: U.S. International Communications Agency, 1981.

Mirafuentes, José Luis. *Movimientos de resistencia y rebeliones indígenas en el norte de México.* Mexico: Universidad Nacional Autónoma de México, 1989.

Miranda, José. *Las ideas y las instituciones políticas mexicanas: Primera parte, 1521–1820.* 2d ed. Mexico: Instituto de Investigaciones Jurídicas, Universidad Nacional Autónoma de México, 1978.

Molinar Horcasitas, Juan. "Elecciones, autoritarismo y democracia en México." Tesis de maestría, El Colegio de México, 1989.

Moorhead, Max. *The Presidio: Bastion of the Spanish Borderlands.* Norman: University of Oklahoma Press, 1975.

Morin, Claude. *Michoacán en la Nueva España del siglo XVIII.* Mexico: Fondo de Cultura Económica, 1979.

Narro Rodríguez, Luis. "Qué valorán los mexicanos hoy?" In *Como somos los mexicanos,* edited by Alberto Hernández Medina, Luis Narro

Rodríguez, and Alberto Alvarez Gutiérrez, 15–39. Mexico: CREA, 1987.

Nava Nava, Carmen. *La ideología del Partido de la Revolución Mexicana.* Jiquilpan: Centro de Estudios de la Revolución Mexicana "Lázaro Cárdenas," A.C., 1984.

Nava Oteo, Guadalupe. *Cabildos de la Nueva España en 1808.* Mexico: Secretaría de Educación Pública, 1973.

Noriega Elío, Cecilia. *El Constituyente de 1842.* Mexico: Universidad Nacional Autónoma de México, 1986.

Ocampo, Javier. *Las ideas de un día: El pueblo mexicano ante la consumación de su Independencia.* Mexico: El Colegio de México, 1969.

O'Gorman, Edmundo. *Historia de las divisiones territoriales de México.* Mexico: Editorial Porrúa, 1966.

Olagaray, Roberto, ed. *Colección de Documentos Históricos Mexicanos.* 4 vols. Mexico: Antigua Imprenta de Murgía, 1924.

Ortega, Carlos. *Democracia dirigida con ametralladoras.* El Paso, TX: La Prensa, 1961.

O'Shaughnessy, Laura Nuzzi. "Redemocratization in Mexico: The Unique Challenge." In *Liberalization and Redemocratization in Latin America,* edited by George A. López and Michael Stohl, 15–31. Westport, CT: Greenwood Press, 1987.

Parcero, María de la Luz. "El liberalismo triunfante y el surgimiento de la historia nacional." In *Investigaciones contemporáneas sobre historia de México: Memorias de la Tercera Reunión de Historiadores Mexicanos y Norteamericanos,* 243–257. Mexico and Austin: Universidad Nacional Autónoma de México, El Colegio de México, and University of Texas, 1971.

Partido Institucional Revolucionario. *Encuesta Nacional de Partidos Políticos.* Mexico: n.p., 1983.

Paz, Octavio. *El laberinto de la soledad.* Mexico: Fondo de Cultura Económica, 1976.

Pellicer de Brody, Olga, and Esteban Mancilla. *El entendimiento con los Estados Unidos y la gestación del desarrollo estabilizador.* Vol. 23 of *Historia de la Revolución mexicana.* Mexico: El Colegio de México, 1978.

Pellicer de Brody, Olga, and José Luis Reyna. *El afianzamiento de la estabilidad política.* Vol. 22 of *Historia de la Revolución mexicana.* Mexico: El Colegio de México, 1978.

Perry, Laurens Ballard. *Juárez and Díaz: Machine Politics in Mexico.* DeKalb: Northern Illinois University Press, 1978.

Piñeyro, José Luis. "The Mexican Army and the State: Historical and Political Perspective." *Revue Internationale de Sociologie* 14, nos. 1–2 (April-August 1978): 111–157.

Puebla. *Acta de la Junta de Puebla sobre la reinstalación del congreso mexicano.* Puebla: Oficina de D. Pedro de la Rosa, 1823.

Reding, Andrew. "Mexico under Salinas: A Facade of Reform." *World Policy Journal* (Fall 1989): 685–729.

Reina, Leticia. *Las rebeliones campesinas en México, 1819–1906.* Mexico: Siglo XXI, 1980.

Reyes Heroles, Jesús. *El liberalismo mexicano.* 3 vols. Mexico: Fondo de Cultura Económica, 1957–1961.

Reyna, José Luis, and Raúl Trejo Delabre. *De Adolfo Ruiz Cortines a Adolfo López Mateos (1952–1964).* Mexico: Siglo XXI, 1984.

Rodríguez O., Jaime E. "El *Bosquejo ligerísimo de la revolución de Mégico* de Vicente Rocafuerte." Paper prepared for the Seminario de Historiografía de México, Instituto de Investigaciones Históricas, Universidad Nacional Autónoma de México, March 1992.

————. "La Constitución de 1824 y la formación del Estado mexicano." *Historia Mexicana* 40, no. 3 (January-March 1991): 507–535.

————. *Down from Colonialism: Mexico's Nineteenth-Century Crisis.* Los Angeles: Chicano Studies Research Center, University of California, Los Angeles, 1983.

————. *The Emergence of Spanish America: Vicente Rocafuerte and Spanish Americanism, 1808–1832.* Berkeley: University of California Press, 1975.

————. "From Royal Subject to Republican Citizen: The Role of the Autonomists in the Independence of Mexico." In *The Independence of Mexico and the Creation of the New Nation,* edited by Jaime E. Rodríguez O., 19–43. Los Angeles: UCLA Latin American Center Publications, 1989.

————. "La historiografía de la Primera República." In *Memorias del Simposio de Historiografía Mexicanista,* 147–159. Mexico: Comité Mexicano de Ciencias Históricas, 1990.

————. "Intellectuals and the Mexican Constitution of 1824." In *Los intelectuales y el poder en México,* edited by Roderic Ai Camp, Charles Hale, and Josefina Zoraida Vázquez, 63–74. Mexico and Los Angeles: El Colegio de México and UCLA Latin American Center Publications, 1991.

————. "La paradoja de la independencia de México." *Secuencia: Revista de historia y ciencias sociales* 21 (September-December 1991): 7–17.

————. "The Struggle for Dominance: The Legislature versus the Executive in Early Mexico." Paper presented at the conference on The Mexican Wars of Independence, the Empire, and the Early Republic, University of Calgary, April 4–5, 1991.

————. "The Struggle for the Nation: The First Centralist-Federalist Conflict in Mexico." *The Americas* 49, no. 1 (July 1992): 1–22.

————. "Two Revolutions: France 1789 and Mexico 1810." *The Americas* 47, no. 2 (October 1990): 161–176.

Rodríguez O., Jaime E., ed. *Patterns of Contention in Mexican History.* Wilmington, DE: Scholarly Resources, 1992.

Rubio, Luis. "Crash Course in Political Science." *Los Angeles Times,* September 1, 1988.

Rubio, Luis, and Roberto Newell G. *Mexico's Dilemma: The Political Origins of Economic Crisis.* Boulder, CO: Westview Press, 1984.

Ruiz Cervantes, Francisco José. *La revolución en Oaxaca: El movimiento de la Soberanía (1915-1920).* Mexico: Fondo de Cultura Económica, 1986.

Sáenz, Moisés. *Carapan.* Morelia: Gobierno del Estado de Michoacán, 1966.

Salvucci, Richard J. *Textiles and Capitalism in Mexico: An Economic History of the Obrajes, 1539-1840.* Princeton: Princeton University Press, 1987.

Sánchez Gutiérrez, Arturo. "Los militares en la década de los cincuenta." *Revista Mexicana de Sociología* 50, no. 3 (July-September 1988): 269–293.

Santoni, Pedro. "A Fear of the People: The Civic Militia of Mexico in 1845." *Hispanic American Historical Review* 68, no. 2 (May 1988): 269–288.

Santos, Gonzalo N. *Memorias.* Mexico: Grijalbo, 1986.

Schama, Simon. *Citizens: A Chronicle of the French Revolution.* New York: Alfred A. Knopf, 1989.

Scholes, Walter V. *Mexican Politics during the Juárez Regime, 1855-1872.* Columbia: University of Missouri Press, 1957.

Scott, James C. *Domination and the Arts of Resistance.* New Haven: Yale University Press, 1990.

———. *Weapons of the Weak: The Everyday Forms of Peasant Resistance.* New Haven: Yale University Press, 1985.

Sierra, Justo. *The Political Evolution of the Mexican People.* Austin: University of Texas Press, 1969.

Sinkin, Richard N. *The Mexican Reforma, 1855-1876: A Study of Liberal Nation-Building.* Austin: Institute of Latin American Studies, University of Texas Press, 1979.

Skirius, John. *José Vasconcelos y la cruzada de 1929.* Mexico: Siglo XXI Editores, 1978.

Skocpol, Theda. *States and Social Revolutions: Comparative Analysis of France, Russia and China.* Cambridge, England: Cambridge University Press, 1979.

Smith, Peter. "Mexico since 1946." In *The Cambridge History of Latin America,* edited by Leslie Bethell. 8 vols., 7:83–157. Cambridge, England: Cambridge University Press, 1984–1991.

Spalding, Rose J. "State Power and Its Limits: Corporatism in Mexico." *Comparative Political Studies* 14, no. 2 (July 1981): 139–164.

Stevens, Evelyn P. "Mexico's PRI: The Institutionalization of Corporatism?" In *Authoritarianism and Corporatism in Latin America,* edited by James Malloy, 227–258. Pittsburgh: University of Pittsburgh Press, 1977.

Story, Dale. *The Mexican Ruling Party: Stability and Authority.* New York: Praeger, 1986.

Super, John. "Querétaro Obrajes: Industry and Society in Provincial Mexico." *Hispanic American Historical Review* 56, no. 2 (May 1976): 197–216.

Tannenbaum, Frank. *The Mexican Agrarian Revolution.* New York: Macmillan Company, 1929.

Taylor, William B. "Between Global Process and Local Knowledge: An Inquiry into Early Latin American Social History, 1500–1900." In *Reliving the Past: The Worlds of Social History,* edited by Olivier Zunz, 115–190. Chapel Hill: University of North Carolina Press, 1985.

————. *Drinking, Homicide, and Rebellion in Colonial Mexican Villages.* Stanford: Stanford University Press, 1979.

Teichman, Judith A. *Policymaking in Mexico: From Boom to Crisis.* Boston: Allen and Unwin, 1988.

Tenenbaum, Barbara A. "The Chicken and Egg in Mexican History: The Army and State Finances, 1821–1845." In *Five Centuries of Mexican History/México en el medio milenio,* edited by Virginia Guedea and Jaime E. Rodríguez O. Mexico and Irvine: Instituto de Investigaciones Dr. José María Luis Mora and University of California, Irvine, in press.

————. *The Politics of Penury: Debts and Taxes in Mexico, 1821–1856.* Albuquerque: University of New Mexico Press, 1986.

TePaske, John Jay. "The Financial Disintegration of the Royal Government of Mexico during the Epoch of Independence." In *The Independence of Mexico and the Creation of the New Nation,* edited by Jaime E. Rodríguez O., 63–83. Los Angeles: UCLA Latin American Center Publications, 1989.

TePaske, John Jay, and Herbert S. Klein. *Ingresos y egresos de la Real Hacienda de Nueva España.* 2 vols. Mexico: Instituto Nacional de Antropología e Historia, 1986.

Tilly, Charles. *Coercion, Capital, and European States, A.D. 990–1990.* Cambridge, MA: Basil Blackwell, 1990.

Topik, Steven C. *The Political Economy of the Brazilian State, 1889–1930.* Austin: University of Texas Press, 1987.

————. "La Revolución, el Estado, y el desarrollo económico en México." *Historia Mexicana* 40, no. 1 (July-September 1990): 79–144.

Torre Villar, Ernesto de la, ed. *Los Guadalupes y la Independencia, con una selección de documentos inéditos.* Mexico: Editorial Porrúa, 1985.

Tutino, John. *From Insurrection to Revolution in Mexico: Social Bases of Agrarian Violence, 1750–1940.* Princeton: Princeton University Press, 1986.

Unikel, Luis. *El desarrollo urbano de México.* Mexico: El Colegio de México, 1976.

————. "El proceso de urbanización." In *El perfil de México en 1980,* edited by Manuel Bravo Jímenez, Gerardo Bueno, Arturo del Castillo, Daniel Díaz Díaz, Horacio Flores Peña, Enrique G. León López, Diego G. López, Rogelio Magar Vincent, Eugenio Méndez, Arnolfo Morales

Amado, Daniel Ocampo, Jesús Puente, Manuel Rodríguez Cisneros, and Luis Unikel, vol. 2. Mexico: Siglo XXI, 1970.

Vanderwood, Paul J. "Comparing Millenarian Movements a Century Apart: Mexico 1890–Uganda 1990." Paper presented at the Annual Conference of the American Historical Association, San Francisco, December 1989.

————. *Disorder and Progress: Bandits, Police, and Mexican Development.* Lincoln: University of Nebraska Press, 1981. Reprint. Wilmington, DE: Scholarly Resources, 1992.

————. " 'None but the Justice of God': Tomochic, 1891–1892." In *Patterns of Contention in Mexican History*, edited by Jaime E. Rodríguez O., 227–241. Wilmington, DE: Scholarly Resources, 1992.

————. "Santa Teresa: Mexico's Joan of Arc." In *The Human Tradition in Latin America: The Nineteenth Century*, edited by Judith Ewell and William Beezley, 215–232. Wilmington, DE: Scholarly Resources, 1989.

Van Young, Eric. *Hacienda and Market in Eighteenth-Century Mexico: The Rural Economy of the Guadalajara Region, 1675–1820.* Berkeley: University of California Press, 1981.

Van Zantwijk, R. A. M. *Servants of the Saints: The Social and Cultural Identity of a Tarascan Community in Mexico.* Assen, Netherlands: Van Gorcum and Co., 1967.

Vasconcelos, José. Prologue to *La caída de Carranza: De la dictadura a la libertad.* Mexico: n.p., 1920.

Velázquez, María del Carmen. *La frontera norte y la experiencia colonial.* Archivo Histórico Diplomático Mexicano, cuarta época, num. 11. Mexico: Secretaría de Relaciones Exteriores, 1982.

Vera Estañol, Jorge. *Historia de la Revolución mexicana: Orígenes y resultados.* Mexico: Editorial Porrúa, 1957.

Villar, Samuel I. del. "Morality and Democracy in Mexico: Some Personal Reflections." In *Sucesión presidencial: The 1988 Mexican Presidential Elections*, edited by Edgar W. Butler and Jorge A. Bustamante, 143–147. Boulder, CO: Westview Press, 1991.

Villaseñor y Villaseñor, Alejandro. *Biografías de los héroes y caudillos de la independencia: Con retratos.* 2 vols. Mexico: Imprenta de "El Tiempo" de Victoriano Argüeros, 1910.

Villegas Moreno, Gloria. "Comentario." In *Memorias del Simposio de Historiografía Mexicanista*, 214–218. Mexico: Comité Mexicano de Ciencias Históricas, 1990.

Villoro, Luis. *El proceso ideológico de la revolución de la independencia.* 2d ed. Mexico: Universidad Nacional Autónoma de México, 1977.

————. *El proceso ideológico de la revolución de la independencia.* 3d ed. Mexico: Universidad Nacional Autónoma de México, 1981.

————. "La revolución de independencia." In *Historia general de México*, 2:303–356. Mexico: El Colegio de México, 1976.

Voss, Stuart F. *On the Periphery of Nineteenth-Century Mexico: Sonora and Sinaloa, 1810–1877.* Tucson: University of Arizona Press, 1982.

Weber, David J. *The Mexican Frontier, 1821–1846: The American Southwest under Mexico.* Albuquerque: University of New Mexico Press, 1982.

Weber, Max. *Economía y sociedad: Esbozo de sociología comprensiva.* 2 vols. Mexico: Fondo de Cultura Económica, 1964.

Wiarda, Howard J. "Mexico: The Unravelling of a Corporatist Regime?" *Journal of Inter-American Studies and World Affairs* 4 (Winter 1988-1989): 1–27.

Wilkie, James W. *The Mexican Revolution: Federal Expenditure and Social Change since 1910.* Berkeley and Los Angeles: University of California Press, 1970.

Williams, Edward J. "The Mexican Military and Foreign Policy: The Evolution of Influence." In *The Modern Mexican Military: A Reassessment,* edited by David Ronfeldt, 179–199. La Jolla: University of California, San Diego, Center for U.S.-Mexican Studies, 1984.

Wood, Gordon. *The Radicalism of the American Revolution.* New York: Alfred A. Knopf, 1992.

Wrightson, Keith. *English Society, 1580–1680.* New Brunswick, NJ: Rutgers University Press, 1982.

Zerecero, Anastasio. *Memorias para la historia de las revoluciones en México.* Mexico: Universidad Nacional Autonóma de México, 1976.

Index

Latin American Silhouettes
Studies in History and Culture

William H. Beezley and
Judith Ewell
Editors

Volumes Published

William H. Beezley and Judith Ewell, eds., *The Human Tradition in Latin America: The Twentieth Century* (1987). Cloth ISBN 0-8420-2283-X Paper ISBN 0-8420-2284-8

Judith Ewell and William H. Beezley, eds., *The Human Tradition in Latin America: The Nineteenth Century* (1989). Cloth ISBN 0-8420-2331-3 Paper ISBN 0-8420-2332-1

David G. LaFrance, *The Mexican Revolution in Puebla, 1908–1913: The Maderista Movement and the Failure of Liberal Reform* (1989). ISBN 0-8420-2293-7

Mark A. Burkholder, *Politics of a Colonial Career: José Baquíjano and the Audiencia of Lima* (1990). Cloth ISBN 0-8420-2353-4 Paper ISBN 0-8420-2352-6

Kenneth M. Coleman and George C. Herring, eds. (with Foreword by Daniel Oduber), *Understanding the Central American Crisis: Sources of Conflict, U.S. Policy, and Options for Peace* (1991). Cloth ISBN 0-8420-2382-8   Paper ISBN 0-8420-2383-6

Carlos B. Gil, ed., *Hope and Frustration: Interviews with Leaders of Mexico's Political Opposition* (1992). Cloth ISBN 0-8420-2395-X Paper ISBN 0-8420-2396-8

Charles Bergquist, Ricardo Peñaranda, and Gonzalo Sánchez, eds., *Violence in Colombia: The Contemporary Crisis in Historical Perspective* (1992). Cloth ISBN 0-8420-2369-0   Paper ISBN 0-8420-2376-3

Heidi Zogbaum, *B. Traven: A Vision of Mexico* (1992). ISBN 0-8420-2392-5

Jaime E. Rodríguez O., ed., *Patterns of Contention in Mexican History* (1992). ISBN 0-8420-2399-2

Louis A. Pérez, Jr., ed., *Slaves, Sugar, and Colonial Society: Travel Accounts of Cuba, 1801–1899* (1992). Cloth ISBN 0-8420-2354-2 Paper ISBN 0-8420-2415-8

Peter Blanchard, *Slavery and Abolition in Early Republican Peru* (1992). Cloth ISBN 0-8420-2400-X   Paper ISBN 0-8420-2429-8

Paul J. Vanderwood, *Disorder and Progress: Bandits, Police, and Mexican Development*. Revised and Enlarged Edition (1992). Cloth ISBN 0-8420-2438-7   Paper ISBN 0-8420-2439-5

Sandra McGee Deutsch and Ronald H. Dolkart, eds., *The Argentine Right: Its History and Intellectual Origins, 1910 to the Present* (1993). Cloth ISBN 0-8420-2418-2   Paper ISBN 0-8420-2419-0

Jaime E. Rodríguez O., ed., *The Evolution of the Mexican Political System* (1993). ISBN 0-8420-2448-4

Steve Ellner, *Organized Labor in Venezuela, 1958–1991: Behavior and Concerns in a Democratic Setting* (1993). ISBN 0-8420-2443-3